능력주의, 가장 한국적인 계급 지도

유령들의 패자부활전

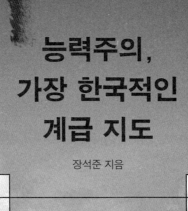

능력주의, 가장 한국적인 계급 지도

장석준 지음

유령들의 패자부활전

김민섭 지음

갈라파고스

　　　문재인 정부 시절 한국 사회를 뜨겁게 달군 '공정' 논란은 아직도 진행형이다. 다만 논란이 전개되는 과정에서 전에는 낯설었던 새로운 언어와 발상이 더해지고 있다. 그중에는 '능력주의'도 있다.

　　　사실 몇 년 전까지만 해도 교육학계나 일부 사회학자에게나 익숙했던 이 말은 이제는 일상어가 되다시피 했다. 여기에는 시의적절하게 소개된 번역서뿐 아니라 국내 저자들의 묵직한 저작이 큰 역할을 했다. 그중 몇 권은 이 책에도 큰 영향을 주었고 직접 인용되기도 했지만, 원고 집필이 끝난 뒤 출간된 탓에 미처 검토하거나 언급하지 못한 중요한 최신 저작들도 있다(대표적으로, 김동춘, 『시험능력주의: 한국형 능력주의는 어떻게 불평등을 강화하는가』, 창비, 2022 등). 그만큼 한국의 능력주의 현상을 둘러싼 연구와 논쟁은 지금도 치열하게 이어지고 있다.

이런 마당에 감히 능력주의를 다룬 책 한 권을 더 보태는 것은 자칫 이미 나온 주장이나 접근법의 반복이 되기 십상일 것이다. 그런데도 나는 한국 능력주의에 관한 진단이 이 책을 통해 반드시 보완되어야만 한다고 생각했고, 그래서 능력주의 토론에 끼어드는 만용을 부려봤다. 기존 논의의 공백 지점은 능력주의를 둘러싼 여러 사회 집단의 역학에 주목한 분석이다.

능력주의가 현대사회에서 상당한 힘을 발휘하는 사고방식이나 신념 체계라면, 분명 그 이면에는 이를 지지하는 집단이 있을 테고 반감이나 거리감을 느끼는 집단도 있을 것이다. 이 집단들이 펼치는 역사적이고 사회적인 드라마를 통해 능력주의는 생성되고 확산되며 진화했을 것이다. 현대사회의 다른 모든 이데올로기와 마찬가지로 능력주의는 추상적인 무색의 인간에게 스며드는 단색의 물감은 아니다. 이 점을 놓치지 않아야만, 이 강고한 능력주의 현상 속에도 이질적이거나 모순적인 요소들이 존재함을 찾아낼 수 있고, 이런 요소가 이미 만들어 놓은 변형과 균열에 주목하여 능력주의의 '바깥'으로 향할 수도 있다.

그럼 능력주의와 관련하여 일차적으로 주목해야 할 집단들은 누구인가? 이를 식별하는 기준은 하나둘이 아닐 것이다. 젠더도 중요할 테고, 지역도 그에 못지않게 중요할 것이다. 그러나 이 책이 일단 주인공으로 내세우는 집단들은 '계급'이다. 이

점이 이 책의 가장 핵심적인 기여(이자 어쩌면 한계이기도 하)
다. 자본가계급, 중간계급, 노동계급의 서로 다른 생각과 정서,
관행과 선택을 중심으로, 이들이 서로를 애써 구별하기도 하고
반대로 한데 얽히기도 하는 이야기로 능력주의, 특히 한국의 능
력주의를 살펴보자는 것이 이 책이 독자들에게 내놓는 독특한
메시지이자 제안이다.

　　이렇게 계급을 중심으로 이야기를 풀어나가기도 벅차다
보니, 그만큼 다른 기준에 따른 사회 집단들의 드라마, 가령 젠
더나 지역을 대입한 분석과 진단에는 소홀할 수밖에 없었다. 그
럼에도 나는 이후의 더 풍부한 연구와 토론으로 나아 가기 위해
서도 계급이라는 단일 변수를 앞에 내세운 소묘 작업이 시급히
필요하다고 생각했다. 이 밑그림이 갖춰져야 다른 변수들을 교
차시킨 한국 능력주의에 관한 보다 완전한 그림에 가까이 다가
갈 수 있을 것이다. 자본주의 사회에서 계급은 분명 그런 역할을
기대할 만한 실체이자 설명 도구다.

　　계급은 이미 식상한 주제 아니냐는 반론도 있을 수 있다.
능력주의 관련 문헌뿐만 아니라 최근의 사회 현상들을 다루는
글에는 거의 예외 없이 소득이나 자산 수준으로 분류된 사회 집
단들이 등장한다. 암호처럼 오르내리는 '상위 1퍼센트'나 '상위
10퍼센트' 등이 그 예다. 하지만 이런 식의 접근은 '계급'과 정확
히 일치한다고 볼 수 없다. 그에 미달한다. 본래 계급이 단순히

소득이나 부동산 평가액의 많고 적음으로 나뉘는 게 아닐뿐더러, 이 책에서 계급을 다루며 가장 중요하게 여기는 '계급의식', 즉 각 계급의 특유한 세계관과 인간관, 윤리적 태도와 문화적 가치가 빠져 있기 때문이다. 이것들이야말로 능력주의의 역사와 현실에서 가장 두드러진 활약을 펼치는 배역들인데도 말이다!

사실 내가 집필을 맡은 사회과학적 스케치는 이 배역들의 활극을 박진감 넘치게 전하기에는 턱없이 부족하다. 그러나 내게는 이 가난한 글을 감히 독자들에게 선보일 수 있도록 사기를 북돋워 주는 강력하고 소중한 원군이 있다. 바로 이 책에 함께 실린 김민섭 작가의 단편소설이다. 게으르고 건조한 사회과학이 미처 포괄하지 못하는 총체적 현실을 문학이 훨씬 더 효과적으로 전하는 것은 드문 일이 아닌데, 이 책의 두 부분 사이에도 이런 유서 깊은 관계가 반복된다. 소설 속 주인공이며 지식 중간계급의 하위 계층과 노동계급의 경계선 위에 선 전형적 인물 차오름과 주위 인물들은 계급과 젠더, 지역, 세대 등이 씨줄과 날줄이 된 오늘날 우리 삶의 모습을 설득력 있게 드러낸다.

무엇보다도 주인공 차오름이 끝없이 자신에게 던지는 물음들은 내가 지식 중간계급에게 특유하게 나타난다고 지적한 사회관, 즉 능력주의의 토대를 이루는 '계급·계층 사다리'로서의 사회를 보다 생생하게 전달한다. '사다리'라는 구닥다리 비유는 '엘리베이터'로 현대화되어 훨씬 더 구체적으로 다가온다.

우리는 스스로 승강기로 걸어 들어간다. 아니, 그 안에 들어가 웅크리고 있기를 강요받는다. 타인의 욕망으로 직조된 그 좁은 공간에는 어떤 버튼이 존재하지 않는다. 바깥에서 누군가가 상승 버튼을 눌러주기를, 그리고 잘 버텨냈으니 이제 그만 나오라며 열림 버튼을 눌러주기를 기다려야 한다. 운이 좋은 누군가는 조금 더 빨리 위로 도착하기도 하고 누군가는 추락한다. 조금 더 좋은 승강기를 타는 사람도 있고 처음부터 하강 버튼만 있는 승강기를 타는 사람도 있다. 그러나 아무도 몰랐지만 그 승강기 안에는 상승과 하강이 아닌, 다른 버튼이 애초부터 존재한다. 열림 버튼이다. 어두운 공간에서 잘 보이지 않고 그 버튼이 있다는 사실을 알려 주는 사람도 없다. 그러나 자신을 향한 질문을 시작하는 순간, 그리고 거기에 답하는 순간 버튼이 보이기 시작한다. 그것을 누르면 타인의 욕망으로 움직이던 하나의 세계가 멈춘다. 오름은 맥도널드에서 일하면서, 그리고 윤과 지훈, 경훈과의 대화 속에서 자신이 대학에서 무엇으로 존재하고 있는지 처음으로 묻게 되었고, 그때 희미하게 빛나는 열림 버튼을 발견했다. 그것을 누르고 대학이라는 승강기 안에서 나온 그를 기다리고 있던 건 누구도 아닌 자기 자신이었다.

픽션 ◇「유령들의 패자부활전」283쪽

소설 속 주인공은 이런 '열림 버튼'을 어렴풋이나마 감지하기 시작하는 것으로 보이는데, 이런 '열림'이 독자들의 삶에서도 체험되고 각각의 '열림'들이 서로 만나며 한데 모이는 흔치 않은 일이야말로 이 책이 책장 안에 미완으로 남겨 놓은, 그러나 간절히 바라는 결론이다. 더구나 애초에 능력주의라는 무대에 주연으로 초대받을 수 없는 게 정해진 운명이라면, 이제 필요한 것은 이 무대를 떠나 다른 무대로 향할 '열림 버튼'들을 누르길 두려워하지 않는 것이다. 지금부터 풀어놓을 이야기는 모두 이 선택을 지지하기 위한 우정 어린 권유다.

차례

들어가는 글   5

논픽션 ◆ 능력주의, 가장 한국적인 계급 지도   13

  제1장 능력주의는 계급 문제다 15
  제2장 능력주의의 역사 속 능력주의의 담지자 – 지식 중간계급 49
  제3장 한국, 최첨단 능력주의 사회 114
  제4장 능력주의 대 다원적 능력 사회 161

픽션 ◇ 유령들의 패자부활전   201

나가는 글   286
참고 문헌   290

논픽션

능력주의,
가장 한국적인
계급 지도

제1장
능력주의는 계급 문제다

한국 사회의 가장 뜨거운 쟁점, 공정과 능력주의

촛불 항쟁의 후광을 입고 들어선 문재인 정부는 대선 공약으로 내걸었던 '공공부문 비정규직 제로'를 나름대로 야심차게 추진했다. 대통령에 취임한 지 얼마 안 된 2017년 5월 12일 문재인 대통령이 비정규직 비중이 높은 대표적 공공 사업장인 인천국제공항을 직접 방문하여 비정규직의 정규직 전환을 약속하기까지 했다. 그만큼 '비정규직 제로' 공약을 친노동적이고 개혁적인 정권임을 보여 줄 중요한 정책으로 여긴 것이다.

그러나 막상 정책이 추진되자 환영보다 실망의 목소리가 더 커졌다. 대다수 공공 사업장이 자회사를 설립하여 비정규직 노동자를 자회사에 정규직으로 고용하는 방식으로 '정규직 전환'을 실행했기 때문이다. 자회사 안에서야 정규직이니 정규직 전환은 맞다. 하지만 일터에서는 여전히 모회사 소속 정규직과 확연히 다른 신분이다. 이것을 과연 '정규직 전환'이라 할 수 있을까? 문재인 정부는 공공부문 정규직 비중을 획기적으로 높였다며 이를 대단한 성과로 내세웠지만, 이런 전환이 '이중 노동시장' 구조를 해소했다고는 보기 어렵다. 공공부문에서도, 그 밖의 영역에서도 비정규직 문제는 여전히 제자리걸음이다.

그런데 한국 사회의 눈길이 쏠린 곳은 '비정규직 제로' 공약의 성과가 아니었다. 공공부문에서 정규직 전환 정책이 추진되자 공공 사업장 곳곳에서 격한 반발이 터져 나왔다. 그 주역은 그간 비정규직 고용을 늘려온 공기업 경영진이 아니라 각 사업장의 기존 정규직 직원들이었다. 사측이나 비정규직 노동자와 얽힌 이해관계가 별로 없는 것 같았던 정규직 노동자 일부가 들고 일어난 것이다. 특히 채용된 지 얼마 안 된 젊은 정규직 사원들이 반대의 목소리를 높였다.

처음에는 서울 지하철을 운영하는 서울교통공사에서 젊은 정규직들이 비정규직의 정규직화에 반대하고 나서서 언론에 오르내렸다. 그다음에는 기간제 교사의 정교사 전환에 기존 정교사들과 교사 임용고시 준비생들이 격렬히 맞서서 언론 지면을 채웠다. 조국 법무부 장관 논란으로 청년 세대의 마음이 문재인 정부에서 돌아선 2019년 말 이후에는 정부가 정규직 전환 정책의 상징처럼 내세우던 인천국제공항에서 정규직 직원들의 반발이 정부와 사측을 압도하기 시작했다. 어디에서든 청년 정규직의 한결같은 목소리는 공개경쟁 채용 시험을 거치지 않고 정규직이 되어선 안 된다는 것이었다. 비정규직이 시험도 보지 않고 정규직이 된다면 이는 치열한 경쟁을 거쳐 어렵게 정규직이 된 이들에게 '공정'하지 못하다는 것이었다.

비정규직 비중은 줄어들수록 좋다고 생각하고 공공부문에서나마 비정규직을 정규직으로 전환하겠다는 정책을 환영한 많은 이들에게는 당혹스러운 현상이었다. 이미 공기업 정규직으로 채용돼 상대적으로 높은 임금 수준과 고용 안정을 누리는 이들은 왜 다른 사람들이 정규직이 되는 데 반대하는가? 비정규직이 새로 정규직이 되는 만큼 기존 정규직이 커다란 불이익을 받아서? 그것은 아니었다. 이미 정규직인 이들의 고용이 불안해지는 것도 아니었고 임금이나 노동 조건에 영향이 있는 것도 아니었다. 그럼에도 일부 정규직은 마치 크나큰 불이익이라도 받는 듯 격하게 반발했다. 공개경쟁 채용 시험이라는 정규직 채용 경로 외에 다른 경로가 열린다는 게 그토록 성토할 일일까? '비정규직 제로'가 공정의 잣대를 들이대며 '불공정'이라 질타해야 할 만큼 심각하게 잘못된 정책일까? 오직 시험이라는 관문을 통과해야만 정규직 직무에 필요한 능력을 갖췄다고 인정받을 수 있고, 나머지 경로는 다 불공정한 새치기나 끼어들기인가?

'시험'에 관해서라면 나도 할 말이 있다. 나 역시 대한민국 시민이기 때문이다. 초등학교부터 평생에 걸쳐 숱한 시험을 준비하고 통과하거나 실패하는 것을 교육의 전부로 여기는 나라에서 커 온 한 사람이기 때문이다. 그런 내가 보기에 시험은 실제 직업 현장에서 해야 하는 일 하고는 별반 관계가 없다. 아무리 직무와 관련된 내용으로 시험을 치른다 하더라도 좋은 시험 성적이 훌륭한 일솜씨를 입증하지는 못한다. 그보다는 일을 실제로 해 본 경험이 얼마나 많은지가 거의 항상 더 좋은 판단 근거가 된다. 1년이라도 직접 일을 해 본 사람과, 시험만 보고 바로 배치된 사람의 일 처리가 어떨지는 누구든 쉽게 가늠할 수 있다. 그래서 한국 외에 다른 많은 나라에서는 입사 시험보다 경력자 채용을 선호한다. 이렇게 말하면 지하철이나 국제공항 같은 사업장에는 저마다 독특한 조건이 있으므로 일터 바깥의 눈으로만 보고 단정하지 말라고 반박할지 모른다. 실제로 그런 측면이 있을 수 있다. 하지만 모든 시민의 직접적 관심사일 수밖에 없는 교육을 놓고 따진다면, 훨씬 더 자신 있게 말할 수 있다. 이제 막 교사 임용고시에 합격한 교사와 몇 년 동안 기간제로 경력을 쌓은 교사가 있다면, 둘 가운데 누가 자녀의 담임 교사가 되길 바라는가? 나라면 별 고민 없이 후자라 답하겠다. 그리고 이게 직장 경험이 있는 이들 대부분의 상식일 것이다.

시험주의냐, 능력주의냐

정규직 전환 정책에 반대하는 이들은 왜 시험이라는 채용 경로를 절대시하면서 나머지 경로는 '불공정'하다 비판하는가? 논란이 처음 불거질 때부터 많은 논평가가 이 사태를 해석하려고 나름대로 노력했다. 그 가운데 적지 않은 이들이 오랫동안 한국 사회를 지배해 온 시험 물신주의를 지적했다. 초등학교, 아니 유치원 때부터 오로지 대학 입시를 향해 달려가는 정규 교육과정뿐만 아니라 일자리를 확보하는 과정에서도 '시험'주의가 절대적 가치이자 원칙, 규범이 되고 있다는 것이다. 그 뿌리는 이미 천여 년 전부터 시험을 통해 지배계급 지위를 부여한 과거제도로 거슬러 올라간다. 이토록 뿌리가 깊고 깊으니 한국 사회가 시험주의에서 벗어나기란 쉽지 않을 것이다. 대학 입시 관문을 통과하고 나서도 대기업·공기업 입사 시험이나 공무원 시험에 매달리는 청년들의 모습은 현대 자본주의에서는 보기 드문 '한국병'이며, 이렇게 현대판 과거제를 거쳐 공공부문 정규직이 된 이들은 비정규직 노동자들이 다른 경로를 통해 자신들과 대등한 지위로 올라서는 데 반대하고 있다. 이것이 시험주의 비판론이다. 한국 사회에서 누구도 쉽게 부정할 수 없는, 나름 근거가 탄탄한 주장이다.

그러나 시험주의 비판론보다 더 넓은 시야를 아우르며 더 숙성된 논리를 제시하는 또 다른 비판의 시각도 대두했다. 얼마 안 가 논의 지형을 주도하게 된 것은 이 흐름이었으니, 바로 능력주의 비판론이다. 이 흐름에 속한 논평가들은 학교와 노동 시장에서 시험을 통한 치열한 경쟁에 익숙해진 젊은 세대 대다수에게 공통의 인간관·세계관이 나타난다는 점에 주목한다. 그 것은 모든 사람을 특정한 능력 관념에 따라 서열화할 수 있고 이 서열의 위쪽에 있는지 아래쪽에 있는지에 따라 대우와 보상 이 달라질 수 있다는 생각이다. 즉, 능력의 차이가 불평등과 차 별을 정당화한다는 것이다. 사실 '능력주의'라는 번역어(이 번 역에 관해서는 다시 논하겠다)를 듣고 나쁜 인상을 떠올리기란 쉽지 않다. 대개는 '능력'을 인간이 더 나은 삶을 살기 위해 더욱 더 커지고 많아져야 할 바람직한 요소라 여기며, 능력이 제대로 대접받는 사회가 곧 평등한 사회라 생각한다. 그러나 능력주의 비판론자들은 이런 상식에 일격을 가한다. 능력에 따라 다른 대 우를 받아야 한다는 사고방식은 오히려 특정한 능력관에 따른 불평등과 차별을 정당화하는 역할을 한다는 것이다. 한국 사회 의 독특한 점은 다만 이런 능력 관념의 중심에 시험을 통해 측 정되는(아니, 측정된다고 가정되는) 학력이 있다는 것뿐이다.

사실 이런 비판론은 문재인 정부의 공공부문 비정규직 정규직화 정책을 둘러싸고 '공정' 논란이 터지기 전부터 등장했 다. 이미 2013년에 오찬호는 "우리는 차별에 찬성합니다"라는 충격적 제목의 저서[1]에서 몇 년 뒤에 공공부문 곳곳에서 터져 나올 일들을 정확히 예견했다. 그는 이른바 '자기 계발'로 무장한 채 노동시장 경쟁에 뛰어들길 강요히는 신자유주의 질서 속에서 20대가 생각하는 '공정'이 실은 특정 능력에 따른 차별을 당연시하는 담론임을 드러냈다. 상당수 20대는 자기 계발에 성공한 이들이 더 나은 대우를 받아야 '공정'하다고 여기며, 따라서 자기 계발에 실패한 이들의 대우가 이에 미치지 못한다고 문제 될 것은 없다고 생각한다는 것이다. 오찬호는 '능력주의'란 말을 쓰지는 않았다. 그는 20대의 사고방식을 '학력위계주의'라 정리했다. 하지만 그가 사용한 '학력위계주의' 개념은 능력주의 비판론의 '능력주의'와 겹친다. 시험을 통해 공인된 능력이라는 점에서 '학력'은 가장 한국적 색채가 짙은 능력 관념, 즉 'K-능력'이라 할 수 있다.

이런 진단이 일찌감치 준비되어 있었기에 '공정' 논란이 벌어지자마자 능력주의 비판론이 강한 설득력을 발휘할 수 있었다. 게다가 능력주의 비판론은 나라 밖에도 원군이 있었다. 한국 사회에서 능력주의가 대중적 쟁점으로 떠오른 2020년에 능력주의를 도마에 올려 비판한 두 미국 학자의 책이 우리말로 소개됐다. 『정의란 무엇인가』라는 책으로 국내에서 바람을 일으

---

1   오찬호 지음, 『우리는 차별에 찬성합니다: 괴물이 된 이십대의 자화상』, 개마고원, 2013.

켰던 하버드대학 철학과 교수 마이클 센델이 '능력의 독재The Tyranny of Merit'라는 제목으로 2020년 출간한 책이 국내에서 같은 해에 『공정하다는 착각』으로 번역되었고,[2] 같은 해에 나온 예일대학 로스쿨 교수 대니얼 마코비츠의 '능력주의의 함정The Meritocracy Trap'이란 책이 즉각 『엘리트 세습』이란 제목을 달고 출간됐다.[3] 두 저자의 능력주의 비판 논리는 한국 쪽 논자들의 주장과 별로 다르지 않다. 능력에 따른 보상을 과도하게 강조하다 보면 오히려 능력을 빌미로 한 불평등을 부추기게 된다고 꼬집으며, 현대 미국 사회의 심각한 불평등은 능력주의의 산물이거나 적어도 능력주의 탓에 해결의 실마리를 찾지 못하고 있는 문제라고 진단한다. 이들은 신자유주의의 수혜자인 엘리트들이 겉으로는 능력주의를 내세워 불평등을 교묘하게 정당화하면서 실제로는 그 불평등을 세습함으로써 능력주의의 약속마저 배반하고 있다고 비판한다. 영어권의 저명한 저자들 입에서 나온 이런 능력주의 비판론은 한국 사회의 독특한 현상인 것 같았던 '공정' 논란을 오늘날 전 지구적인 쟁점이 된 능력주의 문제의 일부로 보도록 해 주었다.

시험주의라는 한국사의 유구한 전통을 강조하는 흐름이

2 마이클 센델 지음, 함규진 옮김, 『공정하다는 착각: 능력주의는 모두에게 같은 기회를 제공하는가』, 와이즈베리, 2020.

3 대니얼 마코비츠 지음, 서정아 옮김, 『엘리트 세습: 중산층 해체와 엘리트 파멸을 가속하는 능력 위주 사회의 함정』, 세종, 2020.

한국 사회의 특수성을 강조하는 반면에 능력주의 비판론은 신자유주의가 전 세계에 끼친 상처라는 보편성을 부각하는 것처럼 보이기도 한다. 하지만 그렇지만도 않다. 능력주의 비판론의 대표적 필자 가운데 한 사람인 박권일은 2021년에 역작 『한국의 능력주의』를 냈다.[4] 이 책은 오늘날 세계 곳곳에서 전개되는 능력주의 비판 흐름에 바탕을 두면서도 이를 한국 사회의 독특한 상황을 이해하기 위한 쓸모 있는 무기로 적절히 활용한다. 박권일이 보기에 '시험주의 대 능력주의'는 잘못된 논쟁 구도다. "시험주의는 능력주의와 다른 무엇이 아니라 능력주의의 최종 형태, 가장 전형적인 능력주의"라는 것이다.[5] 능력에 따른 차별적 대우를 정당화하려면 어떤 식으로든 능력을 측정해야 한다. 이게 모든 능력주의의 공통된 강박이다. 그런데 한국 사회에서는 이 측정 방식이 고시, 대학 입시, 대기업 공채 시험 등의 형태로 발전해 왔다. 그렇기에 시험주의는 실은 'K-능력주의', 즉 한국적 능력주의다. 박권일의 이런 지적은 논쟁의 물꼬를 제대로 잡아 주는 중요한 개입이다.

　　한데 『한국의 능력주의』가 '공정' 논란을 바라보는 우리의 시야를 확장하는 대목은 이것만이 아니다. 애초에 이 논란에

4　박권일 지음, 『한국의 능력주의: 한국인이 기꺼이 참거나 죽어도 못 참는 것에 대하여』, 이데아, 2021.

5　위의 책, 92쪽.

서 공공부문의 젊은 정규직들이 부각되었기에 이는 주로 젊은 세대와 관련된 문제라 치부됐다. 그러다 보니 능력주의를 현재의 20대, 30대에게 유별나게 나타나는 특성으로 여기는 경향이 있다. 그러나 박권일은 이것이 현실과 괴리된 선입견일 뿐이라 단언한다. 그는 다양한 국제 비교 조사를 활용해, 특정 세대만이 아니라 한국 사회 전체가 다른 나라에 비해 능력주의를 지지하는 성향임을 드러낸다. 그러면서 한국적 능력주의는 신자유주의 시기에 성장기를 보낸 한국의 20~30대만이 아니라 그 시기를 함께 겪은 한국 사회 전체의 지배 이데올로기라고 진단한다.

여기까지가 문제인 정부의 비정규직 정책을 계기로 불거진 '공정' 논란이 지난 몇 년간 밟아 온 궤적이다. 박권일의 『한국의 능력주의』는 이 여정의 중간 결산으로서 손색이 없다. 한국 사회가 이런 책들을 거울삼아 자신의 실상을 직시하게 됐다는 점만으로도 '공정' 논란은 의미 있는 경험이자 토론일 수 있다. 앞으로 한국 사회의 바람직한 변화에 대한 모든 고민과 모색은 박권일의 저작을 비롯한 능력주의 비판론의 성취에서 출발해야 할 것이며, 이 책 역시 예외가 아니다.

백인백색의 '능력주의'?

이렇듯 '공정'을 둘러싼 논쟁은 한국 사회를 비판적으로 돌아볼 중요한 수단으로서 '능력주의'에 주목하는 방향으로 발전해 왔다. 또한 능력주의에 관한 논의 역시 굳이 외국 저자들의 책에만 의존하지 않아도 좋을 만큼 성숙해 있다. 이만하면 출발선에서 꽤 멀리 나아간 것만 같다. 하지만 뒤를 돌아보면, 아직도 충분히 채워지지 못한 빈 구석들이 있다. 내가 능력주의를 논하는 문헌들에 굳이 이 글을 더하는 이유도 결국은 이런 빈 구석들 때문이다.

그런 대목 가운데 하나는 '능력주의'라는 말의 정확한 의미다. 독자 입장에서는 무척 황당한 이야기일 것이다. 지금껏 능력주의 논의를 쭉 소개하고는 '능력주의'라는 단어의 의미조차 명확하지 않다니! 이렇게 불명확한 말을 개념 삼아 논의를 전개했다는 말인가? 믿기 힘들겠지만 그렇다.

'능력주의'라는 말을 들으며 사람들은 '능력'에서 어떤 의미를 떠올릴까? 그리고 '능력주의'의 '능력'에 대응하는 영어 단어가 무엇이라 생각할까? '능력'이라 하면, 대개 '뭔가를 할 수 있다'는 가장 단순한 의미를 떠올릴 것이다. 이에 대응하는 영어 단어는 ability다. 이 의미에서 좀 더 나아가면, '특정한 일을 잘 할 수 있다'는 뜻이 있을 수 있다. 이 경우에는 '능력'보다 더 구체적인 '재능'이나 '적성'으로 표현하는 게 어울리는데, 영어로는 competence가 이에 해당한다. 그런데 이것들은 이미 어느 정도 실행으로 드러나는 능력들이다. 이와 달리, 아직은 눈에 띄지 않게 숨어 있는 능력도 있다. 보통 '잠재력' 등으로 표현하는데, 영어에서 capability나 capacity가 비슷한 뜻으로 쓰인다. 우리말 '능력'에는 대체로 이런 의미들이 담겨 있고, 한영사전을 펼쳐 봐도 '능력' 항목에 실린 영어 단어는 위에 열거한 낱말들 정도다. 그래서 '능력주의'라는 말을 들으면, 으레 위의 의미들 가운데 어느 하나가 중시되는 이념이나 가치관, 사회 시스템인가 보다 생각하게 마련이다.

그러나 영어에서 '능력주의', 그러니까 한국어에 '능력주의'라는 번역어로 편입된 그 말은 지금까지 나온 단어들과는 아무 상관도 없다. '능력주의'의 원어는 meritocracy다. 뒤에 이야기할 영국의 사회사상가이자 사회운동가 마이클 영(1915~2002)이 만든 신조어인데, 뒷부분은 우리에게 익숙한 단어 democracy(민주주의)의 뒷부분과 마찬가지로 '지배'를 뜻하는 그리스어 kratia의 변형이고 앞부분은 merit에서 따왔다. 뿌리가 라틴어인 merit는 영어 단어를 암기할 때 보통 '장점'이나 '이점' 정도로 새긴다. 사전을 찾아봐도, 여기에 '공적' 쯤이 추가될 뿐이다. 불길하게도 학교 등에서 매기는 '평점'이라는 의미도 있기는 하다. 하지만 이 문제는 뒤에서 다시 논하기로 하고, 일단 merit가 한국어에서 '능력'이라 할 때의 일반적인 느낌과는 상당히 거리가 있는 단어임을 짚고 넘어가자.

merit를 굳이 '능력'이라고 옮긴다면, 이 때의 능력은 타인의 인정을 받을 수 있는, 분명한 가시적 결과로 표현되는 능력을 뜻한다고 할 수 있다. 아무래도 한국어에서 이런 의미를 떠올리게 하는 말은 '능력'보다는 '실적'이나 '업적', '공적', '성과' 따위다. 그래서 meritocracy의 번역어가 바뀌어야 한다는 주장이 적지 않다. 어떤 이는 '실력주의'를 제안하기도 하고, '능력주의'와는 의미가 전혀 딴판으로 들리는 '성과주의'나 '업적주의', '성적주의'로 하자는 이도 있다. 하지만 어느 쪽도 '능력주의'를 대신할 시원한 대안으로 인정받지 못한다. 내가 지금 무려 세 문단을 들여 불만을 늘어놓을 정도로 의미가 혼란스러움에도 '능력주의'가 여전히 meritocracy의 표준 번역어 대접을 받고 있는 이유다.

외국에서도 혼란스러운 능력주의의 의미

우리만 이러는 게 아니다. 외국 논자들도 '능력주의'를 상당히 혼란스럽게 사용한다. 센델을 비롯해 많은 저자가 능력주의의 뿌리를 탐색하며 미국독립혁명이나 프랑스대혁명 시기로까지 거슬러 올라간다. 부르주아 민주주의 혁명의 주역들이 외친 '평등'을 뜯어보면, 주된 내용이 능력주의였다는 것이다. 이들 혁명이 일어나기 전까지는 순전히 누구의 자식인지에 따라 부와 권력, 명예가 결정됐다. 부모가 귀족이면 자식도 귀족이었고, 평민의 자식이면 평생 귀족에게 머리를 조아릴 수밖에 없었다. 세습주의의 세상이었다. 반면에 토머스 제퍼슨이나 프랑스 인권선언 작성자들은 부모가 누구인지에 상관없이 모든 시민(여성은 제외하고 남성에 한했지만)이 능력에 따라 대우받아야 한다고 여겼다. 많은 저자가 이를 능력주의 원리의 등장이라 해석한다. 단, 제퍼슨이든 자코뱅이든 어느 누구도 '능력주의'라는 말을 쓰지는 않았다. 이 시기 문헌에서 merit라는 말을 찾아내기는 쉽지 않다. 일부 저자가 능력주의의 가장 오래된 대변자로 내세우는 플라톤의 경우는[6] 더 말할 것도 없다. 실은 요즘 '능력주의'라는 제목을 단 책을 시장에 내놓는 필자들이 독자가 알 만한 과거 유명 인사들의 생각에 이 말을 덧씌운 것뿐이다.

이렇듯 영어권 저자들도 '능력주의'란 말을 굉장히 느슨하게 사용하고 있다. 단지 meritocracy를 '능력주의'라 번역한 한국만의 문제는 아닌 것이다. 영어권 저자들도 meritocracy의 merit를 다양한 의미의 '능력'을 다 품는 말인 양 쓴다. 근대 민주주의 혁명의 주창자들이 봉건적 세습주의에 맞서며 염두에 둔 것은 실은 세습주의 질서에서 그간 사장되어 온, 광범하고 그렇기에 또한 지극히 모호한 인간 가능성들이었다. 제퍼슨만 하

---

6   대표적인 사례로는 다음 책이 있다. Adrian Wooldridge, *The Aristocracy of Talent: How Meritocracy Made the Modern World*, London: Penguin, 2021.

더라도 '재능의 귀족정aristocracy of talent'[7]이라는 말을 쓰기는 했지만, 그가 사용한 '재능talent'이라는 단어가 반드시 merit의 동의어라고는 할 수 없다. 『신약성서』에 나오는 그리스어 화폐 단위(한국의 기독교도에게는 '달란트'로 더 익숙한) 'talanton'에서 유래한 이 말은 영어 사용자들에게는 신이 만인에게 내려준 저마다의 뛰어난 자질이라는 의미를 함축한다. 뒤에서 설명하겠지만, 이것은 '능력주의' 개념을 창안한 영이 생각한 '능력merit'과는 한참 거리가 먼 세상에 속한 말이다. 두 표현은 전혀 다른 세계관과 정반대의 인간관에 바탕을 두고 있다. 그런데도 18세기 저자들의 세습주의 비판 논리를 현대 능력주의와 다르지 않은 것처럼 서술한다면, 이는 모세가 기독교도였다고 하는 것과 다를 바 없는 억지다.

어떠한 사회과학 개념이든 거리가 너무 먼 시공간들에 두루 적용하려고 잔뜩 확대해 놓으면 본래 그 개념이 제안될 때의 참신함과 예리함을 잃게 마련이다. 능력주의도 마찬가지다. 수천 년 이어 온 세습주의 질서에 맞서며 어쨌든 '평등'의 횃불을 높이 들었던 사람들과 비정규직이 정규직이 되는 걸 '공정'이라는 명분으로 기를 쓰고 반대하는 정규직 노동자들을 다 '능력주의'라 아우른다면, 우리는 오히려 '능력주의' 자체가 무엇

7   Adrienne Koch & William Peden(eds.), *The Life and Selected Writings of Thomas Jefferson*, New York: The Modern Library, 1944. pp. 38~39.

인지를 놓고 끊임없는 논쟁에 빠지게 될 따름이다. 물론 일상 언어의 세계에서는 각자의 재량이 완전히 인정받아야 하겠지만, 사회과학적 분석을 위해서라면 개념의 본래 의미를 명확히 확인해야 한다. 그래야 그 개념이 현실을 진단하고 대안을 모색하는 데 쓸모를 발휘할 수 있다. 능력주의 개념의 경우에 이러한 작업은 무엇보다 이 말을 처음 세상에 퍼뜨린 마이클 영이 쓴 '능력주의의 등장The Rise of Meritocracy'(이하 『능력주의』)[8]을 다시 읽음으로써 시작되어야 한다.

능력주의를 다루는 저작들 가운데 영을 잠깐이라도 언급하지 않는 책은 없다. 센델이나 마코비츠의 저서도 그러하고, 한국 저자들의 책도 마찬가지다. 누구든 영이 meritocracy라는 단어를 고안했다는 점 정도는 밝히며, 저자에 따라서는 영의 저서를 꼼꼼히 정리해 소개하기도 한다. 그러나 대체로 영과 그의 책을 얼마간 무시하는 분위기다. 영이 제안한 능력주의 개념을 그대로 이어받아 논의를 전개하는 책도 별로 없고, 논의를 어떻게 확장하든 영의 저작이 준거가 되어야 한다고 여기는 저자도 찾아보기 힘들다. 이것은 좀 뜻밖이다. 어떤 저자가 '자본주의 생산양식'이니 '이윤율의 경향적 저하'니 하는 개념들을 사용해 현실을 분석하면서도 K. 마르크스의 『자본론』에 관한 명확한

---

8   마이클 영 지음, 유강은 옮김, 『능력주의: 2034년 평등하고 공정하고 정의로운 엘리트 계급의 세습 이야기』, 이매진, 2020.

이해에서 출발하지 않거나 마르크스의 책에는 별 내용이 없다고 떠든다면 어떻겠는가? 굳이 마르크스주의 광신도가 아니더라도 사회과학도라면 누구나 기막혀 할 것이다. 그런데 능력주의 개념의 창시자는 바로 이런 대접을 받고 있다.

여기에 영 자신의 책임이 전혀 없다고는 할 수 없다. 영의 책을 처음 손에 든 독자는 예외 없이 당황하게 된다. 이 책이 '능력주의'란 말을 최초로 소개한 고전이라는 정보 정도를 알고 있다면, 당연히 20세기 중반에 쓰인 다른 사회과학 명저들, 가령 C. 라이트 밀즈의 『파워 엘리트』나 존 K. 갤브레이스의 『새로운 산업국가The New Industrial State』와 비슷한 책을 기대할 것이다. 새로운 개념을 제시하고 그 개념을 통해 현실의 이모저모를 설득력 있게 분석한 뒤에 나름 정연한 대안을 제시하는 결론으로 끝맺는 장대한 논저 말이다. 나 역시 그랬다. 그러나 기대와 달리 영의 『능력주의』는 '소설'이다!

『능력주의』는 소설이다

『능력주의』는 영국에서 이 책보다 앞서 나온 올더스 헉슬리의 『멋진 신세계』(1932)나 조지 오웰의 『1984』(1949) 같은 디스토피아 소설이다. 1957년에 나온 책인데, 내용은 능력주의 사회가 들어선 지 이미 오래된 2034년에 마이클 영과 같은 이름을 한 가상의 사회과학자가 1950년대 이후에 능력주의가 발전한 과정을 회고하는 이야기다. 저자는 이 책이 좀 더 많은 독자에게 읽히길 바랐기에 소설 형식을 취했다고 밝힌다. 이 전략이 통했는지 『능력주의』는 당시에 전 세계적인 베스트셀러가 됐다. 그러나 2020년대를 살아가는 독자에게는 이게 도리어 장애물로 다가온다. 화자가 너무 천연덕스럽게 가공의 역사 서술과 사회 분석을 전개한 탓에, 도대체 이게 1950년대 말 이후 영국 사회에서 정말 일어난 일인지 아니면 허구인지 헷갈린다. 소설이라기에는 너무 건조하고, 사회과학 저서라기에는 지나치게 상상력이 풍부한 문장들이 낯설게 느껴진다. 그래서 권하기가 망설여지기도 한다.

하지만 이런 난점에도 불구하고 결코 길지 않은 이 책을 읽어 내려가다 보면, 우리 시대에 쓰인 어떤 글보다 더 풍성한 교훈과 영감, 논점들을 캐낼 수 있다. 무엇보다 반세기도 더 전에 어떻게 지금 우리 사회가 도달한 지점을 이토록 정확히 예언할 수 있었는지 놀랍기만 하다. 이 점에서 『1984』나 『멋진 신세계』보다 더 섬뜩한 느낌을 주기까지 한다. 가장 명백하게 들어맞은 예언은 최근 능력주의를 비판하는 모든 저작의 핵심 메시지이기도 한, 능력주의와 세습주의 사이의 역설적인 관계다.

많은 이가 능력주의는 자산과 권력, 명예를 세습하는 구귀족정을 비판하는 이데올로기로 처음 등장했다고 한다. 오늘날 한국 사회에서 상당수 젊은이가 능력주의에 공감하는 것도 마치 이것이 '금수저'들의 세습 질서를 깨고 '공정'을 실현하는 수단인 듯 보이기 때문이다. 그러나 이 점에서 능력주의는 그 신봉자들을 철저히 배신한다. 능력주의는 구舊귀족정을 타파하는 데 효과적인 무기인 듯 보이지만, 능력주의가 만들어 놓는 새 질서는 결국 신新귀족정이다. 능력이란 항상 학교나 시험 같은 제도들을 통해 육성되고 검증되는데, 이런 제도들은 늘 기득권층에 의해 또 다른 세습의 통로로 쉽게 전용될 수 있기 때문이다. 능력주의가 승리를 구가하는 초기에는 실제로 노동계급이나 하위 중간계급의 자제들 중에 계급·계층 사다리를 딛고 올라가는 이들이 (조금이라도) 늘기 때문에 이런 모습이 잘 드러나지 않지만, 한 세대만 지나도 사정은 달라진다. 이미 사다리 위로 올라간 이들의 자녀가 다름 아닌 '능력'이라는 명분 아래 부모의 지위를 물려받게 되고, 능력주의는 어느덧 새로운 세대의 세습주의가 된다. 많은 이가 지적하는 바이지만, 오늘날 능력주의에 바탕을 둔 '공정'론이 중산층 세습화 현상을 극복하는 데 무력한 이유가 여기에 있다. 아니, '공정론'은 중산층 세습화 현상을 지탱해 주는 이데올로기일 뿐이다.

　　『능력주의』는 전후 영국 사회에서 아직 능력주의가 대세가 되기도 전에 이를 정확히 예견했다. 다만 『능력주의』가 잘못 짚은 게 있다면, 현실에 등장한 능력주의 사회보다는 훨씬 더 '인간적인' 사회를 예상했다는 점이다. 『능력주의』가 그리는

21세기 사회는 모든 시민에게 '균등급'이라는 이름으로 수당을 지급하며, 일자리가 없는 시민에게는 공공이 나서서 가내 하인 일거리라도 만들어 준다. 말하자면 기본소득제와 고용보장제가 실시된다. 게다가 능력주의를 통해 계급·계층 사다리의 맨 위로 올라간 이들이 투기로 지위를 공고히 하지도 않는다. 『능력주의』가 그린 능력주의 디스토피아는 모종의 사회민주주의 사회인 셈이다. 아마도 영은 사회민주주의가 가리키는 방향으로 진화한 사회조차 능력주의와 결합된다면 얼마나 끔찍할 수 있는지 보여 주려 했을 것이다. 하지만 능력주의와 최악의 자본주의가 결합된 사회를 '실제로' 살고 있는 우리로서는 영의 『능력주의』가 디스토피아가 아니라 유토피아 소설로 보일 지경이다.

　여기까지는 능력주의를 다룬 다른 책들도 흔히 이야기하는 내용이다. 『능력주의』는 이 모든 저작의 맨 앞에 서 있다는 점에서 탁월하지만, 이것만으로는 굳이 21세기에 쓰인 저작들 대신 잘 읽히지도 않는 이 책을 찾아 읽을 이유는 못 될 수도 있다. 한데 이 책에는 다른 미덕이 있다. 다름 아니라 능력주의에 관한 영의 간명한 규정이다. 영은 능력주의를 깔끔하게 하나의 공식으로 정리한다. 그것은 "능력주의 = 지능 + 노력"[9]이다.

　'노력'이란 다소 기만적인 항목이다. 어디까지나 '지능'에 따라붙는, 그것에 종속된 항목이다. 진정한 기준은 '지능'

9　영, 앞의 책, 152쪽.

이다. 그렇다면 다양한 맥락의 공적을 연상시킬 수 있는 단어 merit를 활용한 '능력주의meritocracy'라는 조어는 영의 진의를 드러내기보다는 가리는 역할을 하는 셈이다. 물론 앞에서 언급한 대로 merit에서 '평점'이라는 새로운 의미가 파생돼 덧붙여졌다는 점을 감안하면, 오히려 아주 적절한 작명이었다고 할 수도 있겠지만 말이다. 아무튼 영이 주목하는 능력주의 현상에 붙어야 할 진짜 이름은 '지능주의'다. 그도 그럴 것이 『능력주의』에서 '능력 있는 자'는 노골적으로 지능검사, 즉 IQ 테스트를 통해 선발된다. 너무 조야한 체제로 생각될 수도 있지만, 따지고 보면 지금껏 존재한 모든 근대적 시험 제도는 이 IQ 테스트의 복잡한 변주일 뿐이다. IQ 테스트를 십수 년에 걸친 공식 교육과정에 쓰이는 언어로 더 세련되게 만들고, 마치 '노력'이라는 변수도 함께 검증되는 양 설계해 정당성을 높인 것일 따름이다. 결국은 '지능'이라는 기준을 통해 선별된 자들이 다시 '지능'이라는 기준으로 모든 인간을 분류하고 배열하는 체계다.

이것이 '능력주의'가 처음 인류 사회에 선보였을 때에 뜻하던 바이다. 이후 이 말은 세인의 각광을 받으면 받을수록 의미가 바다처럼 넓어졌다. 그래서 오늘날에는 인간을 바라보고 사회를 설계하는 데 능력이라는 척도를 가장 중요시하는 모든 입장과 접근법을 포괄하는 말처럼 쓰인다. 심지어는 영이 만년에 개탄한 것처럼 이 말을 비판의 수단이 아니라 긍정적 맥락의 표어로 내세우는 이들까지 나타난다. 좌우를 막론하고 "나는 능력주의자야"라고 외치는 정치인들이 곳곳에서 출몰하는 것이다. 물론 이런 상황에서도 용케 이 말이 현대사회를 비판적으로 돌아보기 위한 수단임을 환기시키며 나름의 능력주의 비판을 성공적으로 전개하는 논자들이 있다. 하지만 능력주의 개념이 현대사회 비판의 무기로서 예리함을 되찾으려면, 무엇보다 이 개념의 분만실인 영의 저작으로 돌아가야 한다. 왜냐하면 거기에 우리가 잊어선 안 될 등식, '능력주의 = 지능 + 노력'이 선명히 새겨져 있기 때문이다.

'능력주의 등식'에 대한 오해와 실상

이렇듯 첫 제안자의 정의에 따르면, 능력주의는 지능과 노력, 아니 사실상 지능이라는 한 가지 능력을 기준으로 인간을 평가·선별하고 이에 따라 부와 권력, 명예를 분배하는 체계다. 이 정의에 바탕을 둔다면, 한국 사회의 '공정' 논란을 두고 전개된 시험주의 대 능력주의의 논쟁 구도는 우스워지고 만다. 능력주의가 지능을 절대화하며 어떤 방식으로든 각자의 지능을 측정해 사회의 위계 구조에 배치하는 시스템이라면, 능력주의는 곧 시험주의다. 오히려 시험주의야말로 가장 순수한 능력주의요, 가장 진화한 능력주의다. 한국 사회의 '공정'론을 시험주의라는 독특한 전통으로 봐야 한다는 이들은 능력주의 개념의 발상지인 영어권에서는 시험보다는 업적(merit의 본래 의미인)을 중시하므로 능력주의 개념을 한국에 그대로 적용할 수 없다고 한다. 그러나 영이 살아서 이 논쟁을 접한다면, 오히려 이렇게 말할 것이다. "아니오. 한국 사회의 모습들이야말로 내가 말하는 능력주의에 부합합니다. 미국, 영국보다 한국이 더 말이죠."

실제로 영의 『능력주의』가 나오고 얼마 안 된 때부터 이런 오해 혹은 의도적 곡해가 있었다. 대표적인 것이 『탈산업사회의 도래』에서 다니엘 벨이 전개한 논의다. 벨의 경우는 오해보다는 의도적 곡해 쪽에 가깝다. 영과도 안면이 있었던 그는 『능력주의』보다 더 유명한 이 두꺼운 저작에서 상당한 지면을 들여 능력주의 사회에 관해 논한다. 벨은 산업사회 이후의 사회, 즉 탈산업사회는 지식과 기술이 중심이 되는 사회이며, 따라서 자본가계급도 전통적 노동계급도 아닌 이런 능력의 보유자들이 사회를 이끄는 주역이라고 주장한다. 그리고 이런 사회에서는 능력주의가 분배와 인정의 중심 원리가 되는 것이 바람직하다고 한다. 내가 이 책의 핵심 주제로서 논의할, 능력주의 이데올로기의 사회적 담당자인 지식 중간계급을 긍정적으로 바라보면서 이들의 입장을 순수하게 대변하는 사상가가 바로 벨이다. 벨은 이렇게 능력주의를 미래의 대안으로까지 치켜세우면서 의도적으로 그 의미를 확장시킨다. 요즘 세인이 이해하는 것처럼, 경

직된 사회 제도들보다 개인의 능력과 성취가 우위에 서는 진취
적인 상황을 능력주의라 제시한다. 이렇게 되면 능력주의란 그
저 자유주의의 좋은 면만 부각시킨 꼴이 된다. 그러면서 벨은 자
신이 생각하는 능력주의를 '기술관료제'와 대비한다.

> 이 모든 것들은 기술관료제와 능력주의 간의 혼동을 분
> 명하게 보여 준다. 기술관료제적 양식은 기술적 효율성의
> 기준으로 사회제도를 단순화하기 때문에, 그것은 자격증(사
> 회에서 지위에 적합한 개인들을 선발하는 수단인)에 주로
> 의존한다. 그러나 자격증은 가장 나쁘게 말하면 기계적인
> 것일 뿐이고, 기껏해야 최소한의 성취를 조건으로 한다. 그
> 것은 체계 내로의 진입 장치다. [반면] 능력주의는 나의 용
> 법으로는 개인적인 성취와 동료들에게 인정받은 획득 지위
> 를 강조하는 것이다.[10]

그러나 영의 책을 읽은 이라면 금세 눈치챌 것이다. 벨
이 말하는 '기술관료제'야말로 실은 영이 '능력주의'라 이름 붙
인 그 현상이다. 영은 미래 사회의 긍정적 지향으로서 능력주의
를 제안한 것이 아니라 미래 사회의 필연적인 위험성을 경고하

---

[10] 다니엘 벨 지음, 김원동·박형신 옮김, 『탈산업사회의 도래』, 아카넷, 2006,
800~801쪽.

기 위해 능력주의 개념을 고안한 것이다. 그리고 능력주의의 기본 성격은 다름 아니라 벨이 "자격증에 주로 의존한다"고 정리한 그것이다. 영은 벨의 『탈산업사회의 도래』가 나오고 난 뒤에 『능력주의』의 새 판본에 덧붙인 서문에서 이 점을 점잖게 지적했다. "내 친구 벨"이라고 서두를 꺼내면서도 할 말은 다 한다.

> 이듬해〔1973년〕 출간해 지대한 영향을 미친 책〔『탈산업사회의 도래』〕에서 벨은, 능력주의 체제에서는 형식적인 자격 요건을 갖추면 이 체제에 들어갈 수 있지만 물질적 혜택을 비롯해 그 밖의 혜택을 정말로 누릴 자격을 얻으려면 체제에 진입한 뒤에도 업적이 필요하다고 주장했다.
> 이 책은 언제나 그런 식의 주장을 편다고 여겨졌으며, 심지어 읽지도 않고 책에 관해 논평하거나 거론한(지대한 영향을 미친 책은 언제나 제대로 읽히지 않는 법이다) 대부분의 사람들은 암묵적으로, 또는 심지어 공공연하게 바로 이런 내용이 내가 제시하려 한 주장이 분명하다고 생각했다. 그 사람들은 이 책이 풍자물이며, 사회학 분야 저서이기 때문에 진지한 내용이기는 해도 또한 영국 풍자문학의 오랜 전통에 속한다는 사실을 일부러 무시하거나 아니면 알아차리지 못했다.[11]

11   영, 앞의 책, 16~17쪽.

영국 교육 개혁의 노력 속에서 나온
능력주의의 문제의식

능력주의의 문제의식이 처음부터 시험 제도와 긴밀히
얽힐 수밖에 없는 이유가 있다. 영의 저작에서 줄곧 중심 무대
역할을 하는 곳은 '교육' 현장이다. 그도 그럴 것이 『능력주의』
를 펴낼 무렵 영의 주된 관심사가 교육 개혁이었다. 영은 제2차
세계대전 중에 노동당 정책 전문가로 이름을 알리기 시작했고,
전후 영국 복지국가 건설의 핵심 설계도가 되는 1945년 총선 노
동당 공약집manifesto의 주요 작성자 가운데 한 사람이었다. 이
총선에서 무려 전쟁 영웅 W. 처칠에게 완승을 거두며 들어선 C.
애틀리 총리의 노동당 정부는 의료, 주거, 교통 등의 영역에서
기대 이상의 개혁 성과를 거두었다. 그러나 영이 보기에 영 미진
한 분야가 있었으니, 교육 영역이었다. 영은 한편으로 그래머스
쿨grammar school(중등학교 가운데 시험을 통해 신입생을 뽑아
전통적 인문 교육을 펼치던 학교들)과 중등학교 입학시험인 일
레븐플러스eleven-plus(주로 그래머스쿨 입학용으로 대략 11세
의 초등학생을 대상으로 실시하던 시험)의 폐지 운동에 앞장섰
고, 다른 한편으로 교육제도를 통해 새로운 불평등이 조장될 위
험성을 경고하는 글들을 발표했다. 『능력주의』는 노동당이 한
동안 야당으로 있던 1950년대 말과 1960년대 초에 걸쳐 영이 펼
친 이러한 활동의 소산이었다.

그래서 『능력주의』는 현대 영국 교육제도의 역사로 읽힐 정도로 교육제도의 변천을 상세히 다룬다. 다만 어디까지가 진짜 역사이고, 어디부터 가상 역사인지 잘 구별해야 한다. 책을 쓴 시점인 1950년대 말까지는 진짜 영국 교육사이고, 그 뒤부터는 소설이다. 영은 1870년에 초등교육법이 통과됨으로써 영국에서도 12세 이하 아동의 의무교육이 시작됐다는 사실을 환기시키며 책의 서두를 연다. 프로이센이 이미 한 세기 전인 1760년대에 초등학교 의무교육을 시작했다는 점을 감안하면, 당대 최선진국으로서는 참으로 뒤늦은 조치였다. 영국 교육제도의 발전은 이후에도 다른 주요 자본주의 국가들에 비해 계속 뒤처졌다. 중등교육은 퍼블릭스쿨public school(이름과는 달리 사립 귀족학교를 뜻한다), 그래머스쿨 같은 사립학교를 중심으로 귀족, 자본가, 상위 중간계급의 자제를 위한 계급 세습 통로 노릇을 했다. 고등교육 단계로 올라가면 이런 성격이 더욱 심해져 1940년대까지도 대학 진학자는 전 인구의 2퍼센트에 그쳤다.

하지만 전후 복지국가 건설의 여파는 교육 영역에도 대변혁을 불러일으켰다. 1944년에 전시 거국내각 아래에서 중등교육이 무상화되자 하위 중간계급과 노동계급 자녀의 중등교육 진학률이 급상승했다. 처음에는 기존 그래머스쿨에 모던스쿨modern school, 테크니컬스쿨technical school을 더해 삼각 체제로 대중적인 중등교육을 실시했다. 그래머스쿨과 달리 모던스쿨과 테크니컬스쿨은 실용적 지식 전수와 직업교육에 주력했으며, 노동계급 자녀가 주로 진학했다. 노동계급의 중등교육 진학자가 늘어났다는 점에서는 성과였다. 하지만 일레븐플러스를 통해 여전히 기득권층 자제가 주로 그래머스쿨에 진학하고 나머지가 모던스쿨, 테크니컬스쿨에 배정된다는 점에서는 교육을 통한 계급 세습이라는 유구한 전통이 그대로 이어지는 셈이었다. 바로 이 시점에 영과 같은 교육 개혁 운동가들이 앞장서서 노동당을 움직여 중등교육의 삼각 체제를 허물어뜨리려 했다. 인문교육과 직업교육을 함께 실시하며 일레븐플러스를 통과하지 않아도 입학할 수 있는 종합학교comprehensive school를 신설하고 중등교육을 점차 종합학교로 일원화하는 것이 개혁의 방향이었다. 이러한 개혁 시도는 1960년대부터 1970년대에 이르는 노동당 집권기를 거치며 상당한 성과를 냈다. 공립 종합학교가 중등교육의 일반적 형태로 정착해 이제는 11~18세 청소년의 90퍼센트가 종합학교에 다닌다.

그러나 영은 중등교육 개혁 운동을 벌이면서도 미래에 그리 낙관적이지 않았던 것 같다. 『능력주의』 속 가상의 1960년대에 종합학교 확대는 벽에 부딪히고 그래머스쿨이 부활한다. 일레븐플러스보다 더 극단화된 지능검사가 그래머스쿨 입학시험이 되고 그래머스쿨과 대학 코스를 밟으면 엘리트 신분이 되는 능력주의 사회가 들어선다. 전후에 중등교육에 대거 참여하게 된 노동계급과 하위 중간계급 가정은 이런 교육 시스템을 적극 지지하거나 최소한 암묵적으로 따른다. 이 시스템의 첫 번째 세대가 된 노동계급 가정의 자녀 가운데는 이를 통해 실제로 신분 상승에 성공한 이들이 나온다. 적어도 제1세대에 관한 한, 능력주의의 약속은 허상만은 아니다. 하지만 『능력주의』 속 세계의 20세기 말쯤이 되면, 능력주의 교육 시스템이 어느새 엘리트 신분을 세습하는 통로로 반전되었음이 드러나기 시작한다. 상층계급 자녀들이 대체로 지능검사에서도 높은 점수를 받고 그래머스쿨과 대학을 채우는 현상이 나타난다. 이 대목에서 영의 기술은 가상 역사가 아니라 21세기의 예언으로 돌변한다.

'계급'에 주목하라

영은 왜 교육 개혁 운동을 벌이면서도 이렇게 비관적인 예언을 내놓았을까? 물론 스스로 밝힌 대로, 충격적인 미래상을 통해 당대인들에게 경고하려는 목적이 있었을 것이다. 그러나 어느 정도는 1950년대에도 이미 눈에 드러난 심각한 위험 탓이기도 했다. 전에는 중등교육과의 관계가 느슨했던 영국 노동계급이 삼각 체제(그래머스쿨과 나머지 학교들의 영국식 서열 체제)로 이뤄진 중등교육에 대거 진출하고 나자 영국 사회의 계급 세력 관계 전반이 근본적으로 바뀌기 시작했다. 그것은 페이비언사회주의자들이 기대했던 것과는 달리, 가방끈이 길어진 노동계급이 더욱더 다루기 힘든 식자층으로 성장한다는 긍정적 결과만은 아니었다. 소수 기득권층만이 아니라 대중 전체가 교육제도, 그러니까 시험과 졸업장, 자격증의 세계에 편입된 뒤에 예상치 못한 또 다른 결과가 나타났다. 영의 『능력주의』의 뛰어남은 다름 아니라 이 점을 예리하게 포착한 데 있다.

노동자들이 교육제도에 참여할 기회 자체가 막혀 있던 때에는 당연히 교육 과정에서 성공하거나 실패하는 일 따위는 노동자들의 관심 밖이었다. 그랬기에 역설적으로 노동자들은 대학 졸업장이나 학위, 시험 합격 이력 따위를 줄줄이 매단 엘리트들에게 주눅 들지 않았다. 자신에게도 교육 기회가 열렸다면 고용주나 관리자가 하는 일쯤은 충분히 해낼 수 있었을 것이라고 생각하는 경향이 있었다. 영에 따르면, "내가 제대로 기회만 있었다면 … 나도 어떤 일이든 할 수 있었을 텐데 … 기회가 없었을 뿐이다. … 나는 누구보다 뛰어나다"[12]는 게 노동자들이 품은 일반적인 생각이었다.

그러나 노동계급을 중심으로 전 국민이 일원적인 교육 시스템에 성공적으로 통합되자 분위기가 바뀌었다. 이제 시험 성적이나 상급학교 진학 여부에 따라 성공한 인생인지 아닌지 평가받는 현실과, 일자리에 따라 부와 권력, 명예가 달라지는 현실이 서로 뒤섞이고 점차 하나로 합쳐지게 된다. 노동계급 자녀

12   영, 앞의 책, 171쪽.

가운데 계층 상승 사다리를 밟는 이들도 적지 않게 생기지만, 훨씬 더 많은 이가 고용주나 관리자의 명령을 받는 자기 처지를 학창 시절의 실패나 태만, 무능력 탓이라 체념하기 시작한다. 이 새로운 세대의 노동자들은 부모 세대보다 가방끈이 조금 길어지기는 했지만, 그보다 더 중요한 뭔가를 빼앗겨 버렸다. 빼앗긴 것은 평등 의식의 기반이 된 자부심이다. 대신 새로 얻은 것은 저들은 '잘났고' 나는 그렇지 못하니까 당연히 저들이 위에 있고 나는 아래에 있다는 패배감이다. 이것이 영이 예상한 능력주의 사회의 가장 심각한 문제다. 이 사회는 그 안에서 노동계급으로 살아가는 이들에게 어떤 점에서는 이전보다 더 심각하게 불평등하다. 불평등이 그 피해자들 사이에서 도전이 아니라 체념과 순종의 대상으로 굳어지기가 훨씬 더 쉬워졌기 때문이다.

　　반면에 동일한 역사적 상황을 전에 없던 기회로 삼으며 이를 누구보다 반기는 집단도 있다. 그들은 누구인가? 이 대목에서 영이 잡아낸 능력주의의 핵심이 '지능'이라는 단일한 기준임에 주목해 보자. 지적 능력이 성공의 발판이 될 경우에 계층 상승의 기회가 넓어지며, 그렇기에 '지능 + 노력'에 비례하는 보상의 약속을 누구보다 열렬히 믿고 지지하는 집단은 누구인가? 이 집단이야말로 평등의 대의와 능력주의를 일치시키는 다음 같은 문장의 열띤 지지자들일 것이다.

〔현재의〕이 무계획적인 오합지졸 민주주의는 민주적 귀족주의로 대체돼야 한다. 곧 전체 프롤레타리아의 독재가 아니라 자기에게 주어진 과업을 이해하면서 그 신성한 목표를 향한 질주를 이끌 수 있는 5퍼센트 프롤레타리아의 독재가 되어야 한다.[13]

'5퍼센트 프롤레타리아'는 누구인가? 위의 발언을 남긴 버나드 쇼 같은 페이비언사회주의자들, 영의 책에서 능력주의 사회의 승자로 떠오르는 하위 중간계급과 노동계급의 '똘똘한' 자녀들, 장학금 혜택을 받으며 대학 졸업장을 따내고 죽을 때까지 이를 남과 나를 구별하는 영원한 딱지인 양 여기는 이들이다. 『능력주의』속 가상 역사에서 이런 '5퍼센트 프롤레타리아'에 해당하는 집단의 특별한 선호나 노력이 없었다면 능력주의는 결코 새로운 불평등 체제로 자리 잡고 발전해 나갈 수 없었다.

이것이 우리가 영의 디스토피아 소설에서 주목해야 할 또 다른 중요한 지점이다. 능력주의가 현실에 커다란 영향력을 끼치는 이데올로기라면, 이를 진실로 믿으며 지지하고 실현하려는 집단이 있어야 한다. 즉, 능력주의 이데올로기의 사회적 담지자가 있어야만 한다. 그런 담지자 없이 존립하고 더 나아가 승리를 구가하는 이데올로기란 있을 수 없다. 샌델은 '기술관료적

13   영, 앞의 책, 65쪽에서 재인용.

엘리트'가 능력주의의 주역이라 하고,[14] 마코비츠는 '소득을 점유하는 소수의 중심부(전체 가계의 1퍼센트 정도)와 좀 더 숫자가 많고 그 테두리에서 일하는 주변부(전체 가계의 5~10퍼센트 정도)로 이뤄진 엘리트층'을 지목한다.[15] 나는 마코비츠가 지목한 엘리트층이 능력주의의 핵심 담지자이지만, 능력주의를 믿고 지지함으로써 이것이 사회 전체에 헤게모니를 발휘할 수 있게 하는 계층은 마코비츠가 말한 최대치(전체 가계의 10퍼센트 선)보다는 더 넓고 두텁다고 생각한다. 이 책에서 나는 이들을 일단 '지식 중간계급intellectual middle class'이라 부르겠다. 지능을 기준으로 유능함을 인정받아 온 이들이 역사적으로 '지식(인)'이라 불려 왔기에 이를 이름에 포함하자는 것이며, 이들이 '능력'을 통해 사회 피라미드의 최정상을 바라보며 계층 상승을 지향하기에 일단 '중간계급'이라 하자는 것이다. 쇼가 "5퍼센트 프롤레타리아"라 하면서 염두에 둔 집단이 이들이며, 실은 쇼 자신도 그 일원이다.

요컨대 영의 『능력주의』는 '교육'의 이야기이면서 또한 '계급'의 이야기다. 시민 전체를 아우르는 현대적 교육 시스템의 등장과 성숙이 사회 계급들과 만나 불러들이는 예기치 않은 위험에 관한 이야기다. 그리고 이것이야말로 능력주의 개념의

14 센델의 『공정하다는 착각』 제5장 「성공의 윤리」를 참고하라.

15 마코비츠의 『엘리트 세습』 제1장 「엘리트 귀족의 탄생」을 참고하라.

창안자가 남긴 70여 년 전의 베스트셀러를 각주 정도에나 등장할 책으로 치부하지 말아야 할 이유다. 이 책은 우리에게 능력주의의 문제의식이 교육과 계급이 얽힌 어떤 독특한 상황, 어떤 역사적 국면에서 필연적으로 부상하는 난제를 환기시키려는 것임을 잊지 말라고 다그친다. 능력주의 비판론은 이러한 애초의 문제의식에 계속 두 발을 내딛어야만, 오늘날 우리를 돌아보는 거울로서 제 역할을 할 수 있다.

이제부터는 이렇게 교육과 계급이 얽혀 빚어낸 우여곡절을 직접 확인해 봐야겠다. 영이 꾸며낸 가상 역사가 아니라, 그것과 무척 닮았으면서 어쩌면 더욱 가혹한 재앙을 몰고 왔던 실제 역사를 되짚는 다소 긴 우회로를 밟을 차례다.

제2장
능력주의의 역사 속 능력주의의 담지자
—지식 중간계급

과거제도, 능력주의의 조숙한 선구자?

능력주의의 역사를 쓰겠다고 책상 앞에 앉은 이라면 누구나 부딪히는 장벽이 있다. 하필이면 그 장벽은 작업의 첫머리부터 기다리고 있다. 그것은 능력주의 역사의 시작을 언제로 잡을 것이냐는 문제다.

도대체 뭐가 문제인가? 능력주의는 자본주의와 이인삼각으로 움직이는 이데올로기가 아닌가? 그렇다면 자본주의의 시작과 함께 서술하면 되는 것 아닌가? 게다가 앞에서 나는 마이클 영이 처음 제안했던 대로 능력주의 개념을 좁게 정의해야 현대사회의 고뇌와 궁지를 돌아보는 데 효과적인 수단이 될 수 있다고 정리했다. 영이 제시한 능력주의의 핵심, 즉 지능주의는 초등교육뿐만 아니라 중등교육까지 포함하는 공교육 제도가 확립되고 난 다음에야 전면적으로 부상하게 된다. 그렇다면 능력주의는 산업자본주의가 등장하고서도 한참 뒤에야 대두한다는 이야기가 된다. 이 역사적 시점은 어느 나라든 아무리 거슬러 올라가 봐야 20세기 초보다 더 올라가지는 않는다. 그렇다면 더 고민할 게 무엇인가?

　　문제는 동아시아 세 나라, 중국, 한국, 베트남의 독특한 역사다. 이 나라들은 지구상에 근대의 동이 트기도 훨씬 전에 현대 능력주의와 너무나 비슷한 제도를 운영했고, 이 제도가 이들 사회에서 부와 권력이 분배되는 방식에 결정적인 역할을 했다. 그 제도란 우리가 이미 잘 아는 과거제도다. 중국은 무려 1400여 년 전인 수 왕조 때부터 과거제도를 실시했고, 과거제가 완전히 자리 잡은 송 왕조까지만 따져도 1000년 동안 이 제도가 중국을 지배했다고 할 수 있다. 옆 나라 한국은 비록 도입 시기나 정착 시점은 중국보다 늦었지만 조선 왕조 500여 년 내내 발상지보다 더욱 강력하고 경직된 방식으로 과거제를 시행했다. 두 나라 모두 중국 고전 문어로 시와 산문을 쓰는 시험을 통해 관료를 선발하여 국가기구를 구성했고, 이 시험을 통과해 관직을 획득하는 것이 지배계급에 진입하거나 그 지위를 유지하는 주된 기준이 되었다. 물론 다른 전前자본주의 사회들과 마찬가지로 토지 소유나 점유가 지배계급의 핵심 토대였지만, 아무리 지주 집안이라 하더라도 오래도록 과거 합격자를 배출하지 못하면 지위가 추락하기 쉬웠다. 이 지배계급은 처음에는 '사대부士大夫'라는 시대착오적인 고대 관직명으로 불렸지만, 두 나라에서 각각 최종 정착된 이름은 '신사紳士'와 '양반兩班'이었다.

인류 역사 전체에서 동아시아 세 나라에만 예외적으로 나타난 이 시스템은 역사학자들에게는 골치 아프면서도 매력적인 쟁점이다. 그중에서도 대담한 이들은 동아시아 과거제 사회들을 현대 능력주의의 조숙한(조숙해도 너무 조숙했던) 선취라 규정하기도 한다.[1] 이 주장이 좀 더 확장되면 근대성이란 게 유럽만의 산물이 아니며 동아시아에서도 준비되고 있었다는 새로운 세계사 해석으로 이어지기도 하고, 지금도 중국이나 한국이 전 세계에서 교육열이 가장 높고 대학 입시 경쟁이 극심한 나라인 이유로 주목받기도 한다. 한국에서 시험주의 대 능력주의의 논쟁 구도가 유독 두드러지게 등장하는 것도 이러한 특이한 역사적 배경 때문이다. 입사 시험을 정규직 채용 관문으로 절대시하는 일부 공공부문 정규직의 태도에서 과거제의 기억을 떠올리지 않기란 어렵다. 한데 자본주의 이전 시기의 이 제도를 현대 능력주의와 연결하기는 아무래도 좀 어색하다. 이런 경우 자연스럽게 도달하는 결론이란 한국 사회에 시험주의의 유구한 전통이 있다는 명제다.

1   대표적인 사례로는 다음 책이 있다. 알렉산더 우드사이드 지음, 민병희 옮김, 『잃어버린 근대성들: 중국, 베트남, 한국 그리고 세계사의 위험성』, 너머북스, 2012.

하지만 나는 대담한 주장 쪽에 손을 들어 주고 싶다. 과거제도를 능력주의의 조숙한 사례로 봐야 한다는 것이다. 적지 않은 이들이 이 대목에서 의아해할 것이다. 앞에서 나는 제퍼슨이나 프랑스 인권선언을 능력주의의 사례로 분류하는 데 이의를 제기했다. 세습주의 질서에 반대하는 이런 고전적 주장과 현대 능력주의를 구분해야 한다고 강조했다. 그런데 그보다 훨씬 더 오래전 일이었던 동아시아 과거제는 능력주의의 이른 등장이라 본다고? 모순되지 않는가? 인류 역사를 단선적인 진보사로 보는 시각에 따른다면 분명 그렇게 보일 것이다. 그래도 나는 과거제 경험을 능력주의와 연결 짓는 입장을 고수할 수밖에 없다. 이유는 간단하다. 과거제도가 영이 제시한 협의의 능력주의와 너무나 일치하기 때문이다.

과거제만큼 '지능 + 노력 = 능력'이라는 명제에 부합하는 시스템도 없다. 영은 지능 측정 수단으로 IQ 테스트를 들었다. 이것은 영의 독특한 발상이 아니라 그 시절 점잖은 교육학자들의 일반적인 제안이었다. 그러나 과거제의 고상한 전통을 지닌 한국인이 보기에는 지극히 조야한 방식일 뿐이다. 지능은 IQ 테스트보다는 훨씬 더 격조 있는 수단으로 측정되어야 한다. 동아시아의 오래된 문명국들은 벌써 천여 년 전부터 그런 수단을 개발하여 훌륭하게 써먹었다. 바로 필기시험이다. 어렵고 번잡한 표의문자를 써서 몇백 년 전 유행하던 문어체로 운문이나 산문을 짓는 일은 지능을 평가하기에 더없이 효과적이었다. 시험에 쓰는 언어가 아예 외국어인 나라에서는 더더욱 그랬다. 이런 시험을 통과해 부와 권력, 명예를 거머쥔 이들이라면, 이런 특권의 정당성을 과시할 만했다. 그는 확실히 다른 이들이 꿈도 꾸기 힘든 지적 능력의 소유자였으며, 그런 특출한 집단의 일원이 나머지 사람들을 이끌고 다스림은 하늘의 이치에 부합했다. 어쩌면 15세기쯤의 중국과 한국은 현대 능력주의가 요즘에야 도달하려고 애쓰는 가장 순수한 완성태에 이미 도달해 있었는지 모른다.

관료제 + 지식 계급 = 능력주의 상황

어떻게 이런 일이 일어날 수 있었는가? 많은 이가 지적하듯이 유학 때문인가? 그런 것 같지는 않다. 동아시아 역사상 유례를 찾을 수 없을 만큼 유학의 이상과 원칙을 현실 정치에 고스란히 실현하려 한 16세기 조선의 유학자 조광조는 그 자신이 영광스러운 과거 합격자임에도 과거제를 그리 달가워하지 않았다. 조광조를 비롯한 사림 세력이 보기에 과거 시험은 유학에서 높이 치는 인품이나 덕성이 아니라 글솜씨에 따라 인재를 선발하는 제도였다. 이를테면 그들의 눈에 과거제도는 그 시대의 지능주의였다. 이들이 과거제보다 유학의 지향에 더 어울린다고 생각하고 실현하려 노력한 대안은 관료들이 품행이 훌륭한 이를 추천하면 국왕이 직접 면접하여 선발하는 현량과賢良科였다. 이는 중국에서 과거제가 도입되기 이전에 한 왕조 등이 실시했던 제도다. 유학 근본주의자라 해도 과언이 아닐 조선의 유학 정치가들은 오히려 과거제 이전의 이 제도가 더 바람직하다 여긴 것이다. 익히 알려진 것처럼, 이런 조광조 일파의 시도에 국왕과 기존 권신들이 내놓은 답은 숙청과 유배, 사형이었다. 모르긴 해도 조광조와 동지들이 오늘날 되살아나 이제 갓 필기시험을 거쳐 공기업 정규직이나 정교사가 된 이들 앞에서 같은 주장을 해도 돌아오는 답이 이보다 더 낫지는 않을 것이다.

아무튼 동아시아의 조숙한 능력주의와 유학의 관계는 생각보다 더 복잡하다. 적어도 다른 차이 없이 달랑 유학이라는 요소만 하나 있어서는 조숙한 능력주의가 만들어질 수 없었음은 분명하다. 실제로 중요했던 요소는 다음 두 가지다. 첫째는 국가 관료제의 이른 발전이었다. 로마제국 멸망 이후에 유럽은 천년이 넘도록 수많은 제후의 영지와 교회령, 자유도시로 나뉘어 있었지만, 동아시아에서는 위·진·남북조 시기의 긴 혼란을 닫고 광대한 영토를 지닌 중앙집권적 국가(수·당)가 부활했다. 이후 지금의 중국 땅에서는 주기적으로 분열이 반복되기는 했지만 대체로 중앙집권적 국가가 지속됐다. 이 중앙집권적 국가는 동시대 유럽에 비해 상대적으로 안정적이고 체계적인 조세 제도에 바탕을 두고 관료 기구를 팽창시켰다. 산업자본주의가 등장하기 전까지는 동아시아 외의 다른 어떤 지역에서도 볼 수 없었던 비대한 관료 기구였다.

이렇게 확장된 관료 기구는 다양한 기능을 수행해야 했으며, 이 기능들을 담당할 요원을 끊임없이 충원해야 했다. 문신도 있어야 했고 무신도 있어야 했으며 의관도 필요했고 역관도 필요했다. 하지만 알록달록한 다원주의는 관료 기구와는 어울리지 않았다. 실제로는 다양한 능력이 필요하더라도 관료 기구가 이를 하나하나 다 평가하고 가치를 매길 수 없었다. 관료 기구는 특히 상층으로 올라갈수록 단일한 기준으로 요원들의 위계를 정하고 그에 따라 권력을 배분하려 한다. 조직의 하부는 다양한 기능을 수행하기 위해 잡다하게 구성하더라도 상부는 한가지 능력을 중심으로 선발된 이들이 장악한다. 그래야 거대한 중앙집권적 조직을 효과적으로 통제할 수 있기 때문이다. 중국의 조숙한 국가 관료 기구가 이를 위해 획일적 기준으로 삼은 것이 바로 과거 시험으로 측정되는 지적 능력이었다. 그리고 중국 옆의 두 나라, 한국과 베트남의 전근대 국가기구도 이 선택을 착실히 따랐다.

둘째 요소는 관료 기구에 요원으로 충원될 만한 자질을 갖추고 충원을 열망하며 실제로 끊임없이 충원된 사회 집단의 존재였다. 과거제가 도입·정착되기 전에 문벌 귀족의 바로 밑에는 이들에 못지않은, 실은 이들을 능가하는 지적 능력을 연마

한 계층이 성장해 있었다. 이런 신진 지식인층을 고위 관직에 끌어들여 지배계급을 재편성한 계기가 과거제 도입이었고, 이로써 신사나 양반 같은 동아시아의 독특한 지식인 지배계급이 형성됐다. 중국, 한국에서는 과거 시험을 준비하기 위한 민간의 자발적 교육열을 바탕으로 지식인 지배계급이 부단히 재생산됐고, 그 규모는 늘 과거 시험의 뜨거운 경쟁률을 유지시켜 줄 만큼은 컸다. 만약 과거제 사회가 아니었다면, 가령 동시대의 서유럽이나 이슬람 세계였다면 그들은 가톨릭교회의 고위 사제를 지망하거나 상인으로 치부致富하는 길을 택했을 것이다. 그러나 동아시아 3국에서는 과거제를 통해 국가 관료 기구의 상층에 진출하는 것이 출세의 표준이 됐다. 심지어는 상인이나 대지주로 이미 성공한 이들조차 초시初試 합격자 정도의 위신을 확보하지 못하면 현재의 지위를 대물림하기 힘들었다. 이런 세계관과 인생관을 공유하는 계급이 강력히 존속했기에 동아시아의 조숙한 능력주의는 장기간 지속될 수 있었다.

지금까지 말한 두 요소가 동아시아에서 이른 시기에 현대 능력주의와 가장 닮은 선례가 등장하게 만든 핵심 토대였다. 달리 말하면, 인간 사회에서 관료제와 지식 계급이라는 두 요소가 함께 등장해 발전할 경우에 능력주의가 대두한다. 이 두 요소만 존재한다면, 사회의 다른 특징이 어떠하든 필연적으로 능력주의가 성장한다. 전자본주의든 자본주의든 모종의 사회주의든 마찬가지다. 반면에 발전된 자본주의 사회라 하더라도 위 두 요소를 동반하지 않는다면, 능력주의는 성장하지 못한다. 즉, 관료제의 발전과 지식 계급의 성장이 동시에 전개되는 상황('능력주의 상황meritocratic conditions'이라 줄여 말할 수 있겠다)이야말로 능력주의의 필수 전제 조건이다. 동아시아의 조숙한 능력주의 사례에서 우리가 가장 주목해야 할 점은 영원히 능력주의에서 벗어나지 못할 동아시아 사회들의 '특수한' 운명이 아니라 오히려 능력주의가 대두하는 이러한 '보편적'인 조건이다.

그렇다면 동아시아에서 뜻밖에 장기 지속한 능력주의의 예고편 이후, 본격적으로 이것이 재등장하는 시점이 언제인지 확인하는 일은 그리 어렵지 않을 것이다. 세계사에서 능력주의 상황이 다시 출현한 때를 찾아내기만 하면 될 테니 말이다.

자본주의와 능력주의의 어색한 관계

많은 이가 능력주의가 자본주의와 환상의 한 쌍이라 여긴다. 능력주의 비판서들의 논의가 대개 산업혁명과 민주주의 혁명이라는 두 혁명이 동시에 시작된 18세기 말에서 출발하는 이유가 여기에 있다. 앞에서 비판한 대로, 이런 해석들은 세습주의에 반대하는 주장이면 모두 능력주의로 분류하며 능력주의를 지나치게 느슨하게 정의한다. 그러나 혈통에 재능을 대립시키는 이 시기 계몽주의자나 혁명가들의 주장은 프랑스 삼부회나 영국 상원 같은 곰팡내 나는 기구들을 비판하려는 것일 뿐, 학업 성적이나 필기시험 결과로 엘리트 직분을 나눠 주는 시스템과는 닮은 데가 별로 없다. 이들에게까지 굳이 '능력주의'를 연상시키는 어떤 명칭을 붙여야 한다면, 반드시 '원시 능력주의', 아니 '유사 능력주의'라 불러야 한다.

간혹 과거제도의 기억이나 20세기 대한민국 고시 열풍을 연상시키는 언급을 한 이들도 없지는 않았다. 예를 들어, 사회주의의 3대 창시자 중 한 사람으로 추앙받는 프랑스 사상가 생시몽은 당시 유럽 사회를 지배하던 귀족계급에 맞서 '산업인' 계급을 옹호했다. 그가 말하는 '산업인' 안에는 자본가와 노동자가 다 들어간다. 무위도식하지 않고 산업 사회에서 나름의 기능을 수행하기만 하면 생시몽이 권하는 대안 사회에서 시민권을 지닐 수 있다. 생시몽은 이런 사회에서는 산업인 계급 중에서도 특히 지적 능력이 검증된 이들이 엘리트 역할을 맡아야 한다고 봤다. 우리에게는 영락없이 조선 시대 양반을 연상시키는 이 생시몽식 엘리트는 한참 뒤 뉴딜 시기 미국의 테크노크라트나 소련 공산당 고위 간부로 육화돼 지상에 강림한다. 물론 앞에서 인용한 저명한 페이비언사회주의자의 발언도 이 계보에 속한다.

한데 여기에는 간과하지 말아야 할 흥미로운 역설이 있다. 능력주의에 가장 가까운 미래상을 제시한 인물이 이제 막 발흥하던 산업자본주의를 비판한 유토피아 사회주의자라는 것이다. 유사 능력주의 사례들에서도 비슷한 역설이 나타난다. '재능의 귀족정'을 권한 제퍼슨은 한편으로는 소농들의 민주적 본능을 예찬하면서 다른 한편으로는 흑인 노예를 마음껏 부리는 미국 남부 농장주 입장에서 산업자본주의에 거부감을 보인 인물이었다. 유럽의 초기 사회주의자와 신생 미국의 소농 민주주의자도 서로 거리가 한참 먼 사이이기는 하지만, 아무튼 이들 모두가 거리를 두려고 노력한 대상은 영국에서 출현한 지 아직 한 세대가 안 된 산업자본주의였다. 이것이 자본주의와 능력주의가 맺은 최초의 관계였다. 둘은 무척 어색한 사이였던 것이다.

따지고 보면 그럴 수밖에 없었다. TV 드라마 따위에 중독된 우리는 자본주의의 유년 시절이 온갖 자수성가 미담들로 넘쳐 나겠거니 넘겨짚기 쉽다. 그러나 '자본'주의임을 잊지 말자. 이 체제는 첫울음을 울던 그 시절부터 자본을 쥔 이들의 손아귀에 있었다. 불과 얼마 전에 실험을 몇 차례 한 기술을 작업장에 적용하며 조마조마하던 제1차 산업혁명 시기 영국의 혁신적 사업가들은 자본을 소유한 진짜 주인에게서 투자금을 빌린 신세일 뿐이었다. 그럼 진짜 주인은 어떤 사람들이었던가? 은행에 금덩이를 쌓아 둔 귀족이거나 오래된 은행가·상인 가문이었다. 유서 깊은 작위 계승자이거나 최근에라도 작위를 산 자들이었고, 물론 이 지위는 대대손손 세습될 예정이었다. 그들은 바로 유사 능력주의의 주창자들이 불구대천의 적으로 선포한 세습 질서의 수혜자들이었다.

영국을 비롯한 유럽 국가들에서는 이러한 현실이 너무나 강고했다. 거의 19세기 내내 그랬다. 스탕달의 소설 『적과 흑』(1830) 속 주인공이 괜히 나폴레옹을 숭배하며 귀족들 사이에서 사고를 치고 다닌 게 아니었다. 변방의 평민 신분에서 황제 자리에까지 오른 나폴레옹의 신화가 이 무렵 유럽에서는 여전히 가장 불온한 꿈이었다. 이런 상황이었으니 서유럽 노동계급 가정의 야심 많은 젊은이가 혁명적 사회주의 구호와 유사 능력주의적 사고 사이에서 그다지 긴장이나 대립, 모순을 느끼지 못해도 이상한 일은 아니었다. 어쩌면 이것이 이 무렵 사회주의 운동이 지금과는 다른 강한 호소력을 발휘한 비밀 중 하나였을지 모른다.

반면에 아메리카 대륙은 유럽과는 다른 길을 가는 것처럼 보였다. 미국에서는 적어도 남북전쟁 전까지는 소농과 소상인의 유사 능력주의적 상식이 국가 이념인 민주주의와 동일시되었다. 대서양 건너 귀족 세상과는 달리 여기에서는 가난한 농가에서도 대통령이나 상원의원, 성공한 사업가가 나올 수 있다는 자부심이 널리 퍼져 있었다. 낡은 대륙의 엘리트인 알렉시스 드 토크빌이 여행 중에 느낀 충격만으로 『미국의 민주주의』라는 대작을 써낼 만도 했다. 그러나 미국의 이런 예외적 분위기도 한 세기 이상 지속되지는 못했다. 19세기가 거의 끝나 갈 무렵, 미국도 자본주의가 발달한 북동부 주들부터 급격히 유럽과 비슷해졌다. 중세의 먼지를 뒤집어쓴 진짜 귀족이 없는 대신에 이곳에서는 벼락부자들이 뒤늦게 귀족 행세를 하기 시작했다('도금 시대'). 이와 더불어 소농과 영세 상인의 전통적인 유사 능력주의는 21세기 포퓰리즘의 먼 시조인 인민당 운동으로 이어져 동부 해안가의 졸부들에 맞섰다. 근면한 자작농과 소상공인이 성공하는 사회여야 한다는 소박한 꿈을 버릴 수 없었던 이들이 신생 인민당을 지지하며 한때 바람을 일으켰고, 그들은 동부 지역의 대자본가·은행가들이 부를 세습하는 유럽식 귀족 사회를 만들려 한다고 규탄했다. 이 '인민당populist party'이라는 이름이 현대 포퓰리즘의 어원이다. 오늘날 영이 지적한 '지능 독재'라는 의미의 능력주의를 가장 강력하게 규탄하는 정치 세력은 좌·우 포퓰리즘인데, 포퓰리즘의 뿌리는 오히려 원시 혹은 유사 능력주의라는 이 사실은 복잡하고 흥미로운 엇갈림이 아닐 수 없다.

제2차 산업혁명이라는 전환점

산업자본주의에서 능력주의의 (전사前史가 아닌) 진정한 역사는 제2차 산업혁명과 함께 시작된다. 세계사 교과서에 실린 '산업혁명'은 대개 18세기 끝 무렵 영국에서 시작된 제1차 산업혁명이다. 그러나 우리에게 익숙한 세상이 등장한 첫 번째 계기라는 점에서는 제2차 산업혁명이 더 중요할 수 있다. 제1차 산업혁명의 기술적 핵심은 수력과 증기 기관을 동력원 삼아 스스로 움직이는 기계를 작업장에 투입했다는 것이다. 그럼 굳이 '두 번째 산업혁명'이라 이름 붙은 변화의 핵심은 무엇인가? 지금도 우리 문명의 기반인 전기에너지를 사용해 기계를 돌리기 시작했다는 점이다. 전선으로 전기를 공급해 기계를 가동한 덕분에 기계의 배치와 상호 연결 작업이 훨씬 자유로워졌고, 이때부터 인간 노동은 기계의 움직임과 속도에 완전히 종속되어 갔다.

제2차 산업혁명은 흔히 1870년대에 시작되었다고 한다. 이 무렵 전 세계적인 불황이 닥쳤는데, 이 대불황을 딛고 영국을 추격하기 위해 산업화에 박차를 가한 나라들이 있었다. 공교롭게도 이 무렵 막 전쟁(남북전쟁, 오스트리아-프로이센 전쟁과 프랑스-프로이센 전쟁)을 통해 통일을 달성한 두 나라, 미국과 독일이었다. 두 나라는 영국이 제1차 산업혁명 끝에 도달한 최첨단 산업에서 출발했다. 그것은 철도 산업이었다. 철로를 깔려면 철강산업이 발전해 있어야 하고, 철도의 초기 투자액이 너무나 크기 때문에 전에 없던 대규모 기업 형태가 필요하다. 미국과 독일은 처음부터 전기를 사용하는 최신 철강 작업장을 구축하며 산업화에 착수했고, 국가가 직접 후원하거나 은행들을 동원하거나 주식시장을 활성화해 대기업을 육성했다. 한 세기 동안 낡은 작업장 구조나 소규모 가족기업 형태에 익숙했던 영국에서는 감행하기 힘든 혁신이었다. 그러나 젊은 두 나라는 미련 없이 전혀 새로운 자본주의를 향해 나아갔다. 영국과 미국, 독일이 경제뿐만 아니라 정치, 군사에 이르기까지 치열하게 경쟁하고 결국 충돌하고 마는, 20세기 중반까지의 현대 세계사는 이렇게 시작됐다.

19세기 말에서 20세기 중반에 이르는 이 대전환 과정에 관해서는 고전적 연구 성과들만도 숱하게 쌓여 있다.[2] 여기에서 이 과정을 상세히 서술해 봐야 이런 성과들의 어설픈 요약에 불과하며, 또한 이런 역사 서술이 이 책의 과제도 아니다. 여기에서는 다만 우리의 관심사인 능력주의의 역사와 직결된, 제2차 산업혁명 이후 자본주의의 일반적 경향에 논의를 집중하겠다. 우선 가장 주목해야 할 경향은 경제 영역에서 국가기구가 맡는 역할이 점점 더 커지고 중요해졌다는 것이다. 경제사학자 알렉산더 거센크론은 첫 번째 산업화 사례인 영국에 비해 산업화 시점이 늦으면 늦을수록 국가가 더욱더 큰 규모로 산업 활동에 개입해야 했다고 지적한다.[3] 멀찍이 앞서가는 선진 산업국들과 경

2 우리말로 쉽게 접할 수 있는 책들만 추려도 다음과 같다. 앨프리드 챈들러 지음, 김두얼·신해경·임효정 옮김,『보이는 손』, 지식을만드는지식, 2014; 허먼 슈워츠 지음, 장석준 옮김,『국가 대 시장: 지구 경제의 출현』, 책세상, 2015; 윤종희 지음,『현대의 경계에서: 역사과학에서 조명한 세계사 강의』, 생각의힘, 2015.

3 슈워츠, 위의 책, 183~193쪽.

쟁하려면 산업화 시작 시점부터 선발 주자들이 이미 도달해 있는 수준에 근접할 만큼 자본과 노동력을 동원해야 하기 때문이다. 미국도 영국에 비하면 초기에 기계 산업을 육성하는 데 연방 정부가 적극적인 역할을 했고, 독일은 아예 철도 개설에 국가가 직접 나섰다.

제2차 산업혁명의 시작과 동시에 확대된 국가의 역할은 이 혁명이 완결되는 시점에 다시 한번 크게 확대됐다. 미국과 독일에서 주로 발전한 산업 부문은 철강과 석유화학이었는데, 이 둘이 결합해 만들어 낸 궁극의 제품이 다름 아닌 자동차였다. 양차 대전 시기를 거치며 산업계에서는 자동차를 대량생산할 여건을 마련한 반면, 당시 자본주의 체제는 아직 이를 소화할 준비가 돼 있지 않았다. 1929년 대공황은 이런 모순이 폭발한 결과였다. 결국 이 모순을 해결하려면, 발전한 생산 역량에 맞춘 노동자의 소득 개선을 통해서든 전쟁 특수를 통해서든 수요를 늘릴 조정자가 필요했다. 인간 세상에 그런 역할을 떠맡을 만한 후보는 국가기구뿐이었다. 마침내 5개년 계획에 착수한 소련, 나치가 집권한 독일, 뉴딜 개혁이 추진된 미국, 이 세 나라에서 국가 기능이 대폭 확대된 사회가 모습을 드러냈다. 이 가운데에 전 세계 표준형으로서 최후의 승리를 거머쥔 것은 미국산 모델이었지만, 누가 승리하든 국가기구의 확대는 상수였다.

관료 기구의 팽창

그러나 비대해진 것이 국가만은 아니었다. 제2차 산업혁명이 처음 시작될 때부터 지금까지 계속 팽창하기만 한 조직이 하나 더 있다. (대)기업이다. 앞에서 잠시 언급한 것처럼, 산업 자본주의의 후발 주자 미국과 독일에서는 처음부터 주요 기업 규모가 영국에 비해 컸다. 물론 미국과 독일의 대기업은 규모만 비슷할 뿐 제도적 얼개는 사뭇 달랐다. 마르크스주의 이론가들은 활동 무대가 주로 유럽 대륙이었기에 독일의 거대 기업연합을 보며 독점자본주의 이론을 다듬었다. 그러나 전 세계 기업의 일반적 발전 경향을 선도한 것은 이 경우에도 미국 쪽이었다. 미국에서는 주식시장을 통해 자본을 확보하지만 주주가 아닌 전문 관리자가 실제 사업을 통솔하며 다양한 산업 부문에 걸쳐 영업하는 법인기업corporations이 발전했다. 국가기구가 확대되는 과정과 마찬가지로 법인기업이 자리 잡는 과정도 단조로운 우상향 직선은 아니었다. 자동차 산업의 대두나 대공황 같은 계기마다 커다란 물결을 그리며 전개됐다. 그러나 시작한 지점과 현재 도달한 지점을 이으면 결국 기업 규모가 지속적으로 확대된 우상향 직선이 나타난다.

기업의 덩치가 커졌다는 것은 무엇을 의미하는가? 기업에 고용돼 생산과 서비스 현장에 투입된 노동자들의 수가 늘어나는 것은 물론이다. 한데 이것만이 아니다. 전에는 없거나 미미

했던 내부 조직이 신설되거나 확대되기도 한다. 가령 생산 과정과 과학기술 지식이 과거와는 비교할 수 없게 유기적으로 결합하면서 기술 개발 부서가 중요해진다. 또한 거의 지구 전체를 무대로 다양한 사업들에 진출하기에 각 지부나 지사를 관리하는 데만도 엄청난 행정력이 필요하게 된다. 광고 업무는 예전 같으면 돈 낭비로 여겼겠지만, 현대 대기업에서는 홍보 부서가 다른 어느 부서보다 크고 중요하다. 이 모두를 통솔하는 것이 관리자다. 법적 소유자인 주주가 아니라 이들에게 고용된 관리자다. 그래서 관리자는 노동자들과 다를 바 없이 봉급을 받으며 살아가면서도 봉급 수준으로나 실질적인 권력으로나 노동자들과는 비교할 수 없는 지위를 차지한다. 아니, 뉴딜 개혁이 추진될 무렵에는 이미 대기업 내 권력 중심이 주주가 아니라 관리자로 옮아갔다는 분석이 나오기 시작했다. 이른바 '관리자 혁명'론이다.

대기업의 실질적 권력이 정말 주주에서 관리자로 이동했는지는 지금까지도 논쟁거리다. 이런 분석은 현대사회가 자본주의가 아닌 다른 무엇으로 바뀌었다는 주장으로까지 확대될 수 있다. 자본 소유자인 주주가 행사하는 권력에 점점 커다란 한계가 나타난다면, 이런 주장도 진지하게 따져 봐야 한다. 관리자가 단순한 자본가의 하수인이 아니라 협의의 자본가들과 어깨를 나란히 하는 공동 통치자라는 것이 현대사회의 실상일 수도 있다. 심지어는 마르크스주의자 가운데도 이렇게 주장하는 이들이 있다. 우리가 관리자본주의managerial capitalism 시대를 살고 있다는 프랑스 경제학자 제라르 뒤메닐과 도미니크 레비의 진단이 대표적인 예다.[4] 뒤메닐과 레비는 제2차 산업혁명의 시작에서 대공황, 제2차 세계대전에 이르는 대전환 이후에는 줄곧 자본 소유권을 지닌 자본가계급과 조직 통제권을 지닌 관리자계급이 한편으로 경쟁, 충돌하면서 다른 한편으로 힘을 모아 노동계급을 지배하고 있다고 진단한다. 다만, 관리자계급은 노동계급과도 동맹을 맺어 자본가계급의 권력을 제약할 수 있다. 뒤메닐과 레비가 보기에는 이것이 뉴딜 개혁부터 신자유주의가 등장하기 전까지 지구상에 존재했던 케인스주의 또는 복지자본주의의 기본 성격이었다. 관리자계급은 말하자면 자본주의 역사의 전개 방향을 결정하는 키를 쥐고 있는 독특한 존재라는 것이다.

하지만 이 대목에서 독자들이 뒤메닐과 레비의 관리자본주의론을 그대로 받아들일 필요는 없다. 자본가계급과 노동계급이라는 두 기본 계급만 존재하던 마르크스주의의 전통적 역사관에 관리자계급이라는 제3항을 도입하려는 시도에 관해서는 다른 기회에 좀 더 진지하게 검토해야 할 것이다. 우리의

4　Gérard Duménil & Dominique Lévy, *Managerial Capitalism: Ownership, Management & the Coming New Mode of Production*, Pluto Press, 2018; 자크 비데·제라르 뒤메닐 지음, 김덕민 옮김, 『대안마르크스주의: 새로운 세계를 위한 마르크스주의적 대안』, 그린비, 2014.

논의를 위해 확인해야 할 것은 단지, 조직 통제권을 쥔 집단이 자본가계급과 대등한 사회 세력으로 논의될 만큼 현대사회에서 조직의 통제가 참으로 중요해졌다는 사실이다. 여기에서 '조직'이란 무엇인가? 앞에서 살펴본, 제2차 산업혁명 이후 지속적으로 팽창한 국가기구와 기업이다. 흔히 둘은 성격이 대단히 다른 조직인 것처럼 여겨지지만, 현대 국가와 대기업은 오히려 닮은 구석이 더욱 많다. 둘은 모두 거대한 관료 기구다. 즉, 위계적 질서를 바탕으로 흔히 지적 노동이라 분류되는 전문화된 업무들을 수행하는 기구다. 본래 이는 국가기구의 고유한 질서이지만, 현대 대기업들은 국가기구를 본뜬 내부 관료제에 따라 육중한 조직을 운영해 왔다. 흔히들 믿는 것처럼, 기업 조직이 관료제의 본산인 국가기구보다는 항상 덜 경직돼 있고 혁신에 열려 있기는 하다. 그러나 지금도 어딘가에서 진행 중일 온갖 실험에도 불구하고 하향식 명령 체계에 따라 지적 노동의 분업이 이뤄지는 위계적 조직이라는 근본 성격은 변함이 없다. 특히 대기업에서는 그렇다.

이런 두 조직, 국가기구와 기업이 끝없이 팽창했으니 제2차 산업혁명 이후의 현대사는 곧 관료 기구가 확대되어 온 과정이라 할 수 있다. 우리 시대의 자본주의가 이렇게 인류 역사상 전대미문의 수준으로 확대된 관료제와 결합됐다는 점에서도 관리자본주의론의 문제의식은 가볍게 무시할 수 없다.[5] 그리고 이 것은 능력주의의 역사를 추적하려는 우리의 작업에 참으로 중 대한 사실이 아닐 수 없다. 동아시아의 조숙한 능력주의를 살펴 보며 정리한 능력주의 상황의 두 가지 필수 요소 가운데 하나가 인간 세상에 더욱 거대하고 광범위하게 다시 출현했다는 뜻이 기 때문이다.

이제 관료제라는 요소는 갖춰졌다. 그러나 이것만으로는 부족하다. 능력주의 상황의 또 다른 필수 요소, 즉 관료 기구의 확대 재생산을 뒷받침할 사회 집단이 등장해야만 한다. 국가 공 무원이든 기업 공무원이든, 최고위 관리자이든 가장 밑바닥 요 원이든, 다양한 관료 기구의 여러 층위를 채울 지식 계급이 필요 하고, 이들이 자본가, 노동자와 구별되는 제3의 주요 집단으로 성장해야 한다. 그러나 이것 역시 결코 간단한 과정은 아니었다.

고등교육 팽창과 함께 부상한 능력주의의 주인공

대서양 양안(서유럽과 북아메리카)은 산업자본주의

---

5 '관리자본주의'를 대체할 만한 규정으로는 '국가독점자본주의'가 있다. 이에 관해서는 다음 책을 참고할 수 있다. 그레이스 블레이클리 지음, 장석준 옮김, 『코 로나 크래시: 팬데믹은 (국가독점) 자본주의를 어떻게 다시 일으켜 세웠는가』, 책 세상, 2021. 다만, 이 글처럼 현대 자본주의 내부의 주요 사회 세력들과 그들 간 의 관계를 식별하는 것이 주된 목적일 경우에는 국가독점자본주의론보다 관리자 본주의론이 더 유용하다.

의 발흥이라는 점에서는 동아시아를 멀찌감치 따돌리며 앞섰지만, 능력주의의 토대 구축이라는 점에서는 아주 느린 걸음으로 동아시아의 오래된 사례를 뒤쫓았다. 영국의 케임브리지대학은 1744년에 처음으로 필기시험을 도입했다. 시험은 곧 면접시험을 뜻하던 유럽에서는 참으로 낯선 '혁신'이었기에 경쟁자인 옥스퍼드대학은 반세기도 더 뒤인 1800년에야 이를 따라 하기 시작했다. 1854년에는 토리당의 젊은 정치가 스태퍼드 노스코트와 재무부 고위 관료 찰스 트리벨리언이 『상설 공무원 조직에 관한 보고서Report on the Organisation of the Permanent Civil Service』를 발표해, 영국에서도 중국처럼 시험으로 관료를 선발하자고 제안했다. 작성자의 이름을 따 '노스코트-트리벨리언 보고서'라 불리는 이 역사적 문서는 문맥에 따라 '성적'으로도, '평점'으로도 번역할 수 있는 merit라는 단어를 공무원 선발 기준으로 제시했다. 이후 영국 국가기구는 실제로, 자신들이 방금 막 무릎 꿇린 나라(중국)를 뒤늦게 모방하며 현대적 관료제를 발전시켰다.

그러나 관료제 확산 속도는 영 느렸다. 적어도 영국에서는 그랬다. 영국이 여전히 제2차 산업혁명 이전의 낡은 자본주의에 안주한 탓이기도 했지만, 또 다른 이유도 있었다. 관료 기구가 확대되려면, 이를 채울 관료 지망자들이 부족해서는 안 된다. 관료 기구가 발전할 뿐만 아니라 그 요원이 되고자 하는 지식인층이 형성되면, 동아시아의 사례처럼 능력주의가 등장하고 지속된다. 하지만 영국에는 아직 그런 지식인층이 충분하지 않았다. 초등교육조차 선진 산업국 가운데에는 비교적 늦은 1870년대에 의무화되었으니 중등교육이나 고등교육(대학)의 발전 수준이야 더 말할 필요도 없었다. 대학뿐만 아니라 그래머스쿨조차 극소수 엘리트 양성 기관으로 치부되는 형편이었다.

반면 영국에 맞선 야심 찬 후발 경쟁국 독일은 사정이 달랐다. 독일은 처음부터 국가 주도에다 대기업 중심으로 산업화가 추진되다 보니 국가 공무원, 기업 공무원(흔히 '봉급생활자'라 분류됐다)의 수요도 컸다. 19세기 말부터 20세기 초에 걸쳐 독일에서는 노동자와 마찬가지로 급여로 생계를 해결하지만 노동자와 한 묶음으로 분류하기는 힘든 집단이 급증했다. 1882년과 1925년 사이에 전체 취업인구 중 노동자 숫자는 두 배까지는 증가하지 못한 반면에 공무원과 봉급생활자는 다섯 배 이상 증가했다. 제1차 세계대전 발발 무렵에는 이미 그 수가 200만 명에 달했고, 양차 대전 사이 시기에는 400만 명으로 늘었다.[6]

한데 독일에서도 관료제 확산과 지식인층의 성장 사이에는 상당한 격차가 있었다. 봉급생활자와 공무원이 대폭 늘어났다지만, 이 가운데 요즘 기준으로 고학력자라 할 만한 이들

6   정현백, 「쇠퇴기의 독일 부르주아사회와 봉급생활자」, 노명식 외 지음, 『시민계급과 시민사회: 비교사적 접근』, 한울, 1993.

은 그리 많지 않았다. 대기업과 국가기구에 충원된 이 당시의 '고학력자'란 대개 중등교육 이수자들이었다. 독일이 전 세계에서 가장 앞서고 가장 빠르게 발전하는 대학 시스템을 갖췄는데도 그랬다. 통일 이전인 1860년대에 1만 명을 갓 넘던 독일의 대학생 수는 제1차 세계대전 발발 직전에는 6만여 명으로 5배가량 늘었다. 그중에서도 인상적인 것은 공과대학의 발전이었다. 1870년대에 5000명 정도였던 공과대학 학생 수는 1903년에는 1만 7000명으로 증가했다.[7] 거대 기업연합이 운영하던 육중한 금속·화학 사업장들이 이들을 게걸스레 빨아들이며 급성장했다. 하지만 이는 20세기 초 기준으로 볼 때에만 인상적인 성취였다. 대서양 건너편의 또 다른 후발 산업국이 완전히 새로운 국면을 열기 전까지는 대학 제도도, 대졸 인구도 20세기의 여명보다는 19세기의 노을에 더 어울리는 수준에 머물렀다.

대학 혁명의 용광로, 미국

다른 많은 영역에서도 그렇듯이, 오늘날 우리를 지배하는 능력주의 현상을 향해 혁명적 변화에 착수하고 이를 계속 주도한 나라는 미국이었다. 20세기 초까지 미국은 독일과 앞서거니 뒤서거니 하며 근대적 교육제도를 발전시켰다. 19세기 말에

---

7   남기원 지음, 『대학의 역사』, 위즈덤하우스, 2021, 230~231쪽; 크리스토프 샤를 지음, 김정인 옮김, 『대학의 역사』, 한길사, 1999, 160쪽.

미국은 주로 중등교육을 대중적으로 확장하며 관련 지표에서 유럽을 추월했다. 1870년에 1000여 개였던 고등학교는 1900년에 6000여 개로 6배 증가했고, 이에 비례해 7만 2000명이던 고등학생 수는 51만 9000명으로 7배나 늘어났다.[8] 이런 중등교육 대중화를 발판으로 서서히 대학들도 도약의 기지개를 켜기 시작했다. 20세기가 밝아 올 때까지도 미국 대학들은 독일 대학 모델을 따라 배우는 입장이었다. 하지만 제2차 산업혁명의 전개에 맞춰 자연과학과 상업을 종합대학 교과목에 추가하고 경영학부를 신설하는 것 같은 혁신에서는 독일을 앞섰다.

19세기부터 시작된 미국과 유럽의 이러한 교육 격차는 20세기에 들어 더 현격하게 벌어졌다. 유럽이 이제야 초등교육을 보편화하려고 노력할 때에 미국은 중등교육 보편화를 향해 성큼 나아갔다. 미국은 1920년대에 이미 중등학교 취학률이 30퍼센트를 넘었지만, 영국과 프랑스는 제2차 세계대전이 끝나고 복지국가 건설에 돌입한 뒤에야 비슷한 수준에 도달했다. 같은 시기에 미국의 중등학교 취학률은 거의 80퍼센트까지 치솟은 상태였다.[9] 고등학교 졸업장을 손에 쥔 이들이 늘어나자 자연히 대학 진학자도 증가하기 시작했다. 미국이 제2차 세계대전

8   데이비드 N. 스미스, 「미국의 대학과 노동계급」, 김종철·강순원 편역, 『미국의 대학과 노동계급』, 창작과비평사, 1987, 72쪽.

9   토마 피케티 지음, 안준범 옮김, 『자본과 이데올로기』, 문학동네, 2020, 577쪽.

에 참전하기 직전인 1940년에 벌써 미국의 2년제 대학 이상 재학자는 150만 명대에 이르렀다.[10] 또한 한국 대학수학능력시험(수능)의 원조인 SAT(최초 명칭은 Scholastic Aptitude Test)가 1920년대에 일찌감치 시작됐다.

미국을 대공황의 수렁에서 건져 준 제2차 세계대전은 미국의 '고학력사회화'에도 날개를 달아 주었다. 살아서 귀향한 젊은 참전 병사들을 위해 1944년에 제정된 제대군인원호법The Service Readjustment Act(일명 '미군법G.I. Bill')은 모든 전역자에게 48개월의 무상 고등교육을 약속했다. 이에 따라 1947년까지 무려 160만 명이 2년제 이상 대학에 등록했다. 갑자기 전쟁 이전의 전체 대학생 수보다 더 많은 신입생이 대학에 들어온 것이다. 이들 가운데 60퍼센트 이상이 이과 계열을 선택했고, 문과 계열 중 상당수는 경영학부에 들어갔다. 이로써 전후에 전무후무한 장기 호황을 경험하게 될 미국 자본주의에 절실히 필요한 인력이 차질 없이 공급될 수 있었다.

이 거센 물결 속에서 드디어 '약속된 땅'이 가까워졌다고 외친 예언자도 있었다. 이름난 화학자로서 1933년에 하버드대학 총장에 취임한 제임스 B. 코넌트가 그 사람이다. 그는 하버드대학 총장이면서도 20세기 중반이 다 되도록 이 대학 교정이 하인을 거느리며 빈둥대는 부유층 자제로 가득 찬 현실을 못마땅

10   샤를, 앞의 책, 145쪽.

해했다. 그는 전에는 고등교육에 접근조차 못 했던 계급의 자녀들이 대학에 쇄도하는 현실을 반기며 이런 흐름이 더욱 가속화하길 바랐다. 코넌트는 이것이야말로 미국을 계급 없는 사회로 만드는 지름길이라 믿었다. 고등교육 기회가 차별 없이 평등하게 보장되면 더 많은 이가 신분 상승에 성공할 테고, 그러다 보면 현재 아이비리그를 계급 세습 통로로 이용하는 특권층은 사멸하고 말 것이다. 이런 복음에 들뜬 코넌트 총장은 공립 고등학교 학생들 가운데에서 아이비리그 장학생을 뽑는 프로그램을 고안해 냈다. 장학생 선발 수단은 SAT였고, 이를 계기로 이 시험은 미국에서 표준적인 대학 입학 관문이 됐다.

이리하여 미국에 드디어 '대중 대학'의 새 시대가 열렸다. 역사상 처음으로 전 국민이 초등교육을 받고 중등교육을 거쳐 고등교육에까지 진출할 수 있는 일원적인 교육 시스템이 구축됐다. 게다가 '능력만 된다면' 아이비리그 명문 대학이나 대학원에도 갈 수 있었다. 코넌트식 전망에 따른다면, 이는 사회주의자들이 그토록 바라던 세상이 사회주의의 예상과는 전혀 다른 방식으로 실현된 것이어야 했다. 그러나 대중 대학 사회는 처음부터 불길한 모습을 드러냈다. 교육 기회가 평등해짐에 따라 일터의 평등이 강화되기는커녕 교육제도와 불평등이 새로운 방식으로 다시 얽히기 시작했다. 과거에는 고졸인지, 대졸인지에 따라 일자리의 서열이 나뉘었다면, 이제는 공립대학 졸업자인지, 명문 사립대학 졸업자인지에 따라 일자리의 높낮이가 결정됐다. 아이비리그를 정점으로 하고 주립대학, 지방 공립대학 순으로 배열된 대학 서열 체제가 등장한 것이다.[11] SAT와 장학 프로그램은 이 서열 체제가 개인의 능력에 따라 충분히 위로 오를 수 있는 사다리인 것처럼 보이게 만들었다. 하지만 교육제도가 계급 불평등을 결정하는 통로가 되는 현실은 결국 전혀 바뀌지 않은 셈이었다. 현재 한국 사회의 유별난 현상으로 취급받는 대학 서열 체제는 최초의 대중 대학 사회에 등장한 이 서열 체제의 여러 진화형 중 하나일 뿐이다.

지식 중간계급의 급성장

어쨌든 전후 미국 사회가 대량생산과 대량소비가 서로 맞물려 돌아가는 현대 자본주의 체제를 완성한 것처럼, 미국이 처음 만들어 낸 현대식 교육 시스템은 대학 졸업 이상 학력을 지닌 인구를 '대량생산'했다. 1950년에 266만 명까지 늘어난 대학생 수는 1970년에는 800만 명으로, 1990년에는 1354만 명으로 계속 증가했다.[12] 이에 따라 1960년이 되면 전체 취업인구에서 대졸 이상 학력자가 차지하는 비중이 최초로 10퍼센트를 넘

---

11   윤종희, 「법인자본주의와 대중교육의 역사」, 윤종희·박상현 외 지음, 『대중교육: 역사·이론·쟁점』, 공감, 2005, 28쪽.

12   남기원, 앞의 책, 259쪽.

어서게 된다. 1960년대부터 미국의 주요 경쟁국으로 부상한 나라들 역시 뒤늦게나마 이 흐름에 뛰어들었다. 서독은 미국에 비해 20년 정도 늦었지만, 1980년에 대졸 이상 학력자가 전체 취업인구 중 9퍼센트로 늘었다. 시작이 늦었던 일본은 빠르게 미국을 추월했다. 그 결과 1980년에 미국은 취업인구 중 대졸 이상 학력자가 17.6퍼센트였지만, 일본은 18퍼센트를 기록했다.[13]

그러면서 자본주의 사회를 이루는 계급들의 양상도 크게 바뀌었다. 국가기구와 대기업에 두루 퍼진 관료 시스템의 인력 수요와 대학에서 쏟아져 나오는 인력 공급이 맞아떨어지며 전에 없던, 있어 봐야 미미하던 집단이 급격히 늘어났다. 이미 독일 등 몇몇 나라에서 꾸준히 성장하던 새로운 중간계급이 이제 대학 졸업장으로 무장한 채 어엿한 지식 중간계급으로 꼴을 갖춘 것이다. 이들의 부상은 전후 사회과학의 뜨거운 관심사가 되었다. 비교적 초기에 이들을 연구한 사회학자 C. W. 밀스는 소농이나 소상점주를 중심으로 한 구중간계급과 달리 관료 시스템에서 일하며 봉급으로 살아가는 신중간계급이 1870년에는 미국 인구의 6퍼센트에 불과했지만 1940년 무렵에는 25퍼센트까지 증가했다고 추산했다.[14] 직업 분류로 보면, 전문·기술직

13 박형준 지음, 『현대노동과정론: 자동화에 대한 연구』, 백산서당, 1991, 239쪽.

14 C. Wright Mills, *White Collar: The American Middle Classes*, Oxford University Press, 1951.

종사자가 전후 30여 년간 미국 사회에서 가장 빠른 증가세를 보였으며, 전문·기술직 안에서 압도적 다수를 차지한 4대 직종은 교사, 엔지니어, 회계사, 간호사였다.[15]

신중간계급의 증가 추세는 다른 계급의 감소나 정체와 비교하면 더욱 도드라진다. 1940년에서 1970년 사이에 미국에서는 전문·기술직 피고용인이 취업인구의 6.4퍼센트에서 12.9퍼센트로 늘어나고 화이트칼라 사무직과 판매직 피고용인은 16.3퍼센트에서 23.6퍼센트로 늘어났다. 반면에 전통적인 노동계급 이미지에 딱 들어맞는 블루칼라 노동자는 오히려 39.8퍼센트에서 34.9퍼센트로 감소했다.[16] 계급이론가로 유명한 사회학자 에릭 올린 라이트는 1970년대를 앞둔 미국 사회에서 전체 취업인구 중 임금으로 생활하는 피고용인은 88퍼센트에 이르지만 이 중 블루칼라 노동자는 31퍼센트라고 평가했다.[17] 언뜻 봐도 두 수치 사이의 간극이 상당히 크다. 라이트는 연구 초기에 이 간극을 채우는 집단들을 '최고 관리자, 중간 관리자, 기술 관료'와 '하위 관리자, 공장 감독'의 두 범주로 나누었다.[18] 그에 따

15   벨, 앞의 책, 454쪽.

16   스미스, 앞의 책, 157~158쪽.

17   에릭 올린 라이트 지음, 김왕배·박희 옮김, 『국가와 계급구조』, 화다, 1985, 57쪽.

18   라이트는 나중에 이 두 범주를 더욱 세분한 계급이론을 전개했다. 그래서 '연구 초기'라는 단서를 달았다. 라이트의 후기 계급이론은 다음 책에서 볼 수 있

르면, 경제활동인구 중 1~2퍼센트인 부르주아지가 앞에 속한 12퍼센트와 뒤에 속한 약 20퍼센트, 전통적 의미의 프롤레타리아인 약 50퍼센트를 지배하는 것(나머지는 자영농이나 자영업자 같은 구중간계급)이 20세기 말 미국 사회의 축도縮圖였다.[19]

이런 뚜렷한 수치에도 불구하고 사실 신중간계급과 관련해서는 명확한 점보다는 불분명한 점이 더 많다. 이 집단의 성격이 무엇인지, 따라서 어떤 명칭이 가장 어울리는지에 관해 도대체 합의된 이론이 없다. 계급이론의 본산인 좌파 안에서도 여태껏 의견이 분분하다. 노동계급과 비슷한 구석이 많다는 입장에서는 '새로운 노동계급' 혹은 '지식 프롤레타리아'라 불렀고,[20] 반대로 자본가계급과 같은 편에 설 가능성이 높기에 옛 프티부르주아지와 더 닮았다고 보는 쪽에서는 '신新프티부르주아지'라 이름 붙였다.[21] 그런가 하면 관리자본주의라는 새 국면에 주목하는 이들은 '전문직 · 관리자계급'이라는 명칭을 고안해 냈

다. 에릭 올린 라이트 지음, 이민열 옮김, 『계급론』, 한울, 2005.

19   라이트, 앞의 책, 1985, 84쪽.

20   1963년에 『새로운 노동계급La Nouvelle Classe Ouvrière』을 낸 프랑스 좌파 이론가 세르주 말레가 주창자다.

21   Nicos Poulantzas, David Fernbach(trans.), *Classes in Contemporary Capitalism*, Verso, 1979.

고,[22] 라이트는 좀 더 복잡하게 '모순된 계급 위치'라 판정했다.[23] 이 논쟁은 지금까지도 결코 깔끔히 정리되지 않았지만, 앞에서 이미 언급한 대로 이 글에서는 일단 '지식 중간계급'이라 칭하겠다. 지식 '중간계급'이라는 것은 결국 큰 틀에서 새로운 노동계급이 아니라 새로운 중간계급이라는 진단에 동의한다는 뜻이다. 또한 '지식' 중간계급이라는 것은 이들을 관통하는 기본 성격이 대중적인 고등교육 시스템을 통한 계급 재생산과 관료제에 바탕을 둔 지적 노동의 수행에 있다는 이야기다.

이리하여 현대에 능력주의 상황이 출현할 여건이 드디어 모두 갖춰졌다. 관료제의 확대가 현대 자본주의의 필연적인 경향으로 대두했을 뿐만 아니라, 이에 부응할 사회 집단으로서 지식 중간계급까지 화려하게 등장했다. 이제 남은 것은 영이 예견한 능력주의 사회가 모습을 드러내는 일뿐이었다. 그러나 이것은 절대 자동적이고 필연적이기만 한 과정은 아니었다. 능력주의가 승리하기까지는 아직 남은 일화들이 많다. 왜냐하면 대확산 일보 직전에 있던 지식 중간계급의 한 세대가 동요하고 있었기 때문이다. 비록 잠깐이지만, 이 동요는 전 지구적이고 또한 충격적이었다.

22   B. Ehrenreich and J. Ehrenreich, "The Professional-Managerial Class" in P. Walker(ed.), *Between Labor and Capital*, Monthly Review Press, 1979.

23   라이트, 앞의 책.

신자유주의와 지식 중간계급

1960년대 말, 세계 곳곳의 대학가는 공안 당국 관점에서는 최대 우범 지역이나 마찬가지였다. 하루가 멀다 하고 화염병과 최루탄이 날아다니고, 어떤 경우는 경찰 발포로 사상자까지 나오는 곳이었다. 1980년대 한국 대학가 풍경은 어쩌면 나라 밖 유행을 10년 이상 늦게 뒤쫓은 것이었을지 모른다. 대략 스케치를 해 보면, 미국에서는 1960년대 내내 대학생들이 베트남전쟁 반대 운동에 앞장섰고, 뉴욕 컬럼비아대학 등에서 학생들이 점거 농성을 벌였다. 서독에서는 나치 전력자(기독교민주연합 소속 게오르크 키징거 총리)가 이끄는 정부를 비판하는 학생운동이 하필이면 냉전의 한복판인 서베를린에서 시작됐다. 1968년 5월 프랑스에서는 경찰의 캠퍼스 진입에 항의하는 대학생 시위가 파리 시내로 확산하더니 1000만 명에 이르는 노동자들이 학생들을 지지하며 역사상 최대 규모의 총파업에 나섰다. 옆 나라 이탈리아에서는 이 과정이 좀 더 느리게 전개돼, 1968년에 여러 대학에서 점거 농성이 장기간 계속되다 1969년에 '뜨거운 가을'이라 불리는, 한국의 1987년 노동자 대투쟁을 연상시키는 '대중파업'이 벌어졌다. 체제를 향해 불만을 토하는 대학생 시위는 심지어 유고슬라비아 같은 현실사회주의 국가에서도 전개됐고, 당시만 해도 '제3세계'라 분류되던 멕시코 등에서도 폭발했다. 일본에서는 도쿄대학, 니혼대학 등에서 학생들이 전학공투회의(약칭 전공투)라는 자치 조직을 만들어 점거 투쟁을 벌였고, 특히 일본 엘리트 교육의 상징인 도쿄대학에서는 '도쿄대학 해체' 같은 사뭇 충격적인 구호가 울려 퍼졌다.

1960년대 말에 왜 이렇게 전 지구적인 저항운동의 연쇄작용이 폭발했는지, 그리고 그 중심에 대학생이 있었던 이유는 또 무엇인지에 관해서는 여러 방향에서 접근할 수 있다. 아직 식민주의의 그림자가 짙게 남아 있던 아시아, 아메리카, 아프리카(이른바 3A)에서 벌어진 쿠바혁명, 베트남전쟁, 아랍-이스라엘전쟁 등이 자본주의 중심부의 노동운동, 학생운동 등에 커다란 영향을 준 점에 주목할 수도 있겠고, 미국의 베트남 개입뿐만 아니라 체코슬로바키아의 '인간의 얼굴을 한 사회주의' 실험(이른바 '프라하의 봄')을 무력으로 짓밟는 소련의 모습을 보며 자본주의와 현실사회주의를 모두 비판하는 '신'좌파가 등장했다는 점을 중심에 놓고 설명할 수도 있을 것이다. 그러나 이 글에서는 이런 맥락들은 제쳐 두고 지식 중간계급의 성장과 이들의 집단적 선택이라는 측면에 집중하여 바라보고 싶다. 60년대 말에 거리에 나선 학생들은 미국뿐만 아니라 세계 곳곳으로 퍼진 대중 대학 시스템을 통해 '대량생산'된 지식 중간계급의 첫 세대(지식 중간계급 자체의 첫 세대라는 뜻이 아니라, 이 계급이 현대적 대학 제도를 통해 대중화한 첫 세대)였다.

대학 반란

　미국에서 뉴딜 시기에 이미 기틀이 놓인 대중 대학 시스템은 세계대전의 폐허가 어느 정도 정리된 뒤에는 다른 자본주의 중심부 국가들로 빠르게 퍼져 나갔다. 1940년 유럽에서 20~24세 연령집단 가운데 대학생이 차지하는 비율은 2.1퍼센트에 불과했다. 같은 시점에 9.1퍼센트였던 미국의 4분의 1에 불과한 수치다. 하지만 1978년까지 미국에서 이 비율이 40퍼센트로 4배 상승하는 동안에 유럽에서는 21.5퍼센트로 10배 증가했다. 여전히 미국에는 한참 미치지 못하는 수준이지만, 미국의 고학력사회화 경향을 뒤쫓으려는 노력이 전후 유럽에서 치열하게 계속됐음이 드러난다.[24] 이웃나라 독일에 비해 대학 제도의 발전이 늦었던 프랑스의 경우를 보면, 제2차 세계대전 종전 무렵 대학생이 7만 6000명이었는데, 1960년에는 20만 명으로 불어났고, 1968년 5월 항쟁 직후인 1970년에는 65만 명 이상으로 급증했다.[25] 서독에서도 1960~1980년 사이에 대학생 수가 4~5배 늘어났고, 이탈리아에서는 5~7배까지 증가했다.[26]

　대학 신입생 수가 점점 늘어나던 이 시기에 대학생이 된

24　해롤드 퍼킨, 「대학의 역사」, 윤종희·박상현 외 지음, 『대중교육』, 공감, 2005, 222쪽.

25　남기원, 앞의 책, 269쪽.

26　에릭 홉스봄 지음, 이용우 옮김, 『극단의 시대: 20세기의 역사(하)』, 까치, 1997, 411쪽.

이들은 제2차 세계대전 종전 이후에 태어난 베이비붐 세대였다. 즉, 전후 자본주의가 초유의 장기 호황 속에 인구 폭발을 경험하던 시대에 나고 자란 세대였다. 그리고 이 세대에서 대학에 들어간 이들 중 상당수는 그간 고등교육과는 동떨어져 있던 노동계급이나 하위 중간계급의 자녀들이었다. 안정적인 단체교섭과 복지 제도 확대 덕분에 서민 가정의 실질소득이 늘고 이에 발맞춰 대학 정원이 증가하자 이들 가정의 아들, 딸들이 중고등학교를 거쳐 대학교에까지 발을 딛기 시작했다. 그들은 각자 자기 집안에서 대학 학사학위에 도전한 첫 번째 세대였다. 미국에서는 2년제 이상 대학 재학생 중 노동계급의 자녀가 1920년에는 2퍼센트에 불과했으나 1940년에는 5퍼센트로 늘었고, 1960년이 되자 노동계급 자녀 중 아들은 25퍼센트가, 딸은 18퍼센트가 대학에 진학하기에 이르렀다.[27] 프랑스와 서독에서는 1950년부터 1970년까지 대학생 가운데 노동계급 가정 출신이 차지하는 비중이 4퍼센트에서 13퍼센트로 늘었고, 이탈리아는 11퍼센트에서 20퍼센트로, 스웨덴은 14퍼센트에서 23퍼센트로 증가했다.[28]

60년대 말의 대학 반란은 이런 세대가 대학에 발을 들이고 나서 내놓은 전 세계 공통의 집단적 반응이었다. 특히 서유럽과 일본의 경우가 그랬다. 대중 대학의 길을 앞장서 열어 가던

27   스미스, 앞의 책, 195~196쪽.
28   퍼킨, 앞의 글, 224쪽.

미국 대학들도 대학생 수 증가 속도에 맞춰 시설과 역량을 확충하기란 쉽지 않았다. 하물며 다른 나라 대학들은 상황이 훨씬 더 심각했다. 전쟁 전까지만 해도 소수 인원(또한 대다수가 남성)에게 엘리트 교육을 실시하던 시설에 노동계급 자녀나 여성, 소수 인종 같은 생소한 집단을 그것도 과거의 몇십 배나 되는 규모로 수용하다 보니 교수도 부족하고 강의실도 비좁을 수밖에 없었다. 가족의 기대를 한 몸에 받으며 낯선 문화의 본거지에 진입한 노동계급 가정의 자녀는 이런 대학 현실에 크게 실망했다.

　　　이렇게 대학 시스템을 향한 불만이 고조될수록 대학에서 가르치는 내용에 관한 비판 의식도 고양되기 마련이었다. 정규 강의에서 별다른 매력을 느끼지 못한 학생들은 동아리 세미나나 정치조직(대개 극좌파) 모임에서 더 많은 것을 배웠다. 더구나 대학생 수가 너무 늘어나는 바람에 1970년대가 되면 대졸자 취업이 점점 더 힘들어질 것이라는 예측이 난무했다.[29] 이것은 잘못된 예상이었지만, 당시만 해도 자본주의 아래에서 관료 기구가 어느 정도나 팽창할지 감을 잡을 수 없었기에 이런 우울한 전망이 꽤 먹혀들었다. 상당수가 부모 세대를 통해 노동계급 전통과 연결되거나 청소년기까지 그 문화적 자장 안에 있었던 1960년대 무렵 대학생들은 옛 좌파 문화를 재해석하고 전유하여 실망과 불안에 대처하려 했다. 자신을 '지식 노동자'라 여기

29　스미스, 앞의 책, 217~221쪽.

며 시위에 나서거나 노동조합과 함께 연대 투쟁을 벌이며 뿌듯해하던 68세대의 가슴 속에서는 이런 역학이 작동하고 있었다.

이것은 능력주의와는 분명 다른 지향이고 사고방식이자 정서였다. 지능으로 인간을 평가하고 이 평가에 따라 권력을 불균등하게 배분하자는 생각과는 확실히 정반대였다. 프랑스 5월 항쟁 와중에 대학가에 덕지덕지 나붙은 대자보 중에는 유독 시험 제도를 비판하는 내용이 많았다. 이것은 고등교육을 포함한 통합적 교육 시스템이 발전하면서 머리를 내밀기 시작한 능력주의 경향을 정확히 예상하고 선제공격하려 한 사례였다. 이것이 지식 중간계급이 능력주의의 사회적 토대가 되기보다, 반대로 이를 비판하고 해체하는 주체가 될 수도 있다는 역사적 증거일까?

어쨌든 이는 영이 『능력주의』에서 전혀 예상하지 못한 역사 전개였다. 영이라면, 기성세대가 다들 대학 반란에 당혹해할 때에 도리어 젊은이들의 도발을 환영했을 법도 하다. 하지만 영은 『능력주의』를 대폭 개정하면서도 이 사건을 능력주의의 가상 역사에 반영하지 않았다. 그럴 필요를 전혀 느끼지 못한 것이다. 60년대 말 대학 반란은 그야말로 막간극으로 끝나고 말았다. 대학에서 대량으로 방출된 지식 중간계급의 새 세대가 능력주의와는 전혀 다른 가치와 지향을 좇을 가능성은 아주 잠깐 작렬하다 모습을 감춰 버렸다. 1970년대 이후 실제 역사는 대학 반란 탓에 낭비한 시간을 벌충하기라도 하려는 듯 어지러운 속도로 능력주의의 정착과 완성을 향해 내달리기 시작했다. 1968년 5월 파리 거리의 학생 시위대에게 한 극우 작가가 던진 일갈은 불행히도 반박할 수 없는 진실이었다. "집으로들 돌아가세요! 20년 뒤에 당신들은 모두 공무원이 될 테니까."[30]

지구화, 금융화, 정보화에 올라타다

1970년대는 미국 주도 자본주의 체제의 한계가 드러나고 모순이 폭발하는 시기였으며, 이 위기를 둘러싸고 자본과 노동, 북반구와 남반구가 각각 대안을 내놓으며 대결한 시대였다.[31] 이때 미국 정부와 금융계가 지휘하는 북반구 자본 진영이 추진한 대안들이 승기를 잡았다. 그 대안들이란 지구화, 금융화, 정보화의 세 가지 커다란 전환이었으며, 이 전환들이 서로 맞물리며 등장해 지금껏 이어지는 역사적 국면을 우리는 흔히 '신자유주의'라 칭하곤 한다.

그런데 신자유주의 시기에 추진된 세 가지 전환은 하나같이 다 신흥 지식 중간계급에게 지위 상승의 기회로 다가왔다. 체제 순응과 반란 사이에서 방황하던 새로운 사회 집단은 자본

---

30   친나치 전력이 있는 소설가 마르셀 주앙도(1888~1979)의 말이다. 디디에 에리봉 지음, 이상길 옮김, 『랭스로 되돌아가다』, 문학과지성사, 2021, 145쪽.

31   이에 관해서는 다음 책을 참고할 수 있다. 장석준 지음, 『신자유주의의 탄생: 왜 우리는 신자유주의를 막을 수 없었나』, 책세상, 2011.

주의의 자기 변신이라는 거대한 파도 위에 올라타며 철이 들기 시작했다. 이들은 어느덧 지식 중간계급의 선배 세대는 꿈도 꾸지 못했을 소득과 자산, 위신과 특권을 당연한 것처럼 누리게 되었다. 이들에게 도대체 무슨 일이 있었던 것일까?

첫째, 지구화가 자본주의 중심부 국가들의 노동계급과 지식 중간계급에게 상반된 영향을 끼쳤다. 이들 국가의 자본이 생산 설비를 해외로 옮기기 시작하면서 국내 생산직 일자리는 줄었다. 그러나 생산 사슬이 지구 곳곳으로 퍼져 나갈수록 이를 관리하는 조직은 확장되어야 했다. 덕분에 초국적기업의 본부가 자리한 국가의 전문직-관리직 일자리는 오히려 늘어났다. 이런 전문직-관리직들은 전 지구적 생산 사슬 안에서 직접 생산 및 서비스를 전담하는 국내외 노동자들과는 비교가 되지 않는 높은 임금 소득을 누렸다. 노동계급이 역사상 가장 참담한 패배를 맛보던 때에 지식 중간계급은 전무후무한 승전 행진을 벌였다.

둘째, 금융화가 지식 중간계급을 '금리 소득자' 대열에 합류시켜 주었다. 신자유주의의 초기 구호 가운데 하나는 '대중자본주의people's capitalism'였다. 신자유주의 국면을 주도한 금융 세력은 자산 시장을 전례 없는 규모로 팽창시키면서 이를 자신들만의 놀이터로 닫아 두지는 않았다. 대중을 자산 소유자 · 투자자로 합류시켜 이들이 체제를 중심으로 지지하도록 만들었다. 이것이 중심부 국가들에서 신자유주의가 굳이 군홧발이나 파시즘에 도움을 구할 필요 없이 헤게모니적 통치를 유지한 비결이었다. 이 게임에 동원된 핵심 집단이 신흥 식식 중간계급이었다. 고임금을 받으며 자기 집을 소유한 지식 중간계급은 주식시장, 부동산시장 등등에 뛰어들어 시장 규모를 배가해 주고 불로소득을 확보했다. 고등교육 과정을 성공적으로 마친 뒤에 국가나 기업의 관료 체계 안에서 자리를 잡고 나면 그때부터는 자산 시장 참여를 통해 그에 맞는 부를 쌓는 것이 지식 중간계급이 추구하는 '좋은 삶'의 전형이 되었다. 영의 『능력주의』에 등장하는 능력주의 체제의 지배층은 이러한 현실에 비하면 차라리 청빈한 편이다. 그들은 관료 조직 안에서 권력을 휘두르고 우월감을 느낄지언정 주식 투자나 부동산 투기는 하지 않는다. 영은 자신의 가상 세계에 '재테크'라는 요소를 갖춰 줘야 함을 그만 깜빡 잊고 말았던 것이다.

셋째, 정보화는 지식 중간계급의 역할이 더욱더 중요해지는 지식사회를 열었다. 모든 정보를 0과 1의 디지털 신호로 환원해 융합하는 정보화는 산업혁명 측면에서 보면 '제3차 산업혁명'이라고 할 수 있다. 제조업에서 서독, 일본 같은 후발 주자에게 밀리던 미국이 계획적으로 착수한 세 번째 산업혁명은 지난 50여 년간 인류의 삶을 혁명적으로 바꾸었다. 지구화, 금융화도 실은 이 정보화의 격랑과 함께했기에 그토록 강력히 전개

될 수 있었던 것이다. 스마트폰 버튼만 눌러 뉴욕 주식시장의 매물을 살 수 없다면 '서학 개미'는 있을 수 없다. 물론 아직껏 제2차 산업혁명 때의 자동차와 같이 자본주의를 위기에서 구할 기적의 제품을 고안해 내지는 못했다는 점에서 '산업혁명' 치고는 결과가 무척 실망스럽다. 하지만 애초 목적을 달성하지는 못했더라도 이것이 몰고 온 변화 자체는 심각하기 이를 데 없다. 인류 역사상 처음으로 정보를 모으고 분석하며 응용하는 일이 어떤 생산 활동보다 더 많은 수익을 거두게 되었다. 정보화의 완결판인 미국의 빅테크 기업들이 그 대표적인 사례다. 미국뿐만 아니라 여러 중심부 국가에서 이 낯선 사업 영역에 기민하게 충원된 인력은 물론 새로운 세대의 지식 중간계급이다. 미래학자 앨빈 토플러는 이들이 인지認知 활동에 종사하는 노동자라며 이들에게 '코그니타리아트cognitariat'라는 이름을 붙여 주었다.[32] 여전히 낯설기만 한 이름이지만 기존의 국가 및 기업 조직이 정보화에 적응해 진화할수록 코그니타리아트는 더욱 늘어나고 더욱 중요해질 것이다. 지식 중간계급에게는 지난 한 세대가 기회의 시대였을 뿐만 아니라 앞으로도 오래도록 그러할 가능성이 높은 것이다.

요컨대 신자유주의 시대는 지식 중간계급이 처음 겪어

---

32 앨빈 토플러 지음, 이규행 옮김, 『권력이동』, 한국경제신문, 1990, 123~124쪽.

본 전성기였다. 더구나 이 시기에는 지구 곳곳에서 지식 중간계급을 재생산하는 제도적 기반인 대중 대학 시스템이 그 절정에 이르렀다. 2010년대 중반에 미국과 유럽의 대학 진학률은 모두 50퍼센트를 넘어섰다. 후발 주자이면서도 미국을 진즉에 따라잡은 두 나라, 일본과 한국은 이미 60~70퍼센트 수준을 넘어섰다.[33] 이제 이들 사회에서는 역사상 처음으로 고등학교 졸업자 가운데 대학에 가는 이들이 다수이고 안 가는 이들은 소수다. 지구 전체를 보면, 1900년에는 고등교육을 받는 이들이 50만 명이었지만 2000년에는 약 1억 명으로 늘어났다. 이는 전 세계 인구 중 해당 연령집단의 약 20퍼센트를 차지하는 수치다.[34]

자, 지식 중간계급의 최근사도 이렇게 정리했으니 이제는 현대 능력주의 출현 과정의 최종 결말을 향해 곧장 나아갈 때가 되었다. 마침내, 한국 사회를 능력주의 비판의 틀로 바라보기 위해 그 전에 반드시 확인해야 할 21세기의 전 지구적 능력주의 현상을 정리할 차례다. 사회 곳곳에 뻗어 나간 관료 조직에 발을 디디며 신자유주의 시기에 오히려 기득권층으로 부상한 지식 중간계급이 현대 교육제도에 바탕을 둔 그들의 경험과 상식을 사회 전체의 가치와 원칙으로 내세우기만 하면, 우리는 드디어 가장 정확한 의미의 능력주의 개념을 들이댈 수 있게 된다.

33   피케티, 앞의 책, 591쪽.
34   남기원, 앞의 책, 305쪽.

그러나 이 대목에서 다시 한번 단서를 달고 싶다. 한 가지 이야기를 더 짚고 넘어가야 한다고 말이다. 그것은 능력주의가 지배적 추세로 부상하지 못하게 막는 방파제 역할을 해 온 한 배역의 슬픈 퇴장(좀 과장하여 말한다면)이다. 바로, 노동계급 이야기다.

능력주의의 역사적 견제 세력, 노동계급

이쯤에서 왜 노동계급 이야기를 꺼내야 하는가? 능력주의가 대두하고 전면화하는 과정은 관리자본주의의 발전과 지식 중간계급의 성장이라는 두 가지 요소만으로 다 설명되지 못하기 때문이다. 현대 능력주의의 출현과 승리를 설명하려면, 능력주의적 상황의 필수 요소라 규정한 이 두 가지 외에 제3항을 더 짚어야 한다. 관리자본주의와 지식 중간계급이 능력주의를 무대 위로 밀어 올릴 때에 의식적으로든 아니든 이를 가로막는 장애물 구실을 한 제3항이 있다. 그 제3항이 노동계급이다.

노동계급은 왜 능력주의의 전진을 방해했는가? 능력주의의 폐해를 일찌감치 내다본 선각자들이라서? 아니다. 그럼 능력주의 바이러스에 면역 항체를 지닌 선천적 절대 평등 신봉자들이라서? 물론 이것도 아니다. 노동자들이 능력주의의 필수 전제인 어떤 근본 관념에 저항할 수밖에 없는 입장이거나 적어도 동의는 할 수 없는 처지였기 때문이다.

영의 '능력주의 = 지능 + 노력' 등식을 떠올려 보면, 그 근본 관념이 무엇인지 확인할 수 있다. 이 등식은 참으로 간단하면서도 많은 이야기를 품고 있는데, 그 가운데 하나는 다양하기 이를 데 없는 인간의 능력들을 별 고민 없이 하나로 환원한다는 점이다. 여기에는 모든 인간을 단 하나의 능력을 기준으로 재단할 수 있다는 관념이 깔려 있다. 지능이라는 단일한 능력이 만능 잣대가 되어 버리는 것이다. 말하자면 능력의 유일신교다. 이게 너무 종교적인 비유로 들린다면, 능력의 일원론이라고 하자. 이런 능력의 일원론에 정반대되는 사고방식은 당연히 능력의 다원론이다. 지능 외에 다른 능력들도 소중하다고 여기는 사람들에게는, "내가 당신보다 더 똑똑하니 뭐든 내가 더 위야"라고 아무리 으스대 봐야 소용없다. 그런데 실제로 그런 사람들이 있었고, 게다가 숫자까지 많았다. 능력에 관한 한, 생래적 다원론자일 수밖에 없는 노동자들이었다.

노동계급을 지식 중간계급과 비교해 보면, 이런 특성이 선명히 드러난다. 지식 중간계급은 능력의 일원론에 동의할 만반의 준비가 되어 있었다. 일단 지능이 관료 조직 진입과 지위 상승의 유일 척도라고 선포되기만 하면, 지식 중간계급은 이를 부와 권력, 위신의 보편적 기준으로까지 격상시키는 데 별다른 이의가 없었다. 반면에 노동계급은 오랫동안 이를 시큰둥하게 쳐다보거나 못마땅해하는 입장이었다. 그렇다고 이들이 지력에 맞서 다른 어떤 육체적 능력을 대안적인 유일 기준으로 내세운 것은 아니었다. 노동자들은 그저 유식한 척하거나 가방끈이 길어야 더 잘난 사람이라는 생각을 받아들일 수 없었을 따름이다. 자본가, 관리자, 정치인, 대학교수가 뭐라 떠들든 그들은 '제대로 사는 삶'에 대한 그들만의 생각이 있었다. 이런 이들이 버티고 있었기에 능력의 일원론은 오랫동안 신봉자를 더 늘리기 힘들었다. 도무지 설득이 먹히지 않는 집단이 인구의 상당 부분을 차지하고 있었기 때문이다.

　　노동계급이 능력에 관해 '생래적' 다원론자일 수밖에 없었던 기본적인 이유는 그들이야말로 다양한 능력의 보유자였기 때문이다. 반대로 능력주의를 통해 유일한 '능력'으로 추대될 운명인 지능 혹은 학력과는 어쩔 수 없이 거리가 먼 처지이기도 했다. 우선 노동자들은 아직 기계화 수준이 높지 않은 작업장에서 전통적인 장인 노동의 잔재가 남아 있는 작업을 수행하고 있었다. 당연히 이들은 자기 직업이 하찮게 여겨지길 원치 않았고, 그러려면 누구보다 그 자신이 이를 자랑스럽게 생각해야 했다. 중세 길드 전통이 완전히 파괴되지는 않고 어떻게든 직업별 노동조합으로 계승된 경우에 자부심은 더욱 견고했다. 그들은 사장이나 관리직 사원은 절대 알 수도 없고 알아서도 안 될 자기네 '형제'(또는 '자매')들만의 기술과 노하우, 덕성과 미풍양속을 자랑스러워했다. 능력의 만신전을 채울 신들은 결코 수가 부족하지 않았다.

　게다가 자본주의 역사상 상당 기간 노동계급은 교육제도에 온전히 통합되지 못했고, 전 국민 대상 공교육 시스템이 도입된 뒤에도 고등교육에 접근하는 데 시간이 한참 걸렸다. 그런데 영이 지적했듯이, 이 점이 노동자들을 움츠러들게 만들기는커녕 오히려 자생적 평등주의의 근거가 됐다. "우리도 너희만큼 배울 기회가 있었으면, 네 놈들쯤은 상대도 안 돼"라는 식이었다. 말만 이렇게 한 게 아니었다. 학교를 제대로 마치지 못한 노동자들은 오늘날 성인교육의 먼 조상 격인, 노동조합이나 사회주의자들이 마련한 야학을 찾아 다른 계급과는 다른 방식으로 교양을 쌓았다. 산업자본주의가 출현하고 나서도 한참 뒤에야 초등교육이 의무화된 영국 같은 나라에서 특히 이런 양상이 나타났다. 노동자들은 몇 세대에 걸쳐 이렇게 학교와 시험 제도에 덜 매여 있던 탓에 역설적으로 이런 제도 안에서 겪어야만 하는 경쟁 경험에서 자유로울 수도 있었다. 이것이 어떤 중대한 의미를 갖는지는 나중에 노동계급이 중등교육, 고등교육으로까지 이어지는 일원적 교육 시스템에 통합되고 나서야 분명해진다. 일단 여기에서는 노동자들이 일자리 경쟁이나 파업의 패배자일 수는 있어도 시험의 패배자라고는 누구도 생각하지 않았다는 점만 기억하고 넘어가자.

이런 독특한 위상에 두 가지 요소가 더 추가되자 노동계급은 능력주의의 출현을 견제하는 세력으로 부상했다. 그 두 요소 가운데 하나는 '이상' 혹은 '이념'이었다. 사실 앞에서 말한 노동계급의 처지는 패배감이나 열등의식을 낳을 수도 있으며, 실은 많은 경우 그러했다. 그러나 이상이라는 또 다른 요소가 결합될 경우에는 정반대 효과가 나타났고, 서유럽 노동계급의 많은 이들은 이 가능성을 결코 놓치지 않았다. 그들은 사회(민주)주의, 아나키즘 같은 여러 좌파 이념을 통해 자신들을 자본주의를 넘어서는 세상을 만들어 가는 주역이라 인식했다. 그리하여 어떤 나라에서는 대를 이어 사회민주당을 지지하며 장기 집권당의 고정 지지층이 됐고, 어떤 나라에서는 붉은 깃발을 휘날리며 만년 야당 공산당에 충성을 바쳤다. 사회민주주의의 한계를 말하고 서유럽, 칠레, 인도 등지의 대중적 공산당들을 비판할 수는 있겠지만, 이런 대중정당들 덕택에 노동계급은 지식 세계에서 배제되거나 이에 압도당하지 않은 채 잠시나마 '계몽'의 한 주역임을 자부할 수 있었다. 이를 통해 그들의 일상은 패배자에게 남은 몫이 아니라, 엘리트들이 가진 것과는 종류가 다른 역량과 덕성의 보고寶庫가 되곤 했다.

또 다른 요소는 '조직'이었다. 능력주의의 뒤에는 조직이 있다. 관료제에 바탕을 둔 근대국가와 이를 닮으려 하는 거대 기업들이 그런 조직이다. 덕분에 능력주의는 막강한 물질적 실체

능력주의, 가장 한국적인 계급 지도

가 될 수 있었다. 이에 맞서려면 당연히 대항 세력에게도 조직이 있어야 한다. 노동계급은 실제로 그러한 조직들을 만들어 냈다. 그중에는 좌파 정당이나 협동조합도 있지만, 가장 대표적인 것은 물론 노동조합이다. 노동조합은 기본적으로 노동자의 권익을 방어하는 조직이지만, 회사의 질서와는 별개로 노동자들만의 상호 인정이 작동하는 공간이기도 했다. 노동자들이 능력의 다원론을 좀처럼 회의하거나 불신하지 않을 수 있었던 것은 이런 공간이 있었기 때문이다. 국가나 기업은 어떻게 움직이든 상관없이, 노동자 조직들 안에는 사람의 진가眞價를 알아채고 인정하는 그만의 기준과 평가(혹은 평가하지 않음)가 작동했다.

노동계급의 독특한 위상과 이상, 조직, 이 세 가지 요소가 결합함으로써 어떤 무시 못 할 힘의 자장이 구축됐다. 이 자장 안에서 노동자들은 엘리트들이 제시하는 기준에 결코 '주눅 들지 않았'다. 이게 핵심이다. 이것이 노동계급이 지난 세기 어느 시점까지 견지하던 찬란한 덕목이다. 그들은 주눅 들지 않는 주체였고, 그래서 시민들이 시민 되게 하는 기둥과 같은 존재였다. 그들은 불평등을 자신들의 패배가 아니라 저들의 실패라 이해했고, 그래서 자신들이 승리할 집단적 기회를 당당히 요구했다. 현재의 패배자가 아니라 미래의 진정한 승리자로서 말이다.

패배의 낙인이 된 '노동계급'

하지만 노동계급이 능력주의 발전의 걸림돌 구실을 하던 형세는 오래가지 못했다. 돌이켜 보면, 제2차 세계대전 이후 전개된 일련의 변화가 결정적이었다. 그 변화의 상당수는 한동안 노동계급의 역사적 성취라 평가받았다. 임금 상승과 복지수당 확충에 따른 대량소비, 이런 구매력 향상에 부응하는 미국식 대중문화 확산 그리고 공교육 시스템 구축 같은 변화 말이다. 그러나 이들은 빛나는 성취이면서 동시에 노동계급을 무장해제시키는 치명적인 독 또한 품고 있었다. 가령 우리의 관심사인 공교육 발전은 능력주의 출현의 마지막 빗장을 푸는 계기였음이 드러났다.

노동계급에게 초등교육뿐만 아니라 중등교육 기회가 보장되고 더 나아가 고등교육에 접근할 기회까지 열렸을 때, 그들의 반응은 꼭 환영 일색만은 아니었다. 프랑스에서 의무교육 연령이 16세로 연장되자 노동자 가정에서는 오히려 이런 불만이 쏟아졌다. "뭣 하러 애들이 좋아하지도 않는 공부를 억지로 계속하게 만드는 거야? 애들은 오히려 일을 하고 싶어 한다고."[35] 계급·계층을 가리지 않고 교육을 중요시하는 대다수 한국 가정이라면 상상도 못 할 태도다. 아마 유럽도 나라마다 차이가 클 것이며, 유별나게 똑똑하고 야심 많은 자녀를 둔 집안이라면 이

---

35   에리봉, 앞의 책, 54쪽.

웃들이야 불평하든 말든 교육 기회 확대를 두 손 들어 환영했을 것이다. 영화 〈빌리 엘리어트〉에 담긴 성공담은 이런 기대에 부풀어 있던 수많은 서민 가정이 공유한 꿈이기도 했다. 그러나 노동계급의 새 세대가 학교에서 보내는 기간이 길어지는 게 꼭 좋기만 한 일인지 의심쩍어한 노동자 가정의 또 다른 본능적 반응은 불행히도 일리 있는 것으로 드러났다.

'평등'을 기치로 확대된 공교육 시스템은 기대만큼 평등을 강화하지 못했다. 노동자 가정의 자녀는 더 풍부한 문화자본을 지닌 계층에 속한 친구들과 학교 안에서 경쟁하기 쉽지 않다. 시험과 진학에서 탈락하면 그들은 부모 세대와 비슷한 일자리를 찾아봐야 했다. 의무교육 연한이 올라갈수록 계급 지위가 결정되는 시기는 늦어졌지만, 언젠가 그 결정에 직면해야 한다는 사실만은 전혀 바뀌지 않았다. "유배는 더 느리게 이루어지고 배제는 더 나중에 일어나겠지만, 지배자와 피지배자의 격차는 그대로 남는다."[36]

서로 다른 계급을 섞어 놓는 국가의 여러 제도 가운데 전시의 군대는 의도하지 않게 평등을 부추기지만, 평화 시기의 학교는 의도와는 달리 불평등의 외양만 바꾼다. 노동자 가정 출신 학생들은 이런 현실을 스스로 '간파'하고 일찌감치 수업보다는 또래집단 문화에 더 몰두하기도 했다. 영국 노동계급에게 중

---

36   위의 책, 204쪽.

등교육 기회가 보장된 지 한 세대쯤 지난 1970년대 중반에 학교 현장을 연구한 폴 윌리스의 『학교와 계급재생산*Learning to Labour*』[37]은 노동계급과 공교육의 이 불행한 결합을 생생히 포착했다. 더 많은 교육 기회의 보장으로 평등을 강화한다는 모든 시도는 어디에서든 이런 씁쓸한 결산을 남겼다.

게다가 더 나쁜 결과가 있었다. 영이 『능력주의』에서 밝힌 불길한 예견이 그대로 맞아떨어진 것이다. 공교육 확대는 평등의 약속을 실현하지 못했을 뿐만 아니라 오히려 앞 세대 노동계급이 견지하던 자생적 평등주의만 약화시켰다. 과거에 비해 더 많은 세월을 학교에서 보내게 된 노동자들은 노동계급으로 남은 현재 처지를 인생의 결정적 시기에 '시험'(구체적인 시험들이라기보다는 대문자 시험)에서 실패한 탓이라 여기기 시작했다. 전혀 다른 세상에서 나고 자란 고용주 앞에서 당황하던 시대는 지나갔지만, 학교 동기일지도 모르는 관리자 앞에서는 전혀 다른 종류의 낭패감을 맛볼 수 있음이 확인됐다. 저들은 시험을 통과하는 데 성공한 유능한 자들이고 나는('우리는'이 아니다!) 실패한 무능한 존재라는 낯선 생각이 퍼져 나갔다. 이제 노동계급에 속한다는 사실은 자본가보다 더 인간답다는 자부심이 아니라 인생의 시험에 실패했다는 자책감이 드는 쪽에 더 가까

---

37 폴 윌리스 지음, 김찬호·김영훈 옮김, 『학교와 계급재생산: 반학교문화, 일상, 저항』, 이매진, 2004.

위겼다.

　　주눅 들지 않던 주체가 어느새 주눅이 들기 시작했다. 더
구나 학교에서 과거와는 다른 성장기를 경험한 세대가 노동계
급을 채워 나갈 그 무렵에 이 계급은 전례 없는 세계사적 후퇴
와 패배에 내몰리고 있었다. 1970~1980년대에 노동 세력의 모
든 성취에 대한 가혹한 공격과 함께 신자유주의 시대가 열린 것
이다. 앞에서 지식 중간계급에게는 기회가 됐다고 한 지구화, 금
융화, 정보화 모두가 노동계급에게는 재앙이었을 뿐이다. 오늘
날 노동자들은 주식시장의 지배를 받는, 본사가 어디에 있는지
도 알기 힘든 기업에 원격 호출을 받으며 하루하루를 살아가야
한다. 시험의 패배자인지는 잘 모르겠지만, 전 지구적 계급투쟁
의 패배자인 것만은 확실하다.

　　설상가상으로 노동계급은 과거 세대가 움켜쥐었던 두
무기마저 빼앗기거나 녹슨 형편이다. 이상과 조직 말이다. 현실
사회주의 붕괴 이후 좌파 이념들은 영 힘을 쓰지 못하고, 노동조
합은 신자유주의의 전성기가 지나간 지금까지 세력 회복의 기
미를 보이지 않는다. 이런 상황에서 상당수 노동계급은 선거에
서 극우 포퓰리즘 세력에 표를 던져 "서민층의 마지막 호소"[38]
를 토해 낸다. 그러나 이는 엘리트들에게 예전처럼 두려움과 일
말의 존경심을 불러일으키지 못한다. 이미 주눅 든 이들의 불평,

[38]　에리봉, 앞의 책, 151쪽.

불만이기 때문이다. 이렇게 역사적 견제 세력마저 힘을 잃은 상황에서 전 지구적인 능력주의의 질주가 시작됐다.

마침내 도래한 능력주의 시대

이제껏 능력주의의 역사를 써 내려가며 두 배역에 주목했다. 하나는 지식 중간계급이고, 다른 하나는 노동계급이다. 둘을 각각 능력주의의 사회적 기반과 그 견제 세력으로 구별했고, 최근의 세계사를 훑으면서는 한쪽의 부상과 다른 쪽의 쇠퇴를 대비했다. 그런데 사회과학적 관심이 많은 독자일수록 이런 구별 짓기에 의문을 던질 것이다. 과연 둘을 그렇게 확연히 가를 수 있는가? 일리 있는 물음이다. 지식 중간계급도 대다수가 노동계급처럼 임금 소득으로 살아가며, 지식 중간계급의 하위 소득층으로 내려갈수록 노동계급과 중첩된 측면이 강하게 나타난다. 특히 한국에서는 지식 중간계급 내부의 하위 계층과 젊은 세대가 일부 대기업의 정규직 생산직 노동자보다 소득도 적고 고용도 더 불안한 경우가 많다. 그런데도 이 글에서는 지금까지 마치 지식 중간계급과 노동계급이 뚜렷이 구별되는 것처럼 서술했다. 혹시 이 모든 서사가 다 지나친 과장이나 오류는 아닌가?

그렇다. 논란의 여지가 많으며, 이 쟁점은 결론을 열어 둔 채 계속 따져 봐야 한다. 그러나 우리의 주제인 능력주의와 관련해서는 여전히 지식 중간계급과 노동계급의 구별이 의미 있다고 말하고 싶다. 두 집단은 사회를 바라보는 감각과 정서, 상식이 다르다. 전통적 계급론에 따르면, 이러한 차이는 두 집단의 객관적 여건 차이에서 비롯되는 주관적 특성이다. 즉, 사회 전체의 분업에서 어떤 노동을 수행하는지, 소득과 재산은 어느 정도이고 생활 안정성이나 상속 가능성은 어떠한지 등이 더 중요하며, 세계관이나 문화의 차이는 부수적인 요소일 따름이다. 그러나 지식 중간계급과 노동계급처럼 여러 물적 조건 측면에서 어지럽게 얽히면서도 뭔가 서로 다른 구심점이 감지되는 집단들이라면, 오히려 전통적 시각과 정반대의 접근을 취하는 쪽이 더 풍부한 통찰로 이어질 수 있다. 계급이론의 지루한 논쟁에 지나치게 얽매이기보다는 사회를 전혀 다르게 바라보는 집단적 관점들이 존재함에 주목하고 이 차이가 오늘날 우리가 사는 세상이 만들어지고 이어지는 데 어떤 역할을 하는지 따져 보자는 것이다.

우선 노동계급의 눈에 사회란 무엇인가? '우리'와 '그들'이 서로 나뉘어 대립하고 협상하는 무대다. '그들'이란 "과거 촌락의 농부들과 부자들 사이의 관계"에서 부자들이 "도시적인 형태로 재현된 존재. '그들'의 세상은 높으신 분들의 세상으로, 이 높으신 분들이란 개별 기업의 사장일 수도 있고 관청의 공무원일 수도 있다."[39] 반면에 '우리'란 노동자 자신이 생각하

39 리처드 호가트 지음, 이규탁 옮김, 『교양의 효용: 노동자계급의 삶과 문화에

는 노동계급, 즉 같은 공장 직원, 같은 동네 주민, 같은 조합원 등 등이다. '우리'에 대한 노동계급의 정서와 생각은 "우리는 한 배를 탄 사이"나 "우리끼리 싸워 봐야 좋을 것 하나 없다", "뭉치면 강하다"[40]는, 거의 속담이 되다시피 한 구호들에서 잘 드러난다. 이렇게 '우리'와 '그들'이 나뉘어 대치한다는 점에서 사회란 거대한 분리선이 그어진 수평적 공간이라 할 수 있다. 혁명가들은 이 분리선 자체를 타파할 수 있다고 선동했지만, 노동계급은 일단 이런 선이 존재하며 그 양쪽에서 살아가는 두 집단은 다른 세상 주민이나 마찬가지라 여겼다. 사회란 이 집단들 사이의 대립과 협상의 이야기가 끝없이 이어지는 무대다. 한국에서는 노동자들 사이에서도 이런 시각이 꼭 지배적이라고는 할 수 없다. 그러나 프랑스의 한 노동계급 출신 사회과학자의 다음과 같은 고백에서 알 수 있듯이, 다른 자본주의 국가들에서는 최근까지도 이것이 뿌리 깊은 전통이었다.

> 우리 가족은 세상을 두 진영으로 구분했다. '노동자를 지지하는' 사람들과 '노동자에 반대하는' 사람. 같은 테마의 또 다른 변주로는 '노동자를 수호하는' 사람과 '노동자를 위한 일은 아무것도 하지 않는' 사람이 있었다. 정치적 지각과

관한 연구』, 오월의봄, 2016, 99쪽.

40   위의 책, 111~112쪽.

그에 따른 선택이 응축되어 있는 이러한 어구들을 얼마나 많이 들었던가? 한쪽에는 '우리'와 '우리와 함께하는' 사람들이, 다른 한쪽에는 '그들'이 있었다.[41]

반면에 지식 중간계급의 눈에 비친 사회는 전혀 다른 모습이다. 그들에게 사회란 모든 사람이 정상을 바라보며 힘겹게 올라가는 거대한 사다리다. 노동계급은 '우리'와 '그들'을 머릿속에 그리며 사회가 수평적인 무대라는 감각을 완강히 고수하지만, 지식 중간계급은 사람에 따라 위로 올라갈 수도 있고 아래로 떨어질 수도 있는 수직적 사다리를 볼 뿐이다. 이 사다리에서는 계속 위로 올라가지 않는 한은 제자리에 있기보다는 아래로 떨어지기 쉽다. 사다리의 폭이 숨 막힐 정도로 좁다고들 느끼기 때문이다. 내가 위로 올라가지 못한다면, 남이 나를 추월하여 어느덧 내가 아래가 되고 만다. 따라서 '우리'를 느끼고 생각하기란 거의 불가능하다. 경쟁은 사람들을 부족으로, 가족으로, 개인으로 항상 잘게 나눈다. 이렇게만 말하면 너무 부정적인 인상을 부추기는 것 같다. 공평하려면, '우리'와 '그들'의 투쟁이 끝없이 반복되는 노동계급의 사회 관념이 지나치게 정적이라는 점을 함께 이야기해야 한다. 이에 반해 사다리에서 개인들이 치열한 상승 노력을 경주한다는 지식 중간계급의 사회 관념은 훨씬 더

41 에리봉, 앞의 책, 47쪽.

역동적이다. 자본주의 체제가 시장자유주의 교리에 충실해지자 노동계급은 충격에서 헤어 나오지 못한 반면에 지식 중간계급은 파도를 타며 질주한 데는 다 이유가 있다.

　　물론 고학력 피고용자가 중간계급의 다수가 되기 전에도 과거 중간계급은 비슷한 세계관을 공유했다. 작은 농장 혹은 상점이나마 갖고 있던 이들은 꾸준히 자산을 불려서, 이미 멀찍이 앞선 자본가들을 따라잡으려는 꿈을 버리지 못하는 이들이었다. 그러나 새로운 중간계급에 비하면, 이는 미망에 불과했다고 할 수 있다. 지식 중간계급은 학교와 시험 제도뿐만 아니라 관료 조직 안의 승진 시스템을 통해 '상승'의 의미를 훨씬 구체적으로 체감하며, 자산 시장 투자를 통해 재산을 불려 나갈 기회 또한 많아졌다. 인류학자 하다스 바이스의 말처럼, "'중산층'은 끝없는 능력주의를 상징하며, 투자하는 이들에게는 중산층으로의 진입을 약속하고 투자하지 않는 이들에게는 하락으로 위협한다. 만족을 미루고, 비축하기 위해 소비를 절제하고, 부채에 따른 책임과 위험을 떠맡고, 교육과 훈련, 집과 저축 상품과 연금에 투자하는 것, 이 모든 것이 중산층의 상승 전략이자 계급 하락을 예방하기 위한 전략이다."[42] 바이스는 여기에서 더 나아가 중간계급이란 실은 '미래 투자를 통한 계층 상승'의 환상에

42　하다스 바이스 지음, 문혜림·고민지 옮김, 『중산층은 없다: 사회이동이 우리를 어떻게 호도하는가』, 산지니, 2021, 44쪽.

사로잡힌 임금 소득자의 일부일 뿐이라고 규정한다. 달리 말하면, 이 완강한 꿈이 없다면 지식 중간계급도 없다. 그들은 그저 노동계급의 새로운 한 부분이 될 뿐이다.

대립과 협상의 무대인가, 경쟁의 사다리인가

사회를 계층 상승 경쟁이 벌어지는 거대한 사다리로 바라보는 시각은 그것 하나만으로는 유지될 수 없다. 이런 세계관을 지탱하려면 이를 보조하는 다른 정서와 생각, 신념들이 함께해야 한다. 예를 들어 자산 시장에 투자해 재산을 불릴 수 있다고 믿으려면, 자산 시장은 끝없이 팽창할 뿐 수축하지는 않는다는 또 다른 믿음이 동반돼야 한다. 어떻게 하면 주식시장이 호황을 이어 가고 부동산시장이 폭락하지 않을 수 있는가? 경제가 반드시 '성장'해야 한다. 전 세계의 평균 성장률이 일정 수준 이상을 유지함으로써 미국이든, 한국이든, 그 어느 나라든 만국의 '개미'가 투자 기회를 확보할 수 있어야 한다. 그리하여 지식 중간계급은 성장주의의 진정한 신자true believers가 된다. 물론 노동계급도 일자리 때문에 성장주의를 지지하는 경향이 있지만, 지식 중간계급에게 무한 성장은 일자리뿐만 아니라 저축과 투자의 성패까지 달린 더욱 절박한 문제가 아닐 수 없다.

그리고 반드시 필요한 또 다른 믿음이 있다. 바로, 능력주의다. 영이 '능력 = 지능 + 노력'이라고 정리한 그 능력주의 말이다. 20세기 말의 전 지구적 전환에 올라타 나름대로 성공을 거머쥔 지식 중간계급은 대개 대학 진학에 성공하고 이를 발판으로 국가기구나 대기업, 금융기관 등의 관료 조직에 합류한 이들이다. 입사 이후 승진 경쟁이 어떻게 이뤄지는지는 나라마다 다르지만, 어쨌든 계급이 판가름 나는 결정적 계기는 대학 서열 체제와 관료 시스템으로의 진입이다. 이런 과정을 거쳐 지식 중간계급의 여러 층위에 발을 내디딘 이들은 사회를 거대한 사다리로 보는 독특한 시각에 따라 자신의 현 지위를 정당화해야 한다. 숱한 시험들을 거쳐 검증된 '지능'이 이런 정당화를 위한 깔끔한 기준이 되어 준다. 그래서 지식 중간계급이 번성할수록 능력주의가 이들을 기반으로 확산되어 간다. 더구나 능력주의는 부모 세대가 확보한 상위 중간계급 지위를 후대에 세습하는 통로로도 쓸모가 있다. 영의 등식에서 극히 모호한 항목인 '노력'에는 지식 중간계급 가운데서도 상위 계층(고위 관리자나 전문직, 대학교수 등)에 속한 부모가 자녀의 성공을 위해 동원하는 각종 자원이 자유롭게 대입될 수 있다. 일찍이 학비가 비싼 사립 중고등학교에 진학하는 것도, 다른 계층은 듣도 보도 못한 사교육 네트워크를 활용하는 것도 영의 등식에서는 '노력'이다.

물론 상위 중간계급이 있으면, 하위 중간계급도 있다. 지식 중간계급 가운데에는 이미 지배계급의 일원인 국가기구 및 대기업·금융기관의 최고위 관리자들과 인접해 있고 장래에 실제 관리자계급에 충원될 수 있는 상위 중간계급이 있는가 하면, 노동계급과 마찬가지로 고용 불안과 과도한 부채에 시달리며 누가 봐도 계층 상승 가능성이 높지 않은 하위 중간계급이 있다. 상위 중간계급은 능력주의의 실질적 수혜자이지만, 하위 중간계급은 과연 그런지 분명하지 않다. 마코비츠는 상위 1~2퍼센트의 슈퍼 리치와 대학·대학원을 거쳐 초고숙련 수준에 도달한 피고용자들이 결합해 상위 10퍼센트의 엘리트층을 형성하며 이들이 능력주의의 사회적 토대가 된다고 진단한다. 반면에 중간 숙련 일자리에서 일하던 기존 중간계급은 이런 일자리가 초고숙련 일자리로 대체됨으로써 지위가 흔들리고 능력주의의 피해자가 된다고 본다.[43] 앞의 분석은 대체로 맞는 이야기이지만, 뒷부분은 보완이 필요하다. 하위 중간계급은 확실히 상위 중간계급만큼은 능력주의를 통해 실질적인 이득을 얻지 못한다. 하지만 그럼에도 그들의 다수는 상위 중간계급과 마찬가지로 능력주의에 적극 동의한다. 어느 나라에서든 최근 능력주의가 힘을 발휘하는 것은 마코비츠가 말하는 상위 10퍼센트뿐만 아니라 하위 중간계급을 비롯한 더 많은 계급·계층이 이를 지지하기 때문이다.

직접적 이익을 받지도 않는데 왜 능력주의를 지지하는가? 그 이유는 지식 중간계급 전체가 공유하는 특성에서 찾아

---

43   마코비츠의 『엘리트 세습』 제1장 「엘리트 귀족의 탄생」을 참고하라.

야 할 것이다. 앞에서 지적했듯 지식 중간계급이란 사회를 계층 상승 경쟁이 벌어지는 사다리로 바라보는 집단이다. 그들이 이런 세계관을 기꺼이 받아들이고 좀처럼 여기에서 벗어나지 않는 데는 물적 기반이 있다. 초등학교에서 대학·대학원에 이르는 긴 학교 생활과, 국가기구든 기업이든 관료적 조직에서 보내는 직장 생활이다. 이 두 경험은 지식 중간계급의 일상생활과 생애 주기에서 막대한 비중을 차지한다. 그런데 오늘날 이 두 제도는 능력, 실은 지능을 주된 기준으로 삼는 끝없는 경쟁을 통해 더 높은 등급으로 나아가야 한다고 다그치는 구조를 띠고 있으며, 개인의 성공 혹은 실패를 그 개인의 능력(지능)과 노력 탓으로 돌리게 만든다. 상위 중간계급은 이런 구조가 지배하는 일상 속에서 실제로 대를 이어 성공하는 경향이 있으며, 따라서 능력주의의 열혈 지지자가 되는 게 당연하다. 반면에 하위 중간계급과 노동계급은 둘 다 패배를 맛보지만, 이 패배에 반응하는 방향은 사뭇 다르다. 노동계급은 경쟁에서 일찌감치 퇴장하며 능력주의를 묵인하더라도 마지 못해 그러는 경향이 있다. 반면에 하위 중간계급은 학교와 관료 조직 안의 경쟁에서 좀처럼 벗어나지 못하며 다만 경쟁이 좀 더 '공정'해지길 바라거나 아니면 재도전 기회(내가 아니라 자녀를 통해서라도)를 얻길 바란다. 상위 중간계급의 직접적 이익뿐만 아니라 하위 중간계급의 이런 동의와 미련이 능력주의적 사고와 시스템을 지탱해 준다.

달리 말하면, 능력주의는 지식 중간계급이 내부의 심각한 차이와 긴장, 갈등에도 불구하고 하나의 계급으로 구심력을 갖게 만든다. 관리자계급을 향해 실제 상승 이동을 하는 집단과, 고학력자이고 화이트칼라 업무를 수행하더라도 노동계급과 명확히 구별이 안 되는 집단이 능력주의라는 접착제를 통해 비슷한 행동 양식을 보이며 공통의 정서와 사고방식, 신념을 퍼뜨리게 된다. 더 나아가서는 지식 중간계급이 이런 방식으로 결집하는 덕분에 관리자본주의는 자본가와 고위 관리자로 이뤄진 극소수 지배 연합을 넘어 다수 대중의 동의를 얻게 된다. 자본가-관리자 연합이 가장 작은 원을 이루고 상위 중간계급이 이를 감싸며 다시 하위 중간계급과 일부 노동계급이 바깥에서 이 두 원들을 감싸는 일련의 동심원이 자본주의의 헤게모니적 지배를 지탱하는 기반이 된다. 오늘날 이 동심원들을 고정시키는 강력한 힘들 중 하나로 우리는 주저 없이 능력주의를 들어야 한다.

그렇기에 지식 중간계급의 하위 계층 사이에서 일단 의심과 동요가 시작되면, 이는 체제에 심대한 충격을 주게 된다. 가령 고등교육을 받느라 부채만 짊어진 채 아직 관료 조직에 진입하지도, 자산 시장 투자에 나서지도 못한 젊은 세대가 능력주의를 비롯한 기존 경쟁 무대 전체를 불신하게 되는 경우를 생각해 보자. 2008년 금융위기 이후에 대서양 양쪽의 여러 나라에서 실제로 이런 일이 벌어졌다. 미국의 밀레니얼 세대가 '민주적 사회주의자' 버니 샌더스 상원의원을 대선 후보 예비경선에서 열렬히 지지했고, 스페인에서는 "지금 당장을 민주주의를!"을 외치는 신세대 사회운동이 정치세력화에까지 성공해(급진 좌파 정당인 포데모스Podemos의 창당) 기존 양당 독점 정치를 뒤흔들었다. 2010년대에 시작된 이들 운동의 결말은 아직 열려 있지만, 적어도 지식 중간계급의 하위 계층들이 관리자본주의의 가장 취약한 부위임은 분명히 보여 주었다. 그만큼 이들 계층을 체제에 단단히 얽어매 주는 능력주의의 존재와 역할은 세계사의 전개에 결정적인 변수가 아닐 수 없다.

자본가-지식 중간계급 동맹의 강력한 끈

이것이 능력주의의 실제 역사가 도달한 가장 최근의 중간 도착지다. 관리자본주의, 지식 중간계급, 노동계급, 이 세 가지 힘이 상호작용하며 빚어낸 21세기 초의 풍경은 영의 가상역사 속 21세기 초와 거의 차이가 없다. 능력주의는 지배적 경향이 되었고, 좌파의 오래된 상투 어구에 따르면 자신의 '대립물'인 세습주의로 '전화轉化'하는 중이다. 마침내 현대 능력주의의 시대가 화려하게 열린 것이다.

사실 영은 『능력주의』에서 능력주의 시대의 도래뿐만 아니라 능력주의에 맞선 전면적인 봉기도 그렸다. 그러나 혁명의 불꽃이 타오를 조짐은 아직 보이지 않는다. 물론 앞에서 소개한 것처럼 전 지구적 금융위기 이후에 국지적 반란들이 발생했고, 샌델이나 마코비츠, 피케티[44] 같은 저자들이 때맞춰 국제적인 경고음을 내고 있기는 하다. 그러나 여전히 주된 음소는 이런 개입이나 대항 경향보다는 능력주의의 끝없는 전진이다. 뒤메닐과 레비가 정식화했듯이, 오늘날 능력주의는 과거 고전 자본주의의 소유권 이데올로기를 대체하며 관리자본주의의 핵심 이데올로기로 부상했다.[45]

능력주의 시대는 이제야 시작인 것일까? 세계인은 앞으로 오랫동안 능력주의 시대를 살아야만 할 운명인가? 이 시대가 신자유주의의 황혼기에 잠시 상연된 단막극으로 최대한 짧게 단축될 가능성은 없는가? 조심스럽게나마 이런 물음의 답을 찾기 전에 먼저 해야 할 일이 있다. 능력주의의 세계사와 대조하면서 한국 능력주의의 역사를 짚어 나가는 일 말이다. 애초에 우리 논의의 출발점이 한국 사회에 불거진 '공정' 논란을 새롭게 성찰해 보려는 것이었음을 상기하자. 전 지구적 능력주의의 역사라는 참조 대상이 갖춰졌으니 이제는 과감히 이 작업에 착수할 때가 되었다. 지구 위를 훑느라 분주했던 우리의 시선을 한국 사회로 다시 집중해 보자.

---

44   피케티는 2020년에 낸 저작 『자본과 이데올로기』의 상당 부분을 능력주의의 역사를 추적하고 이를 비판하는 데 할애한다.

45   Duménil & Lévy, 앞의 책, pp. 5~6.

제3장
한국, 최첨단 능력주의 사회

한국 능력주의 역사의 출발점

한국 능력주의의 역사를 쓰려면, '긴' 역사를 쓸지 '짧은' 역사를 쓸지 선택해야 한다. 앞에서 살펴봤듯이, 전자본주의 시기에 중국, 한국, 베트남, 3국에는 과거제도를 바탕으로 조숙한 능력주의가 등장해 장기간 지속했다.[1] 이 시기의 경험이 현대 한국 능력주의의 직접적 뿌리라 본다면, 한국 능력주의의 역사 서술은 길어질 수밖에 없다. 하지만 이미 동아시아 전체의 조숙한 능력주의에 관해 간략하게나마 짚었기에 여기에서 장황하게 반복하지는 않겠다. 게다가 '긴' 역사보다는 '짧은' 역사를 택한 더 중요한 이유가 있다. 전자본주의 시기의 능력주의 경험과 현대

---

1   조선의 과거제도에 관한 정리로는, 현대 한국 시험 문화를 깊이 있게 비판하면서 그 원류로서 조선의 과거제도 역시 다루는 다음 책을 참고할 만하다. 이경숙 지음, 『시험국민의 탄생』, 푸른역사, 2017.

한국 능력주의 사이에는 연속성뿐 아니라 단절성도 있다. 그리고 나는 현대 한국 사회의 능력주의를 이해하려면 연속성보다 오히려 단절성을 중심에 놓고 접근해야 한다고 주장한다.

사실 개항 이전 조선 사회에서 현대 한국 능력주의의 뿌리를 찾고자 한다면, 이야기할 거리가 적지 않다. 중국과 한국 모두 과거제를 실시했지만, 능력의 일원론이라는 측면에서 한국은 단연 독보적이었다. 중국은 이미 북송 시대부터 상업이 발달하고 도시가 융성했다. 명·청 시기에도 중국에서는 조선과 비교가 안 되게 시장경제가 계속 발전했다. 도시에서는 중세 유럽 길드와 비슷한 상인 조직이나 장인들의 동업조합을 흔하게 볼 수 있었다. 물론 이런 사회 세력들이 과거제의 사회적 토대인 향신鄕紳[2]과 겨룰 정도로 성장하지는 못했다. 그러나 같은 시기 조선과 비교하면 차이가 컸다. 조선은 시장경제의 발전이 줄곧 이웃 나라 중국, 일본에 뒤쳐졌고, 수공업자 동업조합인 공장계工匠契 같은 조직이 있기는 했어도 그야말로 맹아적 단계에 머물렀다. 관료와 농민을 제외하고는 도무지 직업 문화가 무르익지 못했고, 따라서 과거 시험으로 검증되는 지적 능력 말고 다른 능력이 사회적으로 존중받을 여지가 별로 없었다. 어쩌면 조선 사회는 현대 능력주의가 꿈꾸는 지능의 독재가 완벽하게 실현됐

---

2 중국 명·청 시기 향촌에 살던 과거 합격자나 퇴직한 벼슬아치로, 향촌의 실질적인 지배자였다.

던 극히 예외적인 사례일지 모른다.

또 다른 흥미로운 이야깃거리는 조선 말기의 놀라운 대규모 신분 상승 운동이다. 17세기만 해도 조선은 다른 동아시아 국가들에 비해 기이하다 싶을 정도로 노비 인구 비중이 큰 사회였다. 그런데 개항 직전인 19세기 중엽이 되면, 갑자기 양반 인구가 급증한다. 대구의 호적대장에 관한 일제강점기 일본인 학자의 오래된 연구에 따르면, 1690년에 양반호는 9.2퍼센트, 노비호는 37.1퍼센트였다. 그러나 1858년에는 노비호가 5퍼센트로 대폭 줄어든 반면 양반호는 37.5퍼센트로 폭증했다.[3] 경상도 단성현 도산면의 호적대장 연구에서도 노비는 1678년에 40퍼센트를 넘었지만 1780년에는 10퍼센트 아래로 급감했다. 반면에 양반호는 17세기 말에는 10퍼센트 정도에 머물다가 18세기에 40퍼센트 선을 넘었고 1867년에는 무려 67퍼센트에 이르렀다.[4] 양반이 인구의 3분의 2였다니! 도대체 이 기록을 믿어야 하는가. 이게 사실이라면, 조선 후기에 '온 나라 양반 되기'라는 전 세계에 유례가 없는 대변동이 있었다고 하는 사회학자 김상준의 주장은 결코 호들갑이 아닐 것이다.[5]

3   미야지마 히로시 지음, 노영구 옮김, 『미야자마 히로시의 양반: 우리가 몰랐던 양반의 실체를 찾아서』, 너머북스, 2014, 213~215쪽.

4   권내현 지음, 『노비에서 양반으로, 그 머나먼 여정: 어느 노비 가계 2백 년의 기록』, 역사비평사, 2014, 156~157쪽.

5   김상준 지음, 『맹자의 땀, 성왕의 피: 중층근대와 동아시아 유교문명』, 아카넷,

실은 여기에서 '양반호'라는 범주는 엄격한 의미의 양반 만을 가리키지 않고, 호적에 '유학幼學'이라 표시된 집안을 모두 아우른다. '유학'이란 본래 과거 시험을 준비하는 유생을 뜻하는 말이었다. 그러나 조선 후기에는 용법이 바뀌었다. 이 시기에 들어서는 자작농 이상의 중간층이면 다들 족보를 갖추고 성씨와 본관을 내세우며 제사를 드리고 양반 행세를 했다. 그런 이들의 공식적 분류명이 '유학'이다. 실제로 과거 시험 준비를 하지 않아도 자타 공히 이렇게 불렀다. 망하기 일보 직전의 조선 사회에서는 불과 몇 세대 전까지만 해도 노비였던 집안조차 노비 신분을 벗어나 일단 먹고살 만해지면 유학이라 자처했던 것이다. 이 사례에서 우리의 눈길을 끄는 것은 대대적인 신분 상승 운동이 벌어졌다는 점뿐만 아니라, 그렇게 사다리 위로 올라간 이들이 스스로를 '과거 시험 준비생'이라 칭했다는 점이다. 비슷한 시기에 유라시아 대륙 반대쪽에서 신분 상승 노력을 경주한 이들을 부르던 '부르주아지'(도성에 거주하는 상공인을 뜻하던)와는 극명히 대비되는 명칭이 아닐 수 없다. 과거제는 이렇게 과거 시험을 실제로 준비하고 그 수혜를 입거나 혹은 이에 실패한 집단을 뛰어넘어 훨씬 광범한 인구에 깊은 영향을 끼쳤다. 현대 능력주의조차 아직은 이만큼 사회 전체를 단단히 얽매지는 못하지 않을까 싶을 정도다.

2011, 501쪽.

지금까지 소개한 독특한 역사적 기억만으로도 우리는 과거제에서 시작하는 한국 능력주의의 '긴' 역사에 더 주목해야 할 것만 같다. 그러나 이 대목에서 찬찬히 따져 볼 문제가 있다. 지금의 우리를 설명하기 위해 과연 얼마나 먼 과거로 거슬러 올라가야 하느냐는 물음이 그것이다. 최첨단 자본주의에서 벌어지는 현상을 수천 년 전에 시작된 농경사회의 관습을 들어 풀이하고, 잘 알려지지 않았던 역사 속 사건에서 뜻밖의 선례를 찾아낸다면 흥미롭기는 하다. 거기에는 분명 귀담아들을 만한 지적 노고가 담겨 있을 것이다. 하지만 그래서? 정말 우리는 스스로도 잘 몰랐던 어떤 전통의 포로일 뿐인가? 잘 몰랐던 과거가 어떻게 우리의 행동을 '지배'까지 할 수 있을까? 우리는 보통 그 정도로 두 어깨에 역사를 무겁게 짊어지고 다니지는 않는다. 역사는 대화 상대가 되는 편이 더 적당하다. 현대 능력주의의 원인을 먼 역사에서 찾기보다는 과거에 비슷한 고민거리를 안았던 이들과 대화를 시도하는 것이 더 역사에 충실한 접근법이다.

그 이유는 간단하다. 우리는 단지 '현재'를 살 뿐이기 때문이다. 과거가 잔뜩 누적된 순간을 사는 것도 아니고, 미래의 예비로서만 의미 있는 순간을 사는 것도 아니다. 유일한 실재는 현재이고, 과거의 기억을 소환하든 아니면 미래라는 허구를 구성하든 이는 모두 현재를 위해서다. 조선 왕조의 과거제도라는 놀라운 역사적 사실 역시 마찬가지다. 과거제가 수반하던 현실은 이미 몇 세대 전에 붕괴하고 단절됐다. 몇 대조 할아버지가 그렇게 살았다고 해도 그게 나의 기억은 아니다. 책을 비롯한 온 갖 미디어를 통해 간접적으로만 기억할 뿐이다. 그럼에도 이 기억이 일상에서 끊임없이 환기된다면, 이는 오직 우리가 살고 있는 이 시공간, 즉 현대 한국 사회에 이 기억이 의미 있고 쓸모 있는 재료가 될 수 있기 때문이다. 지배자는 지배의 수단으로, 피지배자는 또 그들대로 적응 수단 아니면 저항의 무기로 이를 동원할 수 있기 때문이다. 즉, 현대 한국 자본주의의 필요가 먼저 있고, 다음에 과거의 기억이나 잔재라는 재료들이 따르는 것이다. 만약 현대 자본주의의 필요에 부응하지 못한다면, 과거제 역시 그저 책장 속 기억에 그치게 마련이다. 조혼早婚 제도나 '남녀칠세부동석'의 기억처럼 말이다. 때로 우리는 자신이 과거사의 포로인 듯 한탄하지만, 진실은 오히려 반대다. 인류 역사 내내 과거는 항상 현재의 포로였다.

한국 능력주의 역사의 시작은
해방 직후 노동계급의 완전한 패배

그럼 한국 능력주의의 '짧은' 역사는 어느 시기를 출발점으로 잡아야 하는가? 과거제도에 사로잡혔던 사회가 일단 붕괴한 뒤에 오늘날의 능력주의를 뒷받침하는 요소들이 다시 형성되기 시작한 때는 언제인가? 갑오개혁으로 과거제가 폐지된 뒤에 조선-대한제국은 근대적 관료제를 수립하려 노력했고, 일제 강점기에는 시험으로 고급 관료와 법률가를 뽑는 일본식 제도가 이식되었다. 관점에 따라 구한말이나 일제강점기를 출발점으로 잡더라도 충분히 설득력이 있다.

그러나 나는 해방과 미군정의 혼란 그리고 대한민국 수립에 이르는 시기를 출발점으로 삼겠다. 물론 일제 식민 당국의 통치제도가 대한민국 국가기구에 돌이킬 수 없는 영향을 끼치기는 했다. 식민 통치자가 실시한 각종 시험을 통해 고위 관료가 되고 판사·검사가 된 이들이 새 국가에서도 최고위 공직자가 되고 국회의원이 되었기 때문이다. 이 강렬한 기억이 이후에 한국 사회에서 고시 제도가 능력주의의 강력한 상징으로 부상하는 데 커다란 역할을 했음은 분명하다. 그렇다고 현대 한국 능력주의의 기본 지형이 일제강점기에 등장했다고 할 수는 없다. 시험을 통한 관료 채용 전통은 새 국가로 이어졌지만, 같은 시기에 아래로부터 형성된 또 다른 전통은 이어지지 못했기 때문이다. 식민지 시기에 형성된 사회 지형은 해방 직후의 혼란과 한국전쟁을 거치며 크게 뒤집혔다. 불과 몇 년 전의 과거와 완전히 단절된 채 이전과는 전혀 다른 모습으로 새롭게 출발해야 했다. 이어지지 못한 '다른 전통'이란 능력의 일원론에 맞설 강력한 견제 세력이 될 수 있었을 노동계급의 전통이다.

일본이 항복을 선언하자마자 일본인이 경영하던 많은

기업에서는 노동자들이 기존 경영주 대신 직접 생산을 관리하는 '노동자 자주관리운동'이 벌어졌다.[6] 미군이 진주해 통상적인 자본주의 질서가 복구된 뒤에는 노동자 자주관리의 열의가 노동조합 조직화로 이어져 1945년 말에 조선노동조합전국평의회(이하 전평)가 결성되었다. 전평에는 금속, 섬유, 철도 등 16개 산업별 노동조합이 가입했고, 북한은 빼고 남한만 따져도 조합원 수가 최대 46만 7000명(1946년 5월 기준)에 이르렀다.[7] 자본주의가 그때와는 비교할 수 없게 발전한 지금도 민주노총과 한국노총 전체 조합원 수가 200여만 명 수준임을 감안하면, 당시 조직률이 얼마나 높았을지 짐작할 수 있다. 해방되자마자 이렇게 노동운동이 폭발적으로 성장할 수 있었던 것은 일제강점기 내내 하나의 계급으로 뭉치려 한 노동자들의 노력이 어떻게든 계속됐기 때문이다. 1920년대에 직업별 노동조합들을 결성했고 전 세계의 관심사였던 원산총파업[8]을 거쳐 1930년대에는 산업별 노동조합들을 건설하려고 분투했다.[9] 일제 식민 통치가 파시

6   김기원 지음, 『미군정기의 경제구조: 귀속기업체의 처리와 노동자 자주관리운동을 중심으로』, 푸른산, 1990.

7   안태정 지음, 『조선노동조합전국평의회』, 현장에서미래를, 2002.

8   1929년 1월부터 4월까지 원산노동연합회 산하 노동조합원 2200여 명이 참여한 일제하 최대 규모의 파업. 최저임금제 확립, 8시간 노동제 실시, 처우 개선, 단체계약권 확립 등을 요구했으며, 일본, 유럽 등 해외 노동운동의 열렬한 관심과 지지를 받았다. 하지만 경찰의 폭력 탄압으로 투쟁 자체는 패배로 끝나고 말았다.

9   김경일 지음, 『일제하 노동운동사』, 창비, 1992.

증화하면서 노동조합 활동마저 지하로 숨어들고 전시에는 아예 그조차 맥이 잠시 끊길 수밖에 없었지만, 그래도 기억은 생생히 남았다. 일제의 패망으로 갑자기 자유로운 공간이 열리자 이 저류가 드디어 지표면 위로 분출해 새로운 가능성을 쏟아 냈다.

앞에서 밝힌 것처럼, 한국의 노동자들에게는 뿌리 깊은 전통이 없었다. 그러나 전통이 없는 곳에서는 전통을 만들면 된다. 간절히 필요하면 전통조차 급조될 수 있다. 해방 직후의 한국 사회에서는 그럴 여지가 충분히 있었다. 능력주의라는 우리의 주제를 놓고 본다면, 과거제도의 유산 따위가 어떻든 상관없이 다양한 직업 능력들에 관한 새로운 관념이 형성될 가능성이 풍부하게 있었다. 그러나 이미 잘 알고 있듯이, 역사의 커다란 기회의 문은 돌연 닫혀 버렸다. 전평에 결집한 산업별 노동조합들은 1946년 9월 총파업 이후 폭력적 탄압의 대상이 됐다. 이와 함께 평화적 방식으로 통일국가를 건설할 가능성이 봉쇄됐을 뿐만 아니라, 한국 사회에서 노동계급 특유의 정서, 상식, 문화가 중요한 역할을 할 가능성 역시 억압됐다. 전평이 사라진 자리에 남한 체제를 지지하는 대한노동총연맹(약칭 대한노총) 소속 노동조합들이 들어섰지만, 노동계급이 주도하는 사회를 건설하겠다는 이념이 잔인한 탄압과 금지의 대상이 된 뒤에 등장한 기구가 능동적이고 건설적인 역할을 하기는 힘들었다.

이 폐허가 다름 아니라 한국 능력주의의 역사가 시작된

결정적인 출발점이었다. 이 때에 형성된 지형이 이후 여러 사회 세력들에게 기본 무대가 되었다. 이 무대 위에서 각 사회 세력은 자기 세계관을 다듬고 퍼뜨리며 한국 사회 전체의 주류 정서와 사고를 형성했다. 그리고 이는 영이 전망한 순수한 형태의 능력주의가 자리 잡기에 세상 어느 곳보다 더 좋은 무대였다.

'한국' 자본주의라는 토양

이제부터는 분단 이후 한국 사회사를 능력주의의 세계 사와 대조하며 현대 한국 능력주의의 형성 과정과 그 특징을 짚어 보자. 흔히 대한민국 정부가 수립되고 가장 급한 과제가 농지개혁이었다고들 한다. 한데 그만큼 시급하고 중요한 과제가 또 있었으니 전 국민 대상 교육 시스템의 구축이었다. 우선은 초등교육부터 의무화해야 했는데, 얄궂게도 그 실시 과정은 농지개혁과 유사했다. 1950년 초에 농지개혁이 한창 시행되는 와중에 한국전쟁이 발발했듯 1950년 6월 1일부터 초등학교 의무교육이 시작되고 며칠 안 돼 전쟁이 터졌다. 전시의 혼란과 이후에 지속된 궁핍 탓에 의무교육임에도 초등학교 취학률은 1950년대 내내 80퍼센트대를 맴돌았다. 이 수치는 1960년대가 되어야 100퍼센트에 근접하기에 이른다.[10]

10   1959년에 초등학교 취학률이 여전히 82.7퍼센트였던 반면에 1966년에는

하지만 새 국가가 세워지자마자 온 국민의 자녀가 80퍼센트 넘게 한 교실에서 사회화의 첫발을 떼기 시작했다는 사실은 중대한 의미가 있다. 분단과 전쟁, 농지개혁으로 한때 기존의 거의 모든 계급 구분선이 모호해진 상황에서 장래의 중간계급, 노동계급, 심지어는 자본가-관리자계급까지 초등학교 동기 동창으로 함께 새 나라의 문자며 숫자를 배우기 시작한 것이다. 이것은 분명히 대한민국 역사에서 상당 기간 지속된 평등주의 정서의 중요한 토대 중 하나였다. 그러나 미래에 이러한 평등주의를 밑에서부터 흔들 정반대 가능성 또한 숨어 있었다. 1950년대에는 초등학교를 마치면 졸업생의 거의 절반이 학교를 떠나 일자리를 찾아야 했다. 중학교 취학률은 1970년이 되도록 66퍼센트에 그쳤고,[11] 고등학교 취학률은 같은 해에 28.1퍼센트를 기록했다.[12] 성적보다는 가족의 경제적 형편 때문에 상급학교 진학을 포기하는 학생들이 많았고, 초졸인지, 중졸, 고졸인지에 따라 일자리의 질이 달라졌다. 오늘날 대학 서열 체제와 얽혀 있는 불평등이 대한민국 초기에는 최종 학력 차이를 통해 나타난 것이다. 따라서 학교를 마친 뒤의 계급·계층 차이를 학력 차이에 따

남자의 경우 96.9퍼센트, 여자의 경우 96.5퍼센트에 도달했다. 김영모 지음, 『韓國社會階層研究』, 고헌, 2005, 452쪽.

11   김영모, 위의 책, 454쪽.

12   윤종희, 앞의 글, 46쪽.

른 '어쩔 수 없는' 결과로 (스스로) 해석할 가능성이 충분히 있었다. 이것은 전 국민 대상 교육 시스템을 구축하기 전에 계급 문화가 굳어진 영국 같은 나라와 달리 근대적 공교육이 실시되고 나서 계급이 갈리기 시작했기에 돌출한 가능성이었다.

한국 능력주의의 원점이자 최대 상징, 고시

다만 이 가능성은 오랫동안 제대로 발현되지는 못했다. 강력한 장애물은 전반적인 저발전이었다. 이승만 정부 시기의 한국 자본주의는 아직 비약적 산업화가 시작되기 전이었기에 능력주의 상황의 필수 구성 요소들은 하나도 갖추지 못한 상태였다. 이것은 당시 고등교육의 현실을 살펴보면 명확히 드러난다. 일단 대학교는 경제 수준에 어울리지 않게 급증했다. 전쟁 중에 법정 의무교육인 초등학교마저 운영하기 힘든 형편이었음에도 대학만은 계속 늘어났다. 1948년에는 37개교였지만, 전쟁이 끝나고 난 1953년에는 57개교가 되어 있었다. 덩달아 학생 수도 2만 9000여 명에서 6만 7000여 명으로 두 배 이상 늘었다. 대학생이 커다란 역할을 한 4·19혁명이 일어난 1960년에는 대학 출신자와 대학 재학자가 모두 합쳐 38만여 명에 이르게 된다.[13] 이런 고등교육 팽창을 주도한 것은 사립대학들이었다. 사

---

13 김정인의 『대학과 권력: 한국 대학 100년의 역사』 중 제2부 「사학 주도 대학 권력의 형성」 1장 「국가의 방관 속에 성장한 사립대학」을 참고하라.

립대학이 우후죽순으로 설립돼 전체 대학 중 사립이 차지하는 비중이 1945년의 47.7퍼센트에서 1957년에는 70퍼센트로 대폭 늘어났다. 게다가 사립대학은 재정의 70~80퍼센트를 등록금으로 충당했기 때문에 신입생을 되도록 많이 뽑아야 했다. 그래서 정원보다 많은 학생을 유치하곤 했고, 이것이 대학생 수가 늘어나는 주된 원인 중 하나가 되었다. 한데 이렇게 늘어난 대졸자에게 돌아갈 일자리가 별로 없었다. 전후에 한국 사회 전체가 일자리 부족으로 고통받고 있었고, 이 점에서 젊은 고학력자는 다른 노동자와 별로 다를 바 없는 처지였다. 1950년대에 대졸자의 평균 취업률은 줄곧 30~40퍼센트대에 머물렀으며, 고학력 실업자가 넘쳐 났다.[14] 결국 이런 현실에서 쌓이고 쌓인 불만이 1960년 4월 혁명으로 폭발하게 된다.

고학력자의 처지가 이렇다 보니 교육제도의 발전이 곧바로 능력주의의 부상으로 이어지기 쉽지 않았다. 가장 높은 학력인 대졸 자격을 취득해 봐야 똑같은 실업자 신세인데, 우승열패優勝劣敗를 논할 게 뭐가 있었겠는가. 그러나 오히려 그랬기에 이후 한국 능력주의의 가장 중요한 상징 중 하나가 될 제도가 더욱 부각되는 효과가 나타나기도 했다. 그것은 다름 아닌 고시 제도다. 일제강점기에 조선 총독부가 실시하던 조선변호사시험을 대한민국 정부는 1950년부터 '고등고시 사법과'로 이름을 바

14 윤종희, 앞의 글, 44쪽.

꿔 시행했다. 이후 법조인뿐만 아니라 행정 부처와 외무부 고위 관료도 고시를 통해 선발하면서, '고시'는 과거에 '과거'가 그랬 듯이 곧바로 엘리트층에 편입되는 시험의 대명사가 되었다. 국가기구가 실시하는 시험뿐만 아니라 기업이나 언론기관의 공개 경쟁 채용 시험 역시 '고시'라 불렸고, 요즘은 하급 공무원 선발 시험까지 '고시'라 한다. 이 모든 고시를 통과한 이들은 그것만 으로도 계층 사다리의 윗부분을 차지할 만하다고 인정받으며, 최근 공기업 비정규직의 정규직 전환 과정에서 불거진 '공정' 논란에서도 그 메아리를 들을 수 있다. 고시 제도와 한국 능력주 의의 뗄 수 없는 관계를 분석한 박권일의 진단처럼, "고시는 한 국인이 생각하는 능력주의의 이상에 가장 가까운 제도"다.[15]

고시가 이런 위상을 확보하는 데는 한국전쟁 이후 한국 사회의 경험이 커다란 영향을 끼쳤다. 자본주의 발전 수준에 어 울리지 않게 너무 많이 배출된 지식 중간계급의 예비 주자들이 보기에 고시는 실업난에서 벗어나 단숨에 지배 집단의 일원으 로 비상할 기적 같은 출구였다. 그러니 이를 중심으로 대중적 신 화가 창조될 만도 했다. 역설적으로 능력주의 상황이 충분히 무 르익지 못했기에 고시가 능력주의적 정서와 사고를 온통 집약 한 상징으로 떠오른 것이다. 나중에 한국 사회에서 능력주의 상 황이 만개한 뒤에도 고시라는 상징은 과거에 형성된 이런 위상

15   박권일, 앞의 책, 95쪽.

과 기능을 이어 가게 된다. 이것은 결코 시대착오적인 현상만은 아니다. 고시는 국가기구의 고위 관료 충원 방식이고 현대 능력주의는 전반적인 관료제화 경향과 밀접한 관련을 맺기 때문이다. 실은 과거제도의 기억도 고시 제도를 바라보는 틀로서 계속 소환됐다고 할 수 있다. 고시 제도의 지대한 역할이 없었다면, 한국인들이 이 정도로 과거제도를 기억하고 있을지 의문이다. 한국 능력주의에 '한국형'이라 할 만한 독특한 전통이 있다면 그 역사적 상한선은 고시 제도가 시작된 1950년대 언제쯤이다.

제2차 산업혁명의 끝에서 시작된 한국의 산업화

1960년대부터는 이야기가 전혀 달라진다. 한국 자본주의는 역사상 어느 국가보다도 빠른 속도로 능력주의 상황의 필수 구성 요소들을 갖춰 나가기 시작했다. 박정희 군사정권은 장면 정부가 세운 산업화 계획을 이어받아 본격적인 산업화 시대를 열었다. 대한민국의 이 뒤늦은 산업화는 제2차 산업혁명이 자본주의 중심부에서 19세기 말부터 20세기 중반까지 긴 시간에 걸쳐 도달한 지점을 출발점으로 삼았다. 후발 주자의 이점을 최대한 살리는 전략을 취한 것이다. 경공업 발전에 치중하던 1960년대부터 이미 포항제철을 설립해 제2차 산업혁명의 기반인 철강산업을 다졌고, 1970년대에는 이를 기반으로 재벌 기업들이 제2차 산업혁명의 꽃인 자동차, 조선, 백색 가전, 석유화학

등의 영역에 진출하기 시작했다.

　제2차 산업혁명을 압축적으로 추진했으니 당연히 산업화의 이 단계가 수반할 수밖에 없는 사회 변화 역시 어지러운 속도로 전개됐다. 거센크론이 정리한 역사적 경향은 한국에서도 의연히 관철됐다. 앞선 다른 어느 공업국의 경우보다 산업화 과정에서 국가기구가 더 적극적인 역할을 수행했다. 또한 미국이나 일본의 기업 구조를 본뜬 거대 기업들이 급속히 성장했다. 미국, 독일 등에서 이미 그랬던 것처럼, 이 모든 추세는 사회 전반에 관료제를 확산시켰다. 물론 한국에서도 이렇게 비대해져 가는 관료 기구들을 채우려면 대중적 지식인층이 필요했고, 역시 다른 어느 자본주의 국가보다 빠른 속도로 발전하던 공교육 시스템이 이런 인력을 적절히 공급해 줘야 했다.

　이 점에서 박정희 정권의 정책은 단순하지만은 않았다. 한편에서는 국민 전반의 학력 수준을 높이려는 정책을 취했다. 1969부터 1971년에 걸쳐 중학교 입시를 폐지했고 1974년에는 고등학교 입시까지 폐지했다. 이로써 중·고등학교 진학 단계에서 나타나던 학력 서열 체제는 더 높은 연령으로 미뤄져 대학 서열 체제가 더욱 중요한 역할을 하기 시작했다. 동시에 중등교육이 대중화돼 중학교 취학률이 1980년 95.7퍼센트로 거의 완전 취학 수준에 도달했고,[16] 고등학교 취학률은 동년에 63.5퍼센

16　김영모, 앞의 책, 454쪽.

트에 이르렀다.[17] 그러나 박정희 정권은 고등교육을 마냥 확대하지는 않았다. 4월 혁명의 원인이 된 고학력자 실업 문제에 신경이 곤두선 군사정권은 대학 정원을 축소하고 이후 대학의 팽창을 통제했다. 이런 엄격한 대졸 인력 수급 정책 때문에 대중대학의 발전 속도는 일정하게 조절됐다. 다만 이공계는 예외였다. 제2차 산업혁명을 반복하는 형태의 산업화를 추진하려면, 과학기술 인력이 절실히 필요했다. 그래서 1967년부터 제2차 경제개발 5개년 계획의 제2차 과학기술진흥 5개년 계획에 따라 이공계에 한해 대학 정원을 확대하기 시작했다.[18]

하지만 이런 속도 조절에도 불구하고 한국 사회에서도 지식 중간계급이 빠르게 증가했다. 박정희 정권이 존속하던 기간에 한국 사회의 계급 지도는 어떻게 바뀌었는가? 여기에서 난점은, 다른 나라의 경우에도 그랬듯이, 각 계급의 정의와 구분선 설정이 연구자마다 천차만별이라는 사실이다. 그러나 각각의 연구 결과를 엄밀한 수준에서 비교할 수는 없을지언정 전반적인 추세는 어림잡을 수 있다. 일단 산업화가 날개를 달았으니 노동계급이 늘어나는 것은 당연했다. 또한 그만큼 구중간계급의 핵심인 농민의 비중이 급격히 줄어드는 양상 역시 필연적이

17 윤종희, 앞의 글, 45쪽.
18 김정인, 앞의 책의 제3부 「국가 주도 대학교육 시대의 개막」 1장 「근대화 정책과 대학 근대화」를 참조하라.

었다. 평생에 걸쳐 한국 사회 계층을 분석해 온 사회학자 김영모에 따르면, 1955년에 70퍼센트였던 구중간계급은 1980년에는 35.8퍼센트로 급감했다. 이유는 물론 농민층의 쇠퇴였다. 반면에 노동계급은 같은 시기에 23.4퍼센트에서 43.4퍼센트로 급증했다.[19] 에릭 올린 라이트의 영향 아래 한국 사회 계급 구성을 연구한 조돈문이 1960년부터 1990년의 변화 양상을 분석한 연구에서는 구중간계급이 73.4퍼센트에서 34.3퍼센트로 줄어든 반면 그가 '프롤레타리아'라 분류한 노동계급은 14.1퍼센트에서 27.5퍼센트로 늘어났다.[20] 수치는 달라도 추세는 일치하는 것이다. 이는 신중간계급 증가 추세의 경우에도 마찬가지다. 김영모는 1955년에 6.2퍼센트에 불과했던 신중간계급이 1970년에는 10퍼센트를 넘어서고 1980년에는 17.3퍼센트로 늘었다고 말한다.[21] 조돈문 역시 신중간계급 범주와 관련 있는 감독직 피고용자와 전문직 피고용자가 1960년부터 1990년에 걸쳐 각각 1.7퍼센트에서 7.6퍼센트로, 5.5퍼센트에서 21.7퍼센트로 늘었다고 추산한다.[22] 비중은 노동계급보다 크지 않아도 증가 속도는 비슷하거나 오히려 더 빨랐음을 알 수 있다.

19   김영모, 앞의 책, 329쪽.

20   조돈문, 「한국사회 계급구조의 변화 1960-1990」, 『한국사회학』 제28집, 1994, 17~50쪽.

21   김영모, 앞의 책, 329쪽.

22   조돈문, 앞의 글.

여기서 주목해야 할 점은 노동계급과 지식 중간계급이 '동시에' 성장했다는 사실이다. 이는 한국보다 앞선 자본주의 공업국들에선 없었던 생소한 경험이다. 이들 나라에서는 노동계급이 등장하고 나서 일정 시간이 지난 뒤에야 관리자본주의 경향이 나타나며 지식 중간계급이 늘어나기 시작했다. 그러나 한국은 분단과 전쟁으로 노동계급의 미약한 전통조차 단절된 상황에서 산업화 자체가 처음부터 관리자본주의를 모방 학습하며 전개되는 바람에 노동계급과 지식 중간계급이 마치 형제자매처럼 함께 성장했다. 전국 통계를 보면, 1980년대까지 신중간계급의 양적 성장은 노동계급에 미치지 못했던 것처럼 보인다. 그러나 양적 규모가 세력 관계나 전 사회적 영향력, 문화적 성숙도 등과 직결되지는 않는다. 벌써 1968년에 서울시에서는 신중간계급이 시민의 30.1퍼센트를 차지했다. 비슷한 시기인 1966년에 전국적인 비중이 9.3퍼센트였음을 감안하면, 산업화 초기 단계부터 대도시에 신중간계급이 밀집해 있었음을 알 수 있다. 그리고 서울시 거주 신중간계급은 이미 이 시기에 54.9퍼센트가 대졸 이상 학력이었다.[23] 예나 지금이나 한국 사회 전체에 막대한 영향을 끼치는 수도에서 지식 중간계급은 인구 다수를 이루며 그 양적 규모를 훨씬 뛰어넘는 문화적 영향력을 확보해 갔다.

1960년대부터 서울 용산구의 동부이촌동(이촌1동, 일명

23 김영모, 앞의 책, 408쪽.

'동빙고')에서는 신흥 부촌, 외국인 거주지 등이 형성되며 산업화 성공 이후 시대를 예비하는 부유층의 생활양식이 처음 모습을 드러냈다. 이곳에 건설된 내국인용 아파트 단지는 이런 생활양식을 집약하는 물적 토대였고, 이는 한강을 건너 여의도, 반포, 압구정동으로 확산된다. 1970년대 말부터 1980년대 초쯤 되면 서울에 거주하는 신중간계급의 상당수가 이런 아파트 단지를 찾아 강남구로 모이기에 이른다. 그들은 단지 거주 형태를 단독 주택에서 아파트로 바꾸었을 뿐만 아니라 부유층이 선보인 생활양식을 모방 학습하기 시작했다. 마침내 아파트 소유로 자산을 형성하고 자녀의 대학 진학을 통해 중간계급 지위의 세습을 꿈꾸는 '강남 중산층' 문화가 고개를 든 것이다.[24] 이런 와중에도 노동계급은 제대로 된 노동조합이라도 만들면 곧바로 반체제 사범 취급을 당할 정도로 억압을 당하며 묵묵히 산업화의 연료가 되고 있었다. 노동계급과 지식 중간계급이 동시에 성장했다지만, 실제로는 처음부터 엄청난 격차가 있었던 것이다. 그러면서 두 번째 군사정권 하의 한국 사회는 1987년을 향해 내달리고 있었다.

---

24 이 과정에 관한 흥미로운 추적으로는 다음 책을 참고할 수 있다. 박해천 지음, 『아파트 게임: 그들이 중산층이 될 수 있었던 이유』, 휴머니스트, 2013.

1987년의 두 항쟁과 그 후

1980년대에 한국 사회는 군사정권의 억압 아래 숨죽였으나 지표면 밑에서는 급격한 변화의 소용돌이가 일고 있었다. 1970년대부터 선명히 드러난 급속한 관리자본주의화 경향은 1980년대에는 돌이킬 수 없는 도도한 흐름이 되었다. 1970년대 말에 전 세계적인 불황과 인플레이션의 동반 위기로 박정희식 산업화가 재앙으로 끝나는 듯싶었지만, 80년대 중반에 한국 자본주의는 이른바 '3저 호황'을 맞이하며 언제 위기였냐는 듯 장기 호황 국면에 진입했다. 제2차 산업혁명을 뒤늦게 따라한 모험적 시도가 자본 축적의 견지에서 어쨌든 성공했던 것이다.

경제가 성장했다면 과실이 분배되어야만 했다. 군사정권이 이런 분배 요구를 억누르고 있었지만, 경제 성장을 위해 그들 자신이 취한 조치들 때문에 이런 억압은 더는 지속되기 힘들었다. 전두환 정권은 박정희 정권과는 달리 대학 입학 정원에 대한 국가 통제를 폐기했다. 이런 '자유화' 조치에다 고등교육 수요 증가가 맞물려 1970년대 초만 해도 10퍼센트대에 머물러 있던 대학 진학률이 1980년대에는 30퍼센트대로 급증했다.[25] 영국의 저명한 좌파 역사학자는 "한국의 대학생은 1975~1983년의 8년 동안 전체 인구의 0.8퍼센트에서 거의 3퍼센트로 증가했다"

---

25 윤종희, 앞의 글, 46쪽.

며 놀랍다는 어투로 이 변화를 기술했다.[26] 마침내 한국 사회에도 대중 대학 시스템이 대두했으며, 여기에서 쏟아져 나온 고학력자들은 상기 호황을 맞이해 팽창일로에 있던 기업들에 흡수됐다. 지식 중간계급의 성장이 더욱 탄력을 받은 것이다. 이 무렵 마르크스주의 계급이론으로 한국 사회를 분석하여 논란의 중심이 된 사회학자 서관모는 전문기술직·관리사무직·판매직 피고용자를 포괄하는 범주인 '화이트칼라'가 1975년에는 10퍼센트였으나 불과 12년 뒤인 1987년에는 20퍼센트로 두 배 늘었다고 추산했다. 생산직 노동자로 분류된 27.6퍼센트의 피고용자들과 거의 대등한 수치이고, 증가 속도로 보면 생산직보다 화이트칼라 쪽이 더 빨랐다.[27] 1980년대 중반 들어 위기에 몰린 군사정권은 누구보다 '중산층'의 여론에 촉각을 곤두세웠는데, 중산층의 핵심은 이미 농민이나 자영업자 같은 구중간계급은 아니었다. 어디로 튈지 알 수 없는 불안한 중산층 집단은 급성장하고 있던 지식 중간계급이었다.

물론 자본주의 지배 세력이 전통적으로 가장 두려워하는 집단인 노동계급도 있었다. 한국 자본주의가 성공할수록 당연히 노동계급의 수도 불어났을 뿐만 아니라, 제2차 산업혁명의

---

26 에릭 홉스봄, 앞의 책, 412쪽.

27 서관모, 「한국 화이트칼라 노동자의 구성」, 서관모·심성보 외 지음, 『현단계 한국 사무직 노동운동』, 태암, 1989, 9~11쪽.

핵심 사업장인 자동차, 조선 등은 어느 자본주의 국가에서나 전투적 노동조합운동의 온상이었다. 결국 1987년에 올 것이 오고야 말았다. 6월에 전국적인 민주 항쟁이 폭발해 군사정권의 항복 선언을 받아 내더니 7월부터는 수백만 노동자들이 대중파업을 벌였다(7·8·9월 노동자대투쟁). 이 해 내내 과연 두 집단이 돋보였다. 6월 항쟁 중에 '넥타이 부대'라 불린 지식 중간계급과, 노동자대투쟁의 주역인 전통적 노동계급이었다. 모든 혁명적 순간(1987년 한국의 경우는 '준혁명'이라는 꼬리표를 달아야 하겠지만)이 그렇듯이, 이때는 향후 수십 년간 지속될 한국 사회의 기본 방향과 골격이 짜이고 새로운 전통이 구축될 기회였다. 그럼 1987년의 두 주역은 이 기회의 순간에 어떤 선택을 했는가? 그리고 그 선택은 지금 한국 사회에 어떤 깊은 자국으로 남아 있는가?

1987년의 두 주역, 노동계급과 지식 중간계급

1987년의 여진이 남아 있던 시기에는 노동계급과 지식 중간계급이 서로 활발히 교류하며 영향을 주고받았다. 노동계급이 새롭게 만들던 민주적 노동조합의 행동 양식과 문화가 특히 학생운동 경험을 지닌 세대를 중심으로 지식 중간계급에까지 전파됐다. 공기업, 금융, 교육, 언론 등의 부문에서 제조업 사업장 못지않게 전투적인 노동조합들이 출범하고 이들이 결성한 전국업종노동조합회의(약칭 업종회의)가 나중에 민주노동조합총연맹 결성의 한 축이 되었으니, 노동계급 문화가 다른 계급, 계층으로 확산되고 있다는 인상을 남길 만도 했다.[28] 이런 분위기를 반영해 지식 중간계급의 상당 부분을 중간계급이 아닌 새로운 노동계급으로 바라보는 '지식 프롤레타리아'론이 회자되기도 했다.[29] 노동자들의 투쟁이 활발해지면 지식 중간계급도 그 영향을 받아 노동계급과 정서, 상식, 이념을 공유하는 사회운동에 나설 수 있다는 것이 일단은 확인된 셈이었다.

그러나 1987년의 여진이 희미해질수록 사회운동보다는 지식 중간계급을 둘러싼 일상 세계가 이들에게 더 큰 영향을 끼치기 시작했다. 특히 1996~1997년 외환위기로 중간계급의 상당수가 몰락의 위협을 겪은 뒤에는 87년 직후와는 전혀 다른 지향과 선택이 그들을 지배하기 시작했다. 크게 두 가지 요소가 중요했는데, 둘은 모두 아주 넓은 의미에서 '투자' 대상이라 여겨지는 것들이다. 하나는 부동산 투자, 즉 집이고 다른 하나는 '인적자본 투자'라는 이상한 이름으로도 불리는 교육이다.

우선 부동산부터 살펴보자. 1987년을 전후하여 노동계

28   이 시기에 신중간계급이 전개한 노동조합운동의 정리로는 다음 책을 참고할 수 있다. 서두원 지음, 『한국 화이트칼라 노동운동: 민주화, 정치적 저항, 연대의 발전(1987-1995)』, 아연출판부, 2003.

29   대표적인 논저로는 다음 책을 들 수 있다. 황태연 지음, 『과학기술혁명시대의 자본주의와 사회주의』, 중원문화, 1991.

급과 지식 중간계급의 젊은 세대가 맞부딪힌 가장 심각한 실질적 생활 문제는 서울을 비롯한 대도시의 주택난이었다. 전두환 정권과 후임 노태우 정권은 이를 참으로 심각하게 받아들였다. 그래서 한편으로는 농지개혁 이후 전무후무한 개혁 시도인 토지공개념까지 추진했으며, 다른 한편으로는 서울 곳곳을 재개발해 신시가지를 조성하고 서울 인근에 대규모 신도시를 개발했다. 서울 목동 등에 강남 못지않은 대형 아파트 단지들이 들어섰고, 이 흐름은 경기도 과천, 고양 일산, 성남 분당 등으로 계속 확산됐다. 수도권에서 틀이 짜인 이 주거-부동산 형태는 각 광역시로도 퍼졌으며, 21세기에 들어서는 아예 대한민국 '중산층'의 표준 주거 형태로 자리 잡았다. 우리는 중간계급 다수와 노동계급 일부가 이런 아파트의 소유주가 되고 나자 어떤 일들이 벌어졌는지 잘 알고 있다. 2000년대에 세계 곳곳에서 지식 중간계급이 부동산시장 투자로 자산을 불려 나갈 때에 한국에서도 아파트 시장을 중심으로 같은 일이 벌어졌다. 아파트 소유주가 되고, 다시 이를 발판으로 부동산에 투자해 자산을 불려 나가며 한국의 지식 중간계급은 사회가 거대한 사다리임을 실감했다. 더불어 중간계급을 모으는 구심력은 더욱 강해졌다.

또 다른 요소인 교육은 우리의 주제인 능력주의와 직접 관련된다. 한국 사회는 뒤늦게 대중 대학 시스템을 갖추었지만, 1990년대부터는 미국과 서유럽 그리고 같은 동아시아 국가인 일본보다도 더 빠른 속도로 고등교육이 확산됐다. 1985년에 35.1퍼센트였던 대학 진학률은 1995년에는 55.1퍼센트로 절반을 넘어섰고, 2000년에는 80.5퍼센트에 이르렀다. 대중 대학을 뛰어넘어 아예 고등교육이 보편화하는 초유의 단계로 진입한 것이다.[30] 이 추세는 물론 한국만의 현상은 아니다. 2019년 기준 OECD 국가의 2년제 대학 이상 진학률은 평균 68퍼센트에까지 이르렀다. 그러나 같은 시점에 한국의 경우는 무려 89퍼센트였다.[31] 이에 발맞춰 전체 인구에서 고학력자가 차지하는 비중도 늘어났다. 25세 이상 성인 중 학력이 대학 졸업 이상인 이들의 비율은 1980년에 7.7퍼센트, 1990년에 14.1퍼센트로 늘어나 2000년에는 24.3퍼센트를 기록했다. 같은 해 고등학교 졸업 인구는 39.4퍼센트였고, 중학교 졸업 인구는 13.3퍼센트, 초등학교 졸업 이하 인구는 23.0퍼센트였다. 결국 대졸 이상 학력자 비율은 2020년에 인구의 절반을 넘어 50.7퍼센트를 기록했으며, 이는 OECD 국가 평균인 40.4퍼센트를 훨씬 상회하는 수치다.[32] 1955년에 국민 91.8퍼센트가 초등학교 졸업 이하의 학력이었던

---

30   김정인의 앞의 책 중 제4부 「시장권력에 포섭된 대학」 2장 「대학교육 보편화와 시장주의적 대학 개혁」을 참고하라.

31   대학무상화·대학평준화 추진본부 지음, 『대한민국 대학혁명: 대학무상화와 평준화의 전망과 경로』, 살림터, 2021, 16쪽.

32   교육부, 「2021 OECD 교육지표」.

나라가 불과 한 세대 만에 이런 성취를 이뤄 낸 것이다.[33] 어떤 기준에서 보든 대단한 사회적 위업이 아닐 수 없다.

　　문제는 영이 교육 기회 확대 흐름에서 봤던 역설적 결과가 고스란히 나타났다는 점이다. 아니, 한국 사회가 교육에서 거둔 성과가 참으로 탁월했기에 역효과 역시 유례를 찾을 수 없을 만큼 강력하게 나타났다. 대학이 사실상 보통교육의 마지막 단계가 되자 대학 서열 체제의 역할이 더욱 커졌고, 이 서열에 따라 졸업 후 계급·계층이 결정되다시피 했다. 그럴수록 고등학교 졸업 후 대학에 진학하지 않고 취업한 이들을 패배자나 낙오자로 여기는 경향이 강해졌다. 그러니 대학 이전 교육 단계에서 대학 입학을 준비하는 성적 경쟁이 더욱 치열해질 수밖에 없었다. 상위 중간계급 이상의 가정은 자녀에게 사교육을 비롯한 각종 물적 지원을 아끼지 않음으로써 이 경쟁을 쉽게 그들에게 유리한 게임으로 만들 수 있었다. 영의 등식에서 신비의 베일에 싸인 저 '노력' 항목이 한국에서도 요술을 부린 것이다. 승자가 빤한 경쟁이었다. 그럼에도 경쟁 자체를 거부하기란 힘들었다. 공교육에는 누구나 참여해야 한다고 여겼고, 일단 이 무대에 들어서면 경쟁의 톱니바퀴에서 벗어나기 힘들었기 때문이다. 그래서 상위 중간계급 이상 가정이 개척한 '투자' 전략은 이 집단을 넘어 다수의 하위 중간계급이나 노동계급 가정으로까지 확산됐

33　홍두승 지음, 『한국의 중산층』, 서울대학교 출판부, 2005, 70쪽.

다. 그들은 '투자 여력'이 달리면서도 사교육 시장을 엄청나게 팽창시키며 자녀의 대학 입시 준비에 매달렸다.

대도시 아파트 소유와 투자, 자녀의 학벌 취득을 통한 계급 지위 세습, 이것은 1987년 이전에 이미 형성되고 있던 '강남 중산층' 문화의 두 축이었다. 그러고 보면 1990년대부터 지식 중간계급에 확산된 생활양식은 강남 중산층 문화의 확산이었다고 할 수 있다. 오래전부터 신중간계급 문화가 준비되고 있었고, 이것이 사회를 경쟁 사다리로 보는 세계관을 통해 중간계급을 중간계급으로 묶어 준 것이다. 더구나 이 문화는 신자유주의 시대의 전 지구적 흐름과 놀랍도록 잘 맞아떨어졌다. 부동산시장과 자녀 교육 경쟁에 집착하는 전 세계 중간계급의 표준적 생활양식은 한국 중간계급에게는 이미 낯익은 것이었다. 이들은 어쩌면 '준비된' 대세였다.

엇갈린 87년의 두 기둥

같은 시기에 노동계급의 역정은 어떠했는가? 1987년 투쟁 현장에서 '넥타이 부대'와 더불어 두 기둥 역할을 하던 그들 역시 지식 중간계급만큼 성장했는가? 적어도 1996~1997년 노동법 개악 반대 총파업 때까지는 한국 사회에서도 노동계급이 전진하고 있다는 진단이 과장으로만 들리지 않았다. 그때까지 매년 반복되던 대규모 사업장의 격렬한 파업 투쟁 탓에 한국의 노동자들은 당시에 전 세계 노동계급 가운데 가장 전투적인 집단이라는 평가까지 받았다. 그러나 이 시기에도 이미 냉철한 노동운동가들이 불안한 눈길로 바라봤던 한 가지 결정적인 선택이 이후 노동계급의 성장을 가로막고 왜곡했다. 어떤 선택인가? 기업별 노동조합을 넘어 노동계급 조직을 건설하지 못한 것이고, 기업별 노동조합에 적응한 노동계급 내 일부 집단이 그들만의 임금 인상과 고용 안정을 계속 추구한 것이다.

기업별 노동조합도 노동조합이기는 하다. 노동법상으로는 그렇다. 하지만 기업별 노동조합을 노동계급 조직이라 할 수는 없다. 산업별 노동조합은 노동자들을 '계급'으로 묶지만, 기업별 노동조합의 조직 대상은 단지 '종업원'이기 때문이다. 노동자대투쟁과 그 직후에 노동자들은 당시의 노동법 탓에 기업별 노동조합을 새로 만들거나 기존의 어용 기업별 노동조합을 민주화하는 길을 선택할 수밖에 없었다. 여기에는 어쩔 수 없는 측면이 있었지만, 그래도 좀 더 일찍 산업별 노동조합으로 전환하려고 노력했어야 했다. 기업별 노동조합은 노동계급보다는 지식 중간계급에게 유리한 조직 형태였다. 사무직·전문직이 중심이 된 기업 단위 노동조합은 승진 사다리 아래쪽에 있는 사원들의 목소리를 내는 기구로는 제격이었다. 그러나 중소기업에 고용된 생산직·서비스직 노동자들에게는 만들고 꾸려 가기 참으로 벅찬 조직 형태였다. 유급 상근 간부를 두고 단체교섭을 준비하는 등의 일상 활동에 비용이 너무 많이 들었을 뿐만 아니라 무엇보다 회사와 공안 당국의 탄압에 취약했다. 이 때문에 노동자대투쟁 직후에 기업별 노동조합을 만들었던 중소기업 노동자들은 곧 노동조합을 포기해야 했고, 이후에도 중소기업에 고용됐거나 고용 형태가 정규직이 아닌 노동자들은 이런 운명에서 벗어나기 힘들었다.

노동계급의 여러 집단 중에 오직 대기업 정규직 노동자들만이 기업별 노동조합을 꾸려 고용주를 기업별 교섭에 끌어내고 실질적인 성과를 쟁취할 수 있었다. 대기업 정규직 노동자들은 기업별 노동조합과 기업별 단체교섭을 무기 삼아 계속 임금을 올리고 일자리를 지켰다. 그리하여 소득 수준이나 고용 안정 측면에서 이들과 다른 노동자 집단 사이에 격차가 크게 벌어졌다. 이 격차는 이미 오래전부터 노동운동 안팎에서 뜨거운 논란을 불러일으킨 문제다. 그러나 또 다른 중대한 문제가 있다. 그것은 기업별 노동조합을 통해 다른 노동자 집단보다 더 많이 확보한 임금 소득이 주로 어디에 쓰였느냐는 것이다. 그 용처는 지식 중간계급의 경우와 크게 다르지 않았다. 자가 소유주가 되고 자녀들의 사교육비를 충당하는 데 쓰였다. 달리 말하면, 자기소유 주택을 장만하고 자녀들의 입시 경쟁을 지원하는 데 쓸 현금을 확보하기 위해 지속적인 임금 인상이 그토록 필요했던 것이다. 이것은 노동자들 가운데 1987년의 성과를 가장 많이 지켜

낸 집단의 생활양식이 지식 중간계급과 그리 다르지 않았음을 말해 준다. 일터에서 하는 행동은 많이 달라 보였을지 몰라도 퇴근하고 집에 돌아와 하는 선택은 그리 다르지 않았다. '강남 중산층' 문화는 지식 중간계급에게 확산됐을 뿐만 아니라 노동계급 일부에게까지 이토록 커다란 영향을 끼쳤다.

　이제 결산을 내 보자. 1987년과 그 후 몇 년간은 한국 사회에서 노동계급이 중요한 사회 세력으로 부상할 기회였다. 분단과 전쟁을 겪으며 뿌리를 상실한 채 투명인간 취급을 당하던 노동자들이 그들만의 정서와 상식, 세계관을 다시 세울 기회였다. 그러나 노동자들 중에 맨 앞에 설 만한 투쟁력·협상력을 지닌 집단은 지식 중간계급과 구분이 되지 않을 만큼 중간계급 문화에 포섭돼 버렸다. 노동계급 전체의 구심 역할을 할 만한 집단이 오히려 중간계급 문화를 확산하는 교두보가 됐으니, 노동계급을 노동계급으로 묶는 요소들이 발전하길 기대하기는 힘들었다. 한국에서는 노동자들 역시 사회를 거대한 경쟁 사다리로 바라보는 데 익숙해져 갔다. 대기업과 중소기업, 원청과 하청, 정규직과 비정규직 등등의 격차와 차별은 사회를 다른 무엇으로 상상하기 힘들게 만들었다.

　결국 21세기 한국 사회는 능력주의가 미친 듯이 질주하게 하는 힘들이 다른 어느 곳보다 강력하지만 그런 질주를 조금이라도 견제할 만한 힘은 눈 씻고 찾아봐도 없는 상태가 되었다.

능력주의의 사회적 토대인 지식 중간계급은 계급 내부를 넘어 사회 전체에 영향력을 확장하는 반면에 능력주의 발전의 역사적 장애물이었던 노동계급은 하나의 계급이라 하기도 힘든 형편이다. 미국이나 서유럽도 신자유주의 시기를 거친 뒤의 모습은 크게 다를 바 없을지 모른다. 그러나 그들의 경우는 한때 성장했던 노동계급 문화가 쇠퇴한 결과이지만, 한국 사회는 그런 문화가 채 등장도 못 해 봤다. 전 세계 최첨단의 능력주의 디스토피아가 등장하기에 지구 위에서 이곳보다 더 나은 토양은 찾을 수 없을 것이다.

한국형 능력주의의 완성

지금껏 능력주의를 세계사를 통해 살펴보고 다시 한국에 초점을 맞춰 짚어 봤다. 이 여정은 모두 얼마 전 우리가 겪은 '공정' 논란을 성찰하기 위해서였다. 그러니 이제는 공공부문 비정규직의 정규직 전환 과정에서 불거진 반발과 논란으로 돌아갈 때다. 능력주의와 관련된 사회경제사를 훑고 난 뒤에 우리에게는 어떤 새로운 관찰과 분석의 눈이 열렸는가? 그것은 능력주의가 단지 어떤 유별난 사회의 도덕이나 문화 문제가 아니며 교육 영역에 한해 나타나는 편향이나 일탈도 아니라는 것이다. 이는 현대 자본주의의 핵심 사회 세력들, 즉 지배계급과 노동계급, 신흥 중간계급이 벌이는 드라마에서 반드시 나타날 수밖에 없는 장면이다. 그리고 이 장면은 어쩌면 드라마 전체의 절정을 이루는 한 부분일지 모른다.

이런 시각을 깔고 공공부문 비정규직 정규직화 논란을 돌아보면, 새삼 이런 물음들이 떠오른다. 첫째, 왜 일자리가 노사 협상을 통해 결정되는 것이 그토록 비판을 받았는가? 정규직이든 비정규직이든 일자리는 노동권의 문제다. 그리고 노동권과 관련된 모든 사안은 노사 협상의 쟁점이 될 수 있다. 그렇다면 공기업 정규직 일자리를 늘리고 비정규직 일자리를 줄이는 일은 충분히 단체교섭으로 결정될 수 있다. 비정규직 노동자들은 이 국제적 상식에 따라 문제를 풀어 가려 했다. 그러나 일부 정규직은 이에 반대하고 나섰다. 정규직 일자리는 시험 성적에 따라 배분되어야 맞으며 노사 협상으로 정규직이 된다면 이는 반칙이라고 주장했다. 다른 사회에서는 노동계급의 상식인 것이 이 사회에서는 몰상식 취급을 당했다. 여기에서 드러나는 한국 사회의 속살은 무엇인가?

둘째, 왜 정규직의 목소리가 비정규직의 목소리를 압도하며 주목받았는가? 이 논란 와중에 일부 정규직 사원들만 목소리를 낸 것은 결코 아니다. 당연히 비정규직 노동자들도 목소리를 냈다. 그러나 처음부터 언론의 주목을 받고 공론장에서 주된 음조로 인정받은 쪽은 정규직 사원들의 주장이었다. 줄곧 '공정'만 주목받았다. '격차'나 '차별', '노동권'은 유독 이 논란 중에는 부차적이거나 별 상관없는 주제인 양 치부됐다. 정규직, 비정규직 모두 그들이 속한 노동조합을 통해 발언했는데도, 결과는 이러했다. 공기업 정규직과 비정규직 사이를 가른 이 균열과 대립의 선은 혹시 더 심각한 차원의 단절선은 아닌가? 이 선이 가르는 것은 실은 서로 다른 두 계급은 아닌가? 이 물음들은 모두 한 가지 진실을 향한다. 우리가 능력주의의 세계사를 훑으며 확인한 대로, '공정' 논란의 이면에 자리한 능력주의는 계급 문제라는 것이다.

한국 사회의 계급 지도로 바라본 능력주의

지난 세기부터 자본주의는 더욱더 관리자본주의 성격을 강화해 왔다. 즉, 현대 자본주의는 국가기구와 기업을 막론하고 다수의 중간 관리자로 이뤄진 관료 조직을 팽창시키며, 이런 조직을 통제하는 최고 관리자들이 자본가계급과 맞먹는 권력을 행사한다. 더불어, 비대해진 관료 조직을 채울 대중적 지식인층이 필요하게 되며, 초등교육 의무화부터 대중 대학의 등장에 이르기까지 전 국민을 대상으로 한 일원적 교육 시스템이 발전함으로써 이 집단, 즉 지식 중간계급을 양산한다. 능력주의는 바로 이 관리자본주의와 지식 중간계급을 토대로 등장하며 사회 전반에 확산된다. 최고위 관리자계급과 그들의 모태인 지식 중간계급은 학교와 각종 시험, 관료 조직 내 승진 시스템 등을 통해 자신들이 경험한 바에 따라 자기 삶의 성공/실패를 해석할 뿐만 아니라 타인을 평가하고 사회를 상상하는 경향이 있다. 지능이라는 단 한 가지 능력으로 모든 인간을 평가하고 그에 따른 자원과 권한의 배분을 당연시한다. 노동계급이 독자적인 세계관을 유지하며 조직적 대항력을 갖추고 있을 때에는 이들의 존재가 이런 정서와 상식, 즉 능력주의의 확산을 가로막는 역할을 했다. 그러나 노동계급의 사회적 영향력이 분쇄된 데다 공교육 시스템이 노동자들을 경쟁의 패배자로 자인하게 하는 뜻밖의 효과를 낳으면서, 능력주의를 저지하던 방파제가 무너지고 말았다. 이것이 21세기 초에 전 세계 거의 모든 자본주의 사회가 봉착한 현실이다.

　　이러한 21세기 지구자본주의 전반의 풍경 안에서도 '한국' 자본주의는 어떤 모습인가? 우선 오늘날 한국 사회의 대략적인 계급 분포는 어떠한가? 경제활동인구조사를 바탕으로 2010년 무렵까지 전개된 경향을 추적한 장귀연의 연구에 따르면, 지배계급인 부르주아계급은 2010년 기준 5.7퍼센트로 추산된다. 구중간계급은 22퍼센트로, 1995년의 29.1퍼센트에 비해 지속적으로 줄었다. 장귀연은 1.5퍼센트를 차지하는 경영관리직과 14.6퍼센트인 전문직을 합쳐 신중간계급(16.1퍼센트)으로 분류하는데, 구중간계급과 반대로 신중간계급은 1995년의

12.4퍼센트에 비해 꾸준히 늘어났다. 한편 이 연구는 기능·생산직, 단순노무직, 서비스·판매직뿐 아니라 사무직까지 합쳐 노동계급이라 분류하고 규모를 56.1퍼센트로 추산한다. 노동계급역시 1995년의 51.1퍼센트에 비하면 증가한 셈이다.[34] 그러나 14.3퍼센트를 차지하는 사무직 혹은 그 일부는 정의하기에 따라지식 중간계급에 포함시킬 수도 있다. 이렇게 재조정하면 노동계급과 지식 중간계급이 좀 더 비등한 규모를 보이게 될 것이다.

또한 장귀연의 연구는 신중간계급이 소득 측면에서 다른 계급(물론 부르주아계급은 제외)을 훨씬 앞서 나가고 있음을 보여 준다. 1994년에 전체 평균 가구소득 대비 124.8퍼센트였던 신중간계급의 소득은 2010년에는 133.7퍼센트로 증가했다. 장귀연이 노동계급으로 아우른 집단들 사이에서도 사무직의 가구소득은 기능·생산직에 대비해 1994년에는 12.1퍼센트더 높았고 2010년에는 이 격차가 24.1퍼센트로 배가됐다. 단순노무직에 대비하면 1994년에 17퍼센트이던 격차가 2010년에무려 53.9퍼센트까지 늘었다.[35] 1990년대 말을 기점으로 한국 자본주의가 신자유주의 흐름, 즉 지구화·금융화·정보화에 완전히 통합된 이후 지식 중간계급이 다른 계급·계층과 달리 변화

---

34   장귀연, 「신자유주의 시대 한국의 계급구조」, 경상대학교 사회과학연구원 엮음, 『자본의 세계화와 한국사회의 계급구조 변화』, 한울, 2015, 21쪽.

35   위의 글, 28~29쪽.

의 승자라 할 지위에 올라섰음을 보여 주는 수치라 할 수 있다.

이러한 대략적 구도를 염두에 두고 능력주의 현상 이면에서 작동하는 각 계급의 지향과 선택, 상호작용을 소묘해 보자.[36] 앞에서 이야기한 대로, 21세기 들어 한국 사회에서는 고등학교 졸업자의 거의 90퍼센트가 2년제 이상 대학에 진학하기에 이르렀다. 사실상 고등교육까지 보통교육이 된 상태다. 노동자가정 자녀부터 지배 엘리트 집단의 상속 대상자까지 거의 모두가 초등학교에서 대학·대학원에 이르는 일원적 교육 시스템에서 장장 20여 년에 걸친 성장기를 보낸다. 슬프게도 계급을 뛰어넘는 이 긴 학창 시절은 졸업 후의 계급 불평등을 완화하는 역할을 하지 못한다. 오히려 학교 밖의 불평등이 학교를 계급·계층 사다리의 더 높은 곳으로 오르려는 치열한 경쟁의 장으로 만든다. 고졸인지 대졸인지, 대학 서열 체제의 어디쯤에 자리한 대학에 들어갔는지, 졸업 후 전문직 자격증을 따거나 대기업·공기업 정규직 채용 시험을 통과했는지 등등에 따라 계급 위치가 정해지고 그 결과가 평생을 간다. 각 관문은 '능력'에 따라 학생의 성공과 실패를 판가름한다고 내세우지만, 여기에서 '능력'이란 지식 중간계급의 일자리에 특화된 능력, 즉 지능을 뜻할 뿐이

---

36 여기서는 자영농이나 영세 자영업자가 중심이 된 구중간계급에 관한 논의는 생략한다. 이는 이 집단들이 한국 사회에서 더는 중요하지 않아서가 아니라, 다만 우리의 관심사인 현대 능력주의와 관련해서는 지식 중간계급과 노동계급이 전반적인 세력 관계의 형성에 더 직접적인 영향을 끼치기 때문이다.

다. 이 한 가지 기준으로 성공과 실패, 지배자와 피지배자, 좋은 삶과 그렇지 못한 삶을 가르고, 역으로 각자의 삶에 나타나는 이런 커다란 차이는 개인의 지능과 노력 탓으로 돌려진다. 이런 한국 사회의 모습은 영이 상상한 '능력주의 사회'의 가장 순수한 구현이라 해도 과언이 아니다.

지배계급 중에서도 좁은 의미의 자본가계급은 사실 이런 상황에 별로 구애받지 않는다. 이들이야 국내 교육제도가 어떻든 예외적인 귀족학교나 해외 유학 등으로 자녀의 특출한 '능력'을 배양할 수 있고, 그들의 상속은 여전히 현대 능력주의 이데올로기가 아니라 고전적인 소유권 이데올로기에 바탕을 두고 이뤄진다. 지배계급 중 능력주의에 직접 구애받는 것은 고위 관리자들과 그들의 모태인 지식 중간계급 내 상위 계층이다.[37] 이들은 학교 안에서 그리고 각종 시험을 통해 치열한 경쟁을 뚫고 현재의 지위에 올랐으며, 자녀 역시 그들이 경험한 것과 같은 경쟁에서 승리해 부모의 계급 지위를 대물림하길 바란다. 그렇기에 그들은 능력주의의 가장 강력한 지지 기반이자 옹호자가 된다. 이들이야말로 능력주의 시스템을 통해 매번 실질적인 이익을 얻는 집단이다. 오늘날 한국 사회는 지식 중간계급 문화의 역사적 발상지에서 이름을 따 이 집단을 '강남 중산층'이라 부른

[37] 계급·계층과 세대를 교차시키며 한국 사회 불평등을 연구한 조귀동이 '세습 중산층'이란 칭한 계층이 이에 해당한다. 조귀동 지음, 『세습 중산층 사회: 90년대생이 경험하는 불평등은 어떻게 다른가』, 생각의 힘, 2020.

다. 물론 여기에서 '강남'은 하나의 상징이다. 실제로 서울 강남구에 거주하는지와 상관없이, 이는 강남 중산층 문화의 두 축인 부동산 투자와 교육 투자에서 계속 승리해 온 집단을 가리킨다.

포위망을 넓혀 가는 능력주의

이제 '강남 중산층'의 바로 밑에 자리한 계층, 즉 지식 중간계급의 하위 계층을 살펴볼 차례다. 현재 한국 사회에서는 이들 역시 전반적으로 고학력자다. 그러나 관료 기구에서 차지하는 위치가 상대적으로 낮으며, 그만큼 권한이나 위신이 상위 중간계급에 미치지 못한다. 또한 이들 역시 부동산 투자와 교육 투자에 적극 참여하지만, 상위 중간계급만큼 실질적인 이익을 거두지는 못하는 처지다. 부동산 측면에서 보면, 서울이 아닌 경기도 신도시들이나 지방 대도시에 달랑 아파트 한 채를 소유한 지식 중간계급 가구가 전형적으로 이 계층에 속한다. 교육 측면에서는, 가계 소득의 막대한 부분을 사교육비로 쏟아붓지만 이 '노력'의 크기가 상위 중간계급에는 비할 바가 못 되며 그렇기에 자녀의 입시 경쟁 결과에 만족스러워하지 못하는 가정을 떠올려 보면 된다. 대학을 마친 뒤에 대기업이나 공공부문 정규직 노동시장에 진입하기 위해 다시 치열한 경쟁에 뛰어들어야 하는 연령집단(이른바 '청년')은 세대 전체가 현재 이 계층에 포함된다고 할 수 있다. 공기업 비정규직 정규직화 논란에서 '공정'

한 경쟁을 주장한 정규직 신입 사원들 역시 하위 중간계급으로 분류될 수 있다. 정규직 채용 관문을 돌파했으니 장래에 고위 관리직으로까지 승진하겠다는 꿈에 부풀 수는 있겠지만, 일단 지금은 그렇다.

이 계층과 능력주의 시스템의 관계는 상위 중간계급의 경우만큼 간단명료하지 않다. 상대적으로 상위든 하위든 한국의 중간계급 역시 사회를 거대한 경쟁 사다리로 바라보는 데 익숙하다. 그들이 수행하는 일이나 소득·자산 수준만큼이나 이러한 세계관이 그들을 중간계급으로 묶는 역할을 한다. 그러나 이러한 세계관과 교육제도가 서로 단단히 얽혀 능력주의 시스템이 고착될 때에 지식 중간계급의 하위 계층은 상위 계층과 달리 승리보다는 패배의 운명에 더 많이 내몰린다. 부동산 투자는 금융위기 가능성에 가슴 조이게 하는 주택 담보대출의 무거운 짐으로 변질될 수도 있고, 교육 투자는 평생에 걸친 학자금 대출상환 부담으로 돌아오기 쉽다. 이런 패배의 경험이 쌓이다 보면 이 계층은 현 체제의 가장 아픈 구석을 파고드는 비판 세력으로 돌변할 수도 있다. 특히 고등교육까지 마치고도 정규직 노동시장에 진입하기 위해 치열한 경쟁을 연장해야 하는 이 계층의 젊은 세대는 더욱 그러하다. 2008년 금융위기의 직격탄을 맞은 나라들에서는 이 집단의 일부가 실제로 '밀레니얼 사회주의자'가 됐다. 지식 중간계급의 일부가 중간계급 세계관을 버리며 중간계급에서 이탈한 격이다.

하지만 한국은 적어도 아직까지, 이와 전혀 다른 양상이다. 젊은 세대를 비롯해 하위 중간계급 대다수가 '강남 중산층'을 모방하고 반복하는 경쟁에서 철수하려 하지 않는다. 그러면서 이 경쟁이 보다 '공정'하게 이뤄지길 요구한다. 실제로는 능력주의 시스템을 통해 안정적인 과실을 쟁취하기 힘든데도 이 시스템에 여전히 기대를 건다. 그래서 이들 사이에서는 예컨대 '고시' 신화 같은 요소가 아직도 큰 힘을 발휘한다. 지식 중간계급 전체가 궁핍에 시달리던 아득한 옛날(1950년대)에 구원의 동아줄 노릇을 하던 '고시'와 같은 통로가 자신들에게도 열려 있길 바라는 것이다. 덕분에 한국형 능력주의는 시험주의의 외양을 강하게 띠게 된다. 이런 식으로 지식 중간계급의 하위 계층 중 다수는 상위 계층보다 오히려 더 열렬하게, 능력주의의 신실한 신자가 된다. 사실 상위 계층만 있다면 능력주의가 이토록 세를 넓히며 번성하지는 못할 것이다. 능력주의의 성공 비밀은 지식 중간계급 상위 계층이 아니라, 하위 계층의 열띤 지지에 있다. 지금 한국 사회에서 이는 더더욱 중대한 의미를 갖는다. 어쩌면 현 체제를 뒤흔들 화약고가 될 수도 있는 그 집단이 체제에 누구보다 더 단단하게 결박돼 있기 때문이다. 참으로 감탄을 자아내는 광경이 아닐 수 없다. 능력주의여, 너의 능력(merit의 본래 뜻에 가깝기로는, 업적)이 너무도 크구나!

아니, 결론을 내기는 아직 이르다. 우리의 계급 지도는 아직 미완성이기 때문이다. 무엇보다 이 지도에는 노동계급이 빠져 있다. 하지만 안타깝게도 한국 사회에서는 이 배역을 언급하지 않고 넘어가도 능력주의를 둘러싼 이야기가 크게 달라지지 않는다. 그 사연은 이미 확인했다. 한국의 노동계급은 전통을 뿌리내릴 기회를 박탈당한 채 급속한 산업화의 땔감이 되어야 했다. 이 때문에 사회를 '우리'와 '그들'로 나뉜 수평적 무대로 바라보는 노동계급 특유의 세계관이 중간계급의 그것만큼 뚜렷한 흐름으로 자리 잡지 못했다. 반면에 대한민국 정부 수립 직후부터 초등교육이 의무화되고 점차 중·고등학교, 그리고 최근에는 대학까지 사실상 보통교육이 되면서 노동계급 역시 지식 중간계급의 세계관에 익숙해지고 이를 수용할 가능성이 높아졌다. 지능 평가 결과에 따라 인생의 성공과 실패가 결정됨은 어쩔 수 없다고 받아들이며, 노동계급이란 이 경쟁에서 '실패'한 이들의 무리라 여기는 경향이 강해졌다. 물론 이에 맞서는 경향도 있었다. 가령 제2차 산업혁명을 모방한 산업화가 한창 진행 중일 무렵(1970~1980년대)에는 공업고등학교를 우수한 성적으로 마친 이들이 숙련 노동자로서 드높은 자부심을 갖고 있었다. 이런 자부심이 없었다면, 1987년에 폭발한 노동자대투쟁도 없었을 것이다.

그러나 앞에서 아프게 짚어 봤듯이, 1987년과 그 후의 몇 년은 마땅히 노동계급의 새로운 전통을 다지는 출발점이 됐어야 했음에도 결국은 그리 되지 못했다. 이 시기의 유산, 즉 전투적 기업별 노동조합을 가장 효과적으로 지켜 낸 대기업·공공부문 정규직 노동자들은 그들의 예외적인 투쟁력·협상력을 기업 내 임금 인상과 고용 안정에 쏟아부었다. 이 때문에 단지 이들 조직 노동자들과 나머지 대다수 노동자 집단 사이에 격차가 엄청나게 벌어졌을 뿐만 아니라, 이들 조직 노동자들이 중간계급의 생활양식과 세계관을 노동계급에까지 확산시키는 통로가 되고 말았다. 노동자 가정 역시 재정 여력만 생기면 지식 중간계급과 마찬가지로 주거-부동산과 교육 영역의 사다리 오르기 경쟁에 뛰어들었던 것이다. 그 결과는 노동조합운동이 외관상 전투적인 면모를 이어 갈수록 노동계급이 대안 세력으로 성장하는 게 아니라 중간계급식 세계관의 지배력만 강화된다는 역설로 나타났다. 이미 오래전에 이탈리아 사회주의자 안토니오 그람시는 노동운동이 이런 역설에 갇힌 상태를 '경제적-조합적economic-corporate' 국면이라 이름 붙이며 비판한 바 있다. '경제적-조합적' 노동운동은 노동계급 내 일부 집단의 단기적·분파적 이익은 늘려 줄 수 있지만, 이 때문에 오히려 더 광범한 노동 대중 사이에서는 분열과 반목이 심해지고 결국 기존 체제의 헤게모니적 지배가 강화된다.[38] 마찬가지로 한국의 '경제적-

38   안토니오 그람시 지음, 이상훈 옮김, 『그람시의 옥중수고 1·2』, 거름, 1999.

조합적' 노동운동은 중간계급식 세계관이 한국 사회를 평정하며 유일한 정서·상식인 양 군림하는 데 도움을 주고 있다.

이런 중간계급식 세계관 안에는 당연히 능력주의가 가장 중요한 요소로 포함된다. 노동계급이 능력주의를 견제하는 역할을 하기는커녕 그 내부의 가장 강력한 집단이 능력주의가 더욱 확산되고 강력해지도록 도움을 주고 있으니, 능력주의가 거침없이 폭주할 수밖에 없다. 도무지 능력주의의 '바깥'을 찾기 힘들 정도다. 이 사회에서 능력주의와는 다른 목소리를 내려면, 누구든 '비주류', '소수파' 혹은 '별난 존재'임을 받아들여야 한다. 이런 운명에 처한 투명인간들이 이 사회에서는 노동계급의 다른 이름이다.

최첨단의 한국형 능력주의

앞에서 공공부문 비정규직 정규직화에서 비롯된 논란에 두 가지 물음을 던지며 운을 뗐다. 지금쯤은 이 물음들의 답이 어지간히 분명해졌을 것이다. 한국 사회는 지식 중간계급의 세계관이 과도하게 지배하는 사회다. 그래서 단체교섭을 통해 정규직 일자리를 늘리자거나 비정규직 일자리를 줄이자고 주장하는 쪽이 그것은 '공정'하지 못하다고 주장하는 쪽에 압도당한다. 오늘날은 자본주의 중심부의 다른 나라들에서도 지식 중간계급의 영향력이 노동계급을 앞서게 됐지만, 그래도 일자리는 노사 협상의 고유한 쟁점이라는 상식 정도는 남아 있다. 그러나 한국에서는 이 보편적 상식을 주장하는 이들이 오히려 눈치를 봐야 한다.

정규직 노동조합과 비정규직 노동조합의 주장에 쏟아진 관심의 온도가 전혀 달랐던 이유도 이런 분위기와 관련이 있다. 비정규직의 정규직 전환 정책에 반대한 일부 정규직 사원들의 조직은 비록 이름이나 형태가 노동조합이라 하더라도 실은 지식 중간계급 조직이다. 노동조합에 속했다고 다 노동계급인 것은 아니다. 가령 인천국제공항의 경우에 정규직 사원들은 대개 관리 감독 업무를 맡으며, 실제 서비스 업무를 수행하는 것은 이제껏 비정규직 노동자들이었다. 한데 일단 논란이 불거지자 언론이나 온라인 공론장에서 더 빈번히 접할 수 있었던 것은 압도적으로 정규직 사원들의 목소리였다. 이것은 한국 사회의 공론장이 구조적으로 지식 중간계급의 관심사나 지향, 가치에 편향되어 있음을 말해 준다. 언론 등에서 일하는 이들이 지식 중간계급이고, 온라인에서 정보를 취합하고 여론을 조성하는 데 가장 능란한 것도 지식 중간계급이다. 이들이 자신을 중간계급으로 만드는 그 세계관에 별다른 의심을 던지지 않을 때, '공정'한 경쟁은 부각되지만 차별에 맞선 '평등'은 가려지게 된다.

한국 사회에서 지식 중간계급이 과대 대표되는 이러한 경향은 두 개의 거대 우파 정당이 독점하는 정치를 통해 그 절정에 이른다. 현재 한국 정치는 극우파 정당인 국민의힘과 중도 우파 정당인 더불어민주당이 양분한다. 두 당이 제도 정치를 독점하는 데는 여러 가지 역사적·구조적 이유가 있지만, 가장 키다란 요인은 역시 단순다수대표제(소선거구제) 위주의 국회의원 선출, 결선투표 없는 대통령 선출 같은 승자독식 선거제다. 이념 차이도 별로 없는 데다 각급 선거에서 무조건 1위만 하면 권력을 쥐기에 두 당은 지역사회나 온라인에서 여론 주도 능력이 강한 집단만을 염두에 두고 정치 활동을 펼친다. 현재 한국 사회에서 그런 집단이란 지식 중간계급의 여러 계층이다. 그러니 비정규직의 정규직화를 추진하다가도 '공정'을 내세우는 정규직 사원들의 불만이 분출하면, 주저 없이 '공정'론의 손을 들어 줄 수밖에 없다. 이 점에서는 국민의힘이든 더불어민주당이든 마찬가지다.

피케티는 역저 『자본과 이데올로기』에서 본래 노동계급의 대변자였던 서유럽 좌파 정당들이나 노동계급과 동맹 관계에 있던 미국 민주당이 20세기 말에 고학력 중간계급을 주로 대변하는 '브라만 좌파'로 변질했다고 비판한다.[39] '브라만 좌파'가 된 주류 좌파 정당이 '상인 우파'라고나 할 우파 정당과 함께 제도정치를 지배하다 보니, 브라만(지식계급)도 아니고 상인

39　피케티의 『자본과 이데올로기』 제15장 「브라만 좌파: 미국과 유럽의 새로운 균열」을 참고하라.

(자본가계급)도 아닌 노동계급은 정치에서 완전히 배제되고 만다는 것이다. 결국 불평등을 조금이라도 해소해야 할 책무를 지닌 정치가 오히려 불평등을 더욱 강화하는 역할만 한다. 한국의 양대 정당도 피케티의 이 도식, '브라만 좌파'와 '상인 우파'에 들어맞는지는 잘 모르겠지만, 한국식 양대 정당 독점 정치 역시 그 효과는 대동소이하다. 현존 정치를 통해 능력주의의 승자인 상위 중간계급의 승리는 더욱 탄탄히 보장되고, 하위 중간계급의 불만은 늘 능력주의 같은 기존 틀 안에 갇혀 '대의'(대변)되며, 대다수 노동계급은 대의의 사각지대로 방치된다.

　　이렇듯 능력주의를 지탱하는 사회적 요소들치고 대한민국에 낯선 것은 없다. 온 세상이 더 완벽한 능력주의를 향해 질주하며 새롭게 만들어 가는 것들을 한국 사회는 이미 오래전부터 묵묵히 준비해 온 셈이다. 그래서 지금 이곳에는 다른 어느 나라에서도 보기 힘든 능력주의 이데올로기의 성공적 지배가 관철되고, 그것이 '공정' 논란 등을 통해 확인된다. 이 점에서 한국형 능력주의는 과거제도 같은 낡은 기억의 잔재이기는커녕 '지구 자본주의' 전반에 나타나는 능력주의 경향의 최첨단이다. 적어도 이 대목에서만은 세계는 한국을 꿈꾼다. 마치 블루스, 로큰롤, 디스코, 힙합 등등을 주유한 대중음악의 치열한 모험이 도달한 곳에서 정작 울려 퍼지는 음악은 케이팝K-pop인 것처럼 말이다.

제4장
능력주의 대 다원적 능력 사회

능력주의가 아니라 다원적 능력 사회를 향해

진단이 있으면 어떻게든 처방이 따라 나와야 하는 법이다. 사회 문제를 다루는 책에서도 마찬가지다. 이런 저작의 마지막 장에서 독자들이 으레 기대하는 내용은 대안이다. 한국 사회의 '공정' 논란에서 출발한 우리의 논의 역시 한국형 능력주의를 둘러싼 여러 계급의 드라마로 일단락을 지었으니, 역량에 부치더라도 이제는 이 짧지 않은 여정에 함께 한 독자들에게 해법의 희미한 실마리라도 제시해야 할 때다.

이 대목에서 나는 능력주의 현상을 다룬 다른 많은 저자와 생각을 같이하기도 하고, 달리하기도 한다. 의견이 같은 대목은 어떤 식으로든 교육제도를 손봐야 한다는 결론이다. 현대 능력주의의 뿌리 깊은 토대는 초등교육에서 고등교육에 이르는 각국의 교육 시스템이다. 성별과 빈부를 가리지 않고 모든 시민이 동등한 교육 기회를 누리게 함은 모든 선량한 자유주의자와 담대한 사회주의자의 위대한 이상이었다. 그러나 이것이 실현된 결과는 당황스럽게도 불평등의 완화가 아니라 새로운 불평등이었고, 어쩌면 내중이 이 불평등을 당연하게 여기도록 만든다는 점에서 더 악질적이었다. 현 교육제도가 이렇게 의도하지 않은 부작용을 낳는다면, 우선 이 제도를 뜯어고쳐야만 한다는 것은 분명하다. 한국에서는 뜻있는 이들이 대학 입시 경쟁과 대학 서열 체제가 가장 문제라고 지적하며 지난 20여 년 동안 대학 입시를 폐지하고 대학 평준화를 실현하기 위한 여러 구체적인 대안들을 제출했다.[1] 그렇다고 고등교육만 손보면 된다는 이야기는 아니었다. 이와 함께 공교육의 각 단계에서 모두 경쟁을 완화하고 협동을 지향하는 교육을 정착시켜야 한다는 것이었다. 나는 이 모든 시도에 공감하며 앞으로도 이런 노력이 더욱 치열하게 전개돼야 한다고 믿는다.

그러나 이 책에서 교육제도 개혁에 관해 더 논하지는 않

---

1 가장 처음 나온 정돈된 대안은 정진상의 국공립대학 통합네트워크 구축 방안이다. 정진상 지음, 『국립대 통합네트워크: 입시 지옥과 학벌 사회를 넘어』, 책세상, 2004[2021]. 이후에 이 방안을 발전시키거나 수정하여 더욱 구체화한 대학 평준화 방안들이 나왔는데, 이는 다음 책에 잘 정리돼 있다. 민주화를위한전국교수협의회 엮음, 『입시, 사교육 없는 대학 체제: 대학 개혁의 방향과 쟁점』, 한울, 2015. 가장 최근의 대안들은 다음 책들에 정리돼 있다. 대학무상화·대학평준화추진본부 지음, 『대한민국 대학혁명』, 살림터, 2021; 김종영 지음, 『서울대 10개 만들기: 한국 교육의 근본을 바꾸다』, 살림터, 2021.

겠다. 교육문제 전문가가 아니기도 하려니와, 더 큰 이유는 교육 개혁'만'을 논하는 게 무력하고 공허하기 때문이다. 이것은 내가 능력주의를 다룬 저작들을 읽으며 적잖이 실망한 이유이기도 하다. 대표적으로 샌델의 책이 그렇다. 샌델은 능력주의를 해소할 대안으로, 미국의 아이비리그 명문 대학 신입생을 추첨으로 선발하자고 제안한다.[2] 미국에서는 의미 있는 대안일지 모르겠지만, 샌델이 저서 앞부분에서 능력주의의 역사와 현실을 꽤 공들여 비판한 데 비하면 용두사미처럼 느껴지기도 한다. 한데 이게 샌델만의 한계는 아니다. 훨씬 정교하고 설득력 있는 한국의 대학 평준화 방안들조차 마치 능력주의를 해소할 대안의 전부인 양 다뤄진다면 공허하기는 마찬가지일 것이다. 다름 아니라 우리가 확인한 중대한 진실, 즉 능력주의가 현대 자본주의의 심원한 변화와 얽혀 있으며 특히 사회 계급과 직결된 현상이라는 점 때문이다. 능력주의가 계급 문제와 직결된다면, 계급 불평등이 그대로인데 교육제도만 손본다고 능력주의가 극복될 수는 없을 것이다. 학교와 시험을 특권 확보나 세습의 통로로 활용하려는 집단이 끊임없이 재등장할 테고, 그때마다 마치 시시포스의 노동처럼 새로운 교육 개혁 방안들을 내놓아야 할 것이다.

　　게다가 누가 무슨 힘으로 교육제도를 개혁할 것이냐는 문제도 있다. 2017년 대통령선거에서 더불어민주당 문재인 후

2　샌델의 『공정하다는 착각』 중 제6장 「'인재 선별기'로서의 대학」을 참고하라.

보는 국·공립대학 통합을 통한 대학 평준화 방안 일부를 수용한 교육 공약을 내걸었다. 그러나 막상 집권한 뒤에는 공약을 하나도 실천하지 않았다. 여기에는 더불어민주당이라는 정치 세력의 문제도 있지만, 더 근본적으로는 대학 서열 체제를 혁파하라는 목소리보다 좀 더 '공정'한 대학 입시 경쟁을 보장하라는 목소리가 훨씬 더 컸던 탓이다. 능력주의에 기대를 걸고 이를 강화하길 바라는 여론이 교육 정책을 좌우했다. 앞으로도 시민사회 안에 이런 주장을 압도할, 혹은 최소한 이와 대등하게 겨룰 흐름이 등장하지 않는다면, 교육 정책 방향은 변함이 없을 것이다. 교육 영역 바깥에 능력주의를 비판하고 극복하려는 강력한 사회 세력이 버티고 있지 않다면, 교육 영역 안에서 개혁은 무망하다. 이런 점 때문에도 교육제도 개혁에 한정된 논의로는 능력주의의 출구를 찾기 힘들다.

능력 일원론에 맞서는 능력 다원론의 부활

그럼 『능력주의』에서 영은 과연 어떤 대안을 제시했는가? 제1장에서 영이 영국 교육제도를 개혁하려고 노력하는 과정에서 능력주의에 관한 고민을 하게 됐다고 소개한 바 있다. 그렇다면 『능력주의』에서 영이 능력주의를 넘어설 방책으로 새로운 교육 정책 구상을 내놓았을 법도 하다. 그러나 책의 마지막 장까지 그런 내용은 없다. 디스토피아 소설이라는 형식을 띠기에 느껴지는 혼란스러움은 책장을 덮는 순간까지도 끝내 해소되지 않는다. 영은 느닷없이 능력주의 사회에 맞서 혁명적 봉기가 일어났다는 소식과 함께(가상의 저자 '마이클 영'은 봉기 현장에서 비명횡사했단다) 가상 역사의 막을 내린다. 봉기가 성공했는지 아니면 처참히 진압됐는지도 알 수 없다. 다만 영이 예감한 대안의 방향만은 봉기 세력이 발표한 '첼시 선언'의 내용으로 짐작할 수 있다.

> 계급 없는 사회는 다양한 가치를 소유하는 동시에 그런 가치에 근거해서 행동하는 사회가 되리라. 우리가 사람들을 지능과 교육, 직업과 권력만이 아니라 친절함과 용기, 상상력과 감수성, 공감과 아량에 따라서도 평가한다면, 계급이 존재할 수 없으리라. 어느 누가 아버지로서 훌륭한 자질을 갖춘 경비원보다 과학자가 우월하며, 장미 재배하는 데 비상한 솜씨를 지닌 트럭 운전사보다 상받는 일에 비상한 기술이 있는 공무원이 우월하다고 말할 수 있겠는가? … 모든 인간은 … 세상에서 출세할 기회가 아니라 풍요로운 삶을 이끌기 위해 자기만의 특별한 역량을 발전시킬 기회를 균등하게 누리게 되리라.[3]

3 영, 앞의 책, 268쪽.

"지능과 교육, 직업과 권력"이 아니라 "친절함과 용기, 상상력과 감수성, 공감과 아량"에 따른 평가라? 너무 천진난만하게 들릴지도 모르겠다. 영이 확실히 불친절하기는 하다. 그러나 영이 가리키는 기본 방향이 뭔지는 알겠다. 우리의 논의에서 사용한 어휘를 활용한다면, 이렇게 재정식화할 수 있다. 능력주의는 지능이라는 단 하나의 능력만으로 만인을 재단하는 '능력의 일원론'이다. 이에 맞서 영이 '첼시 선언'이라는 가상 문서의 문장들로 제시하는 대안은 '능력의 다원론'이다. 인간이 키워 나갈 수 있는 무수한 능력들을 그것대로 존중하고 인정하며 더욱 발전시켜 나가게 하자는 것이다. "풍요로운 삶을 이끌기 위해 자기만의 특별한 역량을 발전시킬 기회를 균등하게 누리게" 하자는 것이다. 그런 다양한 능력들의 극히 단출한 예시가 곧 "친절함과 용기, 상상력과 감수성, 공감과 아량"이다.

우리는 역사 속에서 이런 능력의 다원론을 자연발생적으로 대표한 사회 세력이 노동계급이었음을 살펴봤다.『능력주의』의 행간에는 철저히 노동계급 입장에서 능력주의 현상을 진단하는 영의 면모가 숨어 있는데, 대안에서도 이를 다시 확인할 수 있다. 영은 능력주의의 대두 탓에 역사의 뒤안길로 사라진 듯 보이는 노동계급식 능력 관념이 능력주의 사회의 모순 속에서 새로운 형태로 부활하길 바랐다.

하지만 어떻게 부활할 수 있다는 말인가? 노동계급 문

화를 부활시키자고? 그러나 이것은 답이 될 수 없다. 우선 역사상 실제로 존재한 노동계급 문화는 결코 바람직하기만 하지는 않았다. 서유럽 노동계급 문화는 당대 다른 계급들과 마찬가지로 남성중심주의에 심각하게 물들어 있었고, 사회주의 같은 요소와 결합하지 않을 경우에는 (오늘날 이미 나타나고 있는) 반지성주의로 쏠릴 위험 또한 있었다. 그렇기에 과거의 노동계급 문화로 단순히 되돌아가자고 말할 수는 없다. 게다가 이는 애당초 불가능한 일이기도 하다. 어느 자본주의 사회든 지구화·금융화·정보화를 거치며 노동계급 구성 자체가 심각하게 변화했다. 따라서 제1차 산업혁명 시기에 영국에 뿌리내린 노동계급 전통이나 제2차 산업혁명 중에 독일에 등장한 문화가 참고가 될 수는 있겠지만, 지금 여기에 이들을 그대로 복제·이식할 수는 없다. 영국과 독일에서조차 이것은 불가능하다.

지금 해야 하고 또한 할 수 있는 일은 과거에 노동계급이 능력주의 확산을 막는 세력이 되게 만든 요소들을 추출하는 것이다. 이를테면 능력주의에 맞서는 세력의 요건을 '일반화'하는 작업이다. 제2장에서 우리는 그런 요소들이 무엇인지 이미 살펴봤다. 가장 기본적인 것은 지능이라는 평가 기준에 쉽게 동의할 수 없었던 노동자들의 독특한 사회적 상황과 위치였다. 이에 더해 노동자들에게 자본주의에 맞서는 주체라는 자부심을 부여한 이상·이념이라는 요소가 있었고, 노동자들을 결집해 사회적 실체로 만든 노동조합이나 좌파 정당 같은 조직도 중요한 요소였다. '좋았던 옛날'의 노동계급이 그대로 부활할 수는 없겠지만, 현재의 사뭇 다른 사회적 주체들 사이에서 이런 요소들이 새롭게 배양될 수 있을지 타진해 봐야 한다. 그래서 한 세기 전의 산업 노동계급과는 다른 언어와 몸짓을 통해, 하시만 그들과 마찬가지로 능력주의와는 잘 섞이지 않는 평등의 정서와 상식을 견지하는 사회 세력을 형성해야 한다.

그러자면 이 시대에 능력주의와 거리를 둘 수밖에 없는 '위치'에 선 이들이 누구인지 식별해야 하고, 그들이 그 위치를 열등감이 아닌 항의의 기반으로 새롭게 이해하게 할 '이상'이 필요하며, 이 모두에 물질적 힘을 부여할 '조직'이 있어야만 한다. 이 요소들의 결합을 통해 '주눅 들지 않는' 주체들이 다시 성장해야 한다. 이런 주체들이 능력주의에 맞설 무기는 결코 무슨 기계적 평등론은 아닐 것이다. 과거 노동운동의 절정기에 노동계급이 그랬듯이, 오히려 그들의 독자적인 능력 관념을 내세울 것이다. 그것은 무엇보다도 능력의 다원론일 것이며, 따라서 능력주의의 기만적 외양에 맞서 "자기만의 특별한 역량을 발전시킬" 다원적 능력 사회를 지향할 것이다. 이런 흐름이 대두하지 않는 한, 능력주의는 결코 위축되거나 해체될 수 없다. 지식 중간계급 내부의 각성과 전환을 촉구하는 것만으로는 될 일이 아니다.

대안의 단서 – 모리스, 토니, 콜의 사회주의

영은 『능력주의』에서 마치 암호 같은 언급을 통해 이런 전망을 암시했다. 세습주의를 비판하며 현대 능력주의의 길을 다진 페이비언사회주의자들과 대비하면서, 가상의 마이클 영이 "육체노동과 정신노동이 똑같은 가치를 지닌 개념인 양 '노동의 존엄'에 관해 기묘한 말을 한" 사회주의자들이라 소개한 인물들이 있다. "모리스 부부, 토니 부부, 콜 부부"[4]가 그들이다. 모두 실존 인물이며, 노동 대중이 아래로부터 경제활동을 통제해야 한다는 민주적 사회주의의 계보를 이어 간 영국의 사상가·운동가들이다.

이 책이 사회사상 개론서는 아니니 이들을 하나하나 상세히 소개할 수는 없다. 그러나 우리의 주제와 직결된 각자의 독특한 주장이 무엇인지 정도는 짚어 볼 만하다. 우선 '모리스 부부'란 윌리엄 모리스(1834~1896)와 제인 모리스(1839~1914)를 말한다. 당대의 성공한 공예가였던 모리스는 다른 많은 사회주의자와 마찬가지로 자본주의의 여러 병폐에 분노해 사회주의자가 되었지만, 그가 전망한 사회주의는 페이비언협회의 그것과는 거의 이름만 같았다. 페이비언사회주의자들이 불행한 노동자 형제자매를 위해 지식인들이 해야 할 일을 찾아 나설 때 모리스는 노동자가 스스로 자기 노동의 존엄성을 되찾아야 한

---

4   영, 앞의 책, 64쪽.

다고 강조했다. 마치 중세 수공업자들의 작업장에서 예술과 노동이 잘 구분되지 않았듯이, 노동이 "자기만의 특별한 역량을 발전시키는" 활동이 되어야 한다고 주장했다. 모리스는 대다수 현대 지식인에게는 낯선 인간상, 즉 '만들고, 돌보며, 가꾸는 자'의 시각에서 자본주의를 비판하고 새 사회를 건설하려 했다.[5]

다음으로 언급된 '토니 부부'는 R. H. 토니(1880~1962)와 지넷 토니(1890년대~1961)를 일컫는다. 토니는 기독교 사회주의자로서 마르크스주의와는 확연히 구별되는 시각으로 자본주의를 비판했다. 마르크스주의 교리에 충실한 이라면 경제적 요인에 종속되는 부차적 요소 정도로 다룰 윤리 의식이, 그의 경우에는 자본주의 비판의 주된 근거가 되었다. 토니는 모든 사회에는 사회가 존립하려면 반드시 수행되어야 할 기능들functions이 있다고 주장했다. 사회에 꼭 필요하고 의미 있는 활동이란 개인적 이익이나 만족을 추구하는 게 아니라 기능들의 이행을 책임지는 것이다. 그런데 자본주의에서는 자산이 노동과 기능에서 분리돼 오히려 자산이 노동과 기능을 지배한다. 소유권 행사

5   우리말로 번역된 모리스의 저작으로는 다음 책들이 있다. 서의윤 옮김, 『윌리엄 모리스 노동과 미학』, 좁쌀한알, 2018; 박홍규 옮김, 『모리스 예술론』, 필맥, 2020; 정소영 옮김, 『아름다움을 만드는 일: 윌리엄 모리스 산문선』, 온다프레스, 2021; 박홍규 옮김, 『에코토피아 뉴스』, 필맥, 2008. 모리스의 사상을 계승한 민주적 사회주의자이자 역사학자 E. P. 톰슨이 집필한 뛰어난 전기도 나와 있다. 윤효녕·엄용희 옮김, 『윌리엄 모리스: 낭만주의자에서 혁명가로』(전 2권), 한길사, 2012.

가 사회의 존립 자체를 위험에 빠뜨릴 정도로 말이다. 토니는 이런 사회를 '탈취사회Acquisitive Society'라 칭했다. 반면에 그가 제시한 대안은 '기능사회Functional Society'였다. 기능사회에서는 현존 자본주의와는 정반대로 노동과 기능에 자본이 종속된다. 자본가가 노동자를 고용하는 것이 아니라 사회에 필요한 기능을 수행하는 이들이 자본을 고용한다. 이 정도로는 토니의 사상을 제대로 소개하기에 어렵도 없지만, 일단은 이런 기능사회 개념이 다원적 능력 사회를 함축할 수밖에 없다는 점만 지적하고 넘어가자. 이는 현대 자본주의와 구별되는 중세 기독교 사회의 특징을 설명한 다음과 같은 언급에서 잘 드러난다.

> 이념형으로서의 사회는 다양한 계층으로 이루어진 유기체이고, 인간의 활동들은 종류와 중요도에서 상이한 기능들의 위계를 형성한다. 그 기능 하나하나가 모두에게 아무리 미미할지라도, 공통된 목적에 의해 지배되는 한, 그 각자는 자신의 영역에서 나름의 가치를 지닌다.[6]

중세 유럽이 정말 그랬는지는 논쟁거리다. 그러나 토니

6　R. H. 토니 지음, 고세훈 옮김, 『기독교와 자본주의의 발흥』, 한길사, 2015, 77쪽. 이 외에 우리말로 소개된 토니의 저작으로는 다음이 있다. 정홍섭 옮김, 『탐욕사회와 기독교정신』, 좁쌀한알, 2021. 전기이면서 토니 사상의 입문서인 다음 책도 참고할 수 있다. 고세훈 지음, 『R. H. 토니: 삶, 사상, 기독교』, 아카넷, 2019.

가 전망한 기능사회가 지금 우리가 사는 사회와 무엇이 다른지는 확실하게 파악할 수 있다. 사회에 필요한 기능을 수행하는 활동은 "자신의 영역에서 나름의 가치를 지닌다." 그런 기능이 지능에 바탕을 둔 기능 하나일 리는 만무하다. 실로 다양한 기능들이 필요할 것이며, 이 기능의 수행을 책임지는 모든 직업 활동은 "모두에게 아무리 미미할지라도" "나름의 가치를 지닌다". 그렇기에 토니가 제안하는 기능사회는 탈취사회와 대립할 뿐만 아니라 능력주의와도 결코 공존할 수 없다.

마지막으로 '콜 부부'는 G. D. H. 콜(1889~1959)과 마거릿 콜(1893~1980)이다. 추리소설 공저자로도 유명한 이 부부의 사상에는 고유한 이름이 있다. '길드 사회주의'가 그것이다. 길드guild란 중세 유럽에서 생겨나 산업자본주의가 등장할 때까지 존속한 수공업자나 상인들의 동업조합이다. 이름만 보면 콜 부부의 주장은 산업사회에 중세의 길드를 부활시키자는 것 같다. 그러나 길드 사회주의자들은 중세 길드에서 단지 이름과 기본 정신만 빌려 왔을 뿐이다. 그들이 꿈꾼 것은 대중의 자발적 결사체들이 권력을 공유하는 사회였다. 페이비언사회주의자들과 달리 길드 사회주의자들은 자본주의 기업의 기능을 국가기구가 대신한다고 하여 더 나은 사회가 될 수 있다고 생각하지는 않았다. 이들은 국가기구가 아니라 다양한 대중의 연합들이 권력의 주인공들이 되어야 한다고 봤다. '길드'라고 이름 붙인 생산자 연합들이 생산과 서비스를 직접 관리해야 하고, 소비자들의 결사체도 필요하다. 필수 기능마다 대중의 조직들이 있어서 그 기능을 아래로부터 관리해야 한다. 자본주의 아래에서 활동하는 노동조합이 생산자 길드로 진화해야 하고, 소비 협동조합은 소비자 조직으로 진화해야 한다. 이것이 국가 중심 사회주의의 전통과 확연히 구별되는 길드 사회주의의 비전이었다.[7]

이 대목에서 우리는 영이 열거한 "친절함과 용기, 상상력과 감수성, 공감과 아량" 같은 미덕이 무력해지지 않게 만들 결정적인 요건 한 가지를 확인하게 된다. 그것은 앞에서 과거 노동계급을 능력주의의 견제 세력으로 만든 세 가지 요소를 언급하며 제시한 '조직'이다. 길드 사회주의자들이 제창한 새로운 사회의 핵심 기반인 대중의 다양한 연합들이 다름 아닌 이런 조직들이다. 사회에 필요한 기능과 개인이 저마다 발전시켜 가는 "자기만의 특별한 역량"이 서로 만나는 곳마다 역량을 지닌 대중이 자발적으로 결성한 연합들이 발전해 있는 상황을 상상해 보자. "지능과 교육, 직업과 권력"에 따라 평가하려 드는, 우리에게 이미 익숙한 조직들뿐만 아니라 참으로 다양한 직업 역량들, 더 나아가 "친절함과 용기, 상상력과 감수성, 공감과 아량"

7   콜의 저작으로는 특히 다음 책들을 추천한다. 장석준 옮김, 『길드 사회주의』, 책세상, 2022; 장석준 옮김, 『G. D. H. 콜의 산업민주주의』, 좁쌀한알, 2021; 김철수 옮김, 『영국 노동운동의 역사』, 책세상, 2012.

을 중심으로 뭉친 조직들이 버티고 있는 사회를 말이다. 영이 열거한 이런 감성적인 단어들을 꼭 중심에 놓지 않는다 하더라도 인간에게는 소유인과 지능인으로 환원될 수 없는, 참으로 다양한 역량과 덕성이 있다. 당장 떠오르는 것만으로도 경작인이 있고, 공작인이 있으며, 예능인이 있고, 돌봄인이 있다. 바로 이런 역량들을 중심으로 뭉친 대중의 조직들이 있다면? 모르긴 해도, 이 경우에는 누구도 '첼시 선언'의 문구들을 그저 웃어넘기지는 못할 것이다.

　　여기에서 꼭 확인하고 넘어가야 할 중요한 진실이 하나 있다. 개인의 다양한 역량을 자유롭게 발전시키려면 개인의 자유만으로는 부족하다는 것이다. 자유로운 원자적 개인은 늘 가장 강력한 조직들, 즉 국가기구와 거대 기업에게 무릎을 꿇게 된다. 이 조직들의 기준 아래 정렬하려고 안간힘을 써야 한다. 그러지 않으면 결국 생존마저 할 수 없는 처지가 된다. 이는 신자유주의 시기에 인류가 처절히 확인한 진실이며, 능력주의는 이런 소외의 한 양상이다. 능력주의란 국가기구와 기업이 요구하는 능력 기준에 맞춰 우리 각자의 삶을 잘라 내고 끼워 맞추려는 노력이기 때문이다.

　　해법은? 자유로운 개인은 자발적 조직들로 모여야 한다. 이런 조직들이 최소한 국가기구, 기업 등과 공존하며 대등한 힘을 발휘해야 한다. 그럴 때에만 자유주의가 늘 약속하지만 끝내

실현하지는 못하는 실질적인 다원주의가 보장된다. 물론 능력의 다원주의도 예외가 아니다.

능력주의를 허물어뜨리는 세 가지 길

지금까지 논의는 다음과 같이 요약할 수 있다. 능력주의를 완화하고 해소하려는 노력은 교육제도의 안과 밖에서 동시에 전개되어야 한다. 한편으로는 교육제도 '안에서' 끊임없이 서열 체제를 흔들며 경쟁을 줄여 나가야 한다. 다른 한편으로는 교육제도 '바깥에서' 지능의 단일한 지배에 맞서며 다원적 능력 사회를 지향하는 대중의 연합들을 조직하고 발전시켜야 한다. 앞에서는 이 가운데에 두 번째 방향의 노력이 필요한 이유들을 짚었다. 그럼 이제는 이러한 노력이 어떤 구체적인 전략들을 취해야 할지 따져 보자.

다원적 능력 관념을 뿌리내려 능력주의를 이완하기

우선 생각해 볼 수 있는 것은 능력의 다원론을 대표해 온 가장 고전적인 조직에 다시 주목하는 방안이다. 바로 노동조합이다. 앞에서 과거의 노동계급 문화를 그대로 되살릴 수 없다는 점은 이미 확인했다. 많은 이가 노동조합 역시 이런 녹슨 유물 중 하나라 치부한다. 그러나 사정은 이보다는 훨씬 더 복잡하고 역동적이다. 비슷한 복장을 하고 같은 시간에 거대한 공장에 출근하는 (주로 남성인) 노동자들은 점점 더 줄어들고 있지만, 외양만 바뀌었을 뿐 노동계급은 여전히 인구의 큰 부분을 차지한다. 더구나 한국은 다른 자본주의 중심부 국가에 비해 여전히 제조업이 경제 활동의 중심에 있다. 오늘날 노동조합은 좁은 의미의 노동계급을 넘어 모든 피고용자가 활용할 수 있는 조직 형태가 되어 있다. 노동계급이든 지식 중간계급이든 직업 정체성을 중심으로 자발적 결사체를 꾸린다면, 그것은 결국 모종의 노동조합일 수밖에 없다. 실은 이 때문에 비정규직의 정규직 전환 정책이 논란을 일으킨 공공부문 사업장에서는 노동조합(정규직)과 노동조합(비정규직)이 충돌하는 양상까지 나타났다. 하지만 정반대로 1980년대 말부터 1990년대 초에 그랬듯이 노동계급과 지식 중간계급이 노동조합운동을 통해 서로 활발히 영향을 주고받을 가능성 역시 열려 있다.

다만, 중대한 한 가지 전제가 있다. 그것은 노동조합이 크게 바뀌어야만 한다는 점이다. 요즘은 어느 나라에서든 이런 노동조합의 전환이 어느 정도 필요하지만, 한국은 특히나 그렇다. 앞에서 한국의 노동조합은 능력주의의 확산을 견제하는 균형추가 되지 못하고 도리어 노동계급의 상당 부분까지 능력주의에 포섭되게 만드는 통로 구실을 했다고 비판했다. 노동조합이 대항·대안 세력이 되기는커녕 능력주의의 확산을 도와준 것이다. 단, 여기에서 노동조합이란 기업별 교섭을 하는 기업별 노동조합을 가리킨다. 만약 정반대로 한국의 노동조합이 능력주의를 제어하는 진지가 되고자 한다면, 반드시 기업별 노동조합에서 벗어나 산업별 교섭을 하는 산업별 노동조합으로 전환해야 한다. 이 전환 하나만으로도 능력주의를 둘러싼 한국 사회의 세력 균형은 크게 뒤바뀔 것이다. 누구보다 지배계급이 이를 잘 알고 있다. 제대로 된 산업별 노동조합의 출현이 한국 사회에 얼마나 광범위한 충격을 줄지 잘 알기에 그토록 '귀족노조'를 지탄하면서도 기업별 노동조합 중심 체제를 결코 손에서 놓지 않으려 하는 것이다.

산업별 노동조합의 등장이 어떻게 능력주의 현상에 영향을 끼칠 수 있다는 말인가? 가장 근본적으로는 직종과 기업 규모, 고용 형태 등에 따른 소득 격차를 완화함으로써 능력주의에 타격을 줄 수 있다. 현재는 생산직인지 사무직에 따라, 대기업에 고용됐는지 아니면 중소기업에 고용됐는지에 따라 그리고 정규직인지 갖가지 형태의 비정규직인지에 따라 소득이 크게 달라진다. 그러나 산업별 교섭을 통해 해당 산업 내에서 임금 수준이 상대적으로 낮은 부분의 임금을 우선 끌어올린다면, 이런 격차가 점차 완화된다. 그러면 직종과 기업 규모, 고용 형태 등이 얽힌 거대한 일자리 사다리를 염두에 두고 평생에 걸쳐 경쟁할 이유도 점차 약해지게 마련이다. 지금은 대학교를 졸업

하고 처음 얻는 일자리가 대기업·공공부문 정규직인지 아닌지에 따라 인생의 성패가 결정된다고 여긴다. 그렇기에 이를 결승점인 듯 바라보며 '지능 + 노력'의 경쟁에 다수가 기꺼이 뛰어든다. 그러나 중소기업 사업장에 취직해도 소득과 고용 안정, 노동조건이 일정하게 보장된다면, 지금처럼 많은 이가 굳이 이 경쟁에 뛰어들지는 않을 것이다. 노동시장의 경쟁 압박이 줄어들수록 능력주의의 지배력은 약해질 수밖에 없다.

그런데 이보다 더 직접적인 방식으로 산업별 노동조합이 능력주의 현상에 개입할 수도 있다. 능력 다원주의의 화신이라는 역사적 숙명을 오늘날에 맞는 정교한 전략을 갖고 다시 떠안는 것이다. 가령 산업별 노동조합 주도로 산업 전체를 관통하는 노동자 숙련 형성 및 평가 시스템을 구축하는 방안을 구상할 수 있다. 이는 기업마다 임금 수준뿐만 아니라 임금 체계도 제각각인 현재 한국 상황에서는 실현될 수 없다. 가장 바람직한 변화 방향은 기업별 임금 교섭에서 산업별 임금 교섭으로 이행하면서 직종별 숙련급을 도입하는 것이다. 직종별 숙련급이란 해당 산업에 필요한 어떤 일(직무)을 맡아 하는지에 따라 임금을 받는 방식이다.[8] 미숙련 노동자도 할 수 있는 단순한 일을 할 경우

8   이는 독일 등에서 실시하는 산업별 직무급 제도에 숙련도에 따른 차등 보상을 더한 방안이기에 '직무직능급'이라고도 불린다. 이런 대안의 전제가 되는 한국 현실에 관한 분석으로는 다음 책을 참고할 수 있다. 정이환 지음, 『한국 고용체제론』, 후마니타스, 2013.

에는 산업별 최저임금에 근접하는 임금을 받으며, 보다 높은 숙련 수준이 필요한 일을 할수록 임금도 높아진다. 또한 같은 직무를 수행하더라도 숙련도를 계속 높이면 더 많은 보상과 인정을 받는다. 이 경우에 산업별 노동조합은 노동자들이 꾸준히 직업 역량을 계발하여 더 만족스럽고 보람된 지위를 얻을 수 있도록 내실 있는 직무 교육 기회를 제공해야 한다. 산업별 협약을 통해 산업 차원의 교육 훈련 제도를 구축할 수도 있을 것이고, 국가 정책에 영향을 끼쳐 공공 직업교육을 발전시킬 수도 있을 것이다. 이런 시스템이 갖춰지면 능력주의와는 구별되는 노동자들의 다양한 능력 관념이 당당한 제도적 실체로 자리 잡게 된다. 지능의 전제군주국이 다채로운 직업 능력들의 민주공화국에 당황하고 움츠러들게 된다.

　　아마 한국 노동조합의 현실을 잘 아는 이들일수록 이런 제안에 손사래를 칠 것이다. 십중팔구는 "씨도 안 먹히는 이야기"라고 할지 모른다. 기업별 노동조합 중심 질서가 이토록 강고한데 전환이 가능하겠냐고 할 것이다. 그러나 "땅에서 넘어진 자, 땅을 짚고 일어나라"고 했다.[9] 한국의 노동계급이 앞으로 나아가지 못하고 넘어진 게 기업별 노동조합 탓이라면, 이를 바꿔내지 않고 다른 우회로만 찾는 한 결코 다시 일어설 수 없다. 게

9　보조국사 지눌이 「권수정혜결사문勸修定慧結社文」 첫 머리에서 인용한 중국 당대唐代의 불교 사상가 이통현의 문구다. 원문은 "人因地而倒者 因地而起"이다.

다가 기업별 노동조합의 아성이던 자동차산업 등에서 지금 기후위기에 따른 탈탄소화 압박이나 구조적 불황 탓에 대규모 구조조정의 먹구름이 일고 있다. 더는 기업별 노동조합만으로 맞서기 힘든 상황이 닥치려 한다. 이제 기업별 노동조합은 산업별 노동조합의 기반을 마련하며 최대한 질서 있게 퇴장해야만 한다. 산업별 노동조합의 필수 인프라를 구축하는 데 기업별 노동조합의 남은 자원을 아낌없이 쏟아부어야 한다. 그런 인프라 가운데에서도 핵심은 해당 산업에서 직종별 숙련급과 이에 따른 숙련 형성·평가 시스템을 구축하고 관리할 만한 노동조합 측의 기본 역량이다. 아마도 각 산업에 필요한 일들의 내용과 일자리 현황을 기민하게 파악하고 이런 정보를 종합·분석하는 연구 기관부터 갖춰야 할 것이다. 그래야 산업별 단체교섭에 나서면서 다양한 직무들을 검토하고 직무 교육 과정에 실질적으로 개입할 수 있을 것이기 때문이다. 능력주의의 대안에 관한 논의가 너무 멀리까지 나아간 것 같은가? 결코 '너무 먼' 이야기는 아니다. 능력주의에 맞서는 '교육' 개혁이라면, 이제는 능력주의의 토양을 이루는 기존의 편협한 교육관을 넘어 이런 과제까지 시야에 넣어야만 한다.

　이런 방향의 노력이 치열하게 전개된다면, 콜이 지난 세기 초에 제안한 대담한 구상도 진지하게 고려해 볼 수 있을 것이다. 영국의 전통적 종합대학에서 각 칼리지는 저마다 독특한 역사와 특징을 자랑하며 자율적으로 운영된다. 콜은 생산자 길드들이 이런 칼리지를 맡아 운영하면서 노동자들에게 기술 교육과 인문 교육이 통합된 고등교육 기회를 제공하는 방안을 제안했다.[10] 21세기 한국 사회에서 이러한 실험이 펼쳐진다면 어떨까? 산업별 노동조합들이 운영하거나 운영에 참여하는 대학이 들어선다면? 이런 대학은 방금 막 고등학교를 졸업한 연령층보다는 오히려 직업 역량을 향상하려 하거나 만학晩學의 의지에 불타는 노동자들의 평생교육에 주력하게 될 것이다. 이런 대학은 그 존재만으로도 고등교육과 능력주의의 단단한 결합에 돌이킬 수 없는 균열을 낼 것이다. 지식 중간계급의 상위 계층에 진입하려는 경쟁과 동떨어진 고등교육이 가능함을 증명하는 생생한 사례가 될 것이기 때문이다.

'능력'의 경계에서 질문을 던지기

한데 지금껏 설명한 전략에는 커다란 한계가 있다. 노동조합이 참여하는 노동자 숙련 형성·평가 시스템을 통해 노동자들의 직업 역량이 합당한 대우를 받게 하는 방안은 금속산업 같은 제조업이나 건설업 등에는 잘 들어맞는다. 그러나 현대 자본주의는 이런 산업의 비중이 크게 줄어드는 방향으로 확장되고 변천해 왔다. 발전된 자본주의 국가라면 어느 곳에서든 넓은

10   콜, 앞의 책, 128쪽.

의미의 서비스 산업이 제조업보다 더 큰 비중을 차지한다. 한국도 마찬가지다. 그런데 서비스 산업 부문에서는 숙련도를 규정하고 평가할 기준이 제조업만큼 분명하지 않다. 교통이나 의료 같은 보다 전통적인 영역은 그렇지도 않지만, 사회의 필요에 따라 끊임없이 새로 생기고 확장되는 영역들, 가령 흔히 '돌봄 노동'이라 불리는 영역들에서는 숙련의 기준이 모호하다. 이에 대한 통상적이고 편의적인 해결 방식은 이 영역에 종사하는 이들 모두를 '저숙련' 노동자로 분류하는 것이다. 사람과 자연을 돌보는 모든 활동은 누구든 할 수 있는, 그러나 다들 하고 싶어 하지 않는 일을 대신하는 것쯤으로 치부되며, 그래서 낮은 임금과 힘든 노동조건, 박한 대우가 당연시된다. 전통적 가족 안에서 돌봄 활동을 도맡아 하던 여성에 대한 차별과 억압이 이제는 사회 전체에서 돌봄 활동을 떠맡는 (여전히 여성이 다수인) 노동자들의 운명으로 돌아온다.

돌봄 노동을 바라보는 이런 차별적 시각에도 불구하고 오늘날 돌봄 활동은 점점 더 넓은 범위에 걸쳐 참으로 중대한 역할을 맡고 있다.[11] 여러 가지 이유가 있지만, 그중에서도 결정적인 것은 다음 세 가지 경향이다. 우선 코로나19 팬데믹으로 뼈아프게 드러났듯이 신자유주의 지구화 이후에 인류는 전염병의

---

11   다음 책은 이런 추세를 간명하면서도 깊이 있게 정리한다. 더 케어 컬렉티브 지음, 정소영 옮김, 『돌봄 선언: 상호의존의 정치학』, 니케북스, 2021.

주기적인 위협 아래 놓여 있다. 팬데믹 상황에서 각국 정부는 이례적으로 단기적인 경제지표를 과감히 무시하며 긴급 돌봄 활동에 자원을 총동원했다. 코로나 바이러스의 위세가 꺾인다 하여 이 경험을 한때의 기억으로 흘려버려서는 안 된다. 팬데믹 기간의 교훈, 즉 사회가 반드시 기본 돌봄 역량을 갖춰 놓아야 한다는 것이 이후 일상생활의 대원칙이 되어야 한다.

게다가 전염병 위협보다 더 근본적이고 거대한 재앙이 이미 진행되고 있다. 바로 지구 온난화에 따른 기후 급변이다. 지금도 매년 이상고온과 이상저온, 더욱 거대해지는 태풍과 폭우, 반복적인 대형 산불 등이 인류를 덮치고 있다. 당연히 지구 온난화의 원인인 온실가스 배출을 줄이려고 노력해야겠지만, 동시에 벌써 시작된 기후 재앙에도 대비해야 한다. 이 대책을 구성하는 모든 활동은 결국 재난 속에서 자연을 진정시키고 사람들을 구하는 '돌봄'의 범주에 속한다.

마지막으로 주목해야 할 것은 한국을 비롯한 자본주의 중심부 국가들의 고령화 경향이다. 이 역시 인류가 처음 겪는 대격변이다. 노인 인구가 유례없이 늘어나고 그만큼 미래 세대가 줄어드는 상황에서 돌봄 활동은 이중으로 중요해질 수밖에 없다. 노인 인구가 삶의 존엄성을 잃지 않기 위해서도, 미래 세대가 탈 없이 자라나기 위해서도 사회 전체가 돌봄 활동에 매진해야만 한다.

이런 추세들에 따라 앞으로 돌봄 활동에 종사하는 이들은 더욱더 늘어날 것이다. 돌봄 활동의 특성상, 피고용 노동자도 급증하겠지만 생계 활동과 가족 내 돌봄을 병행해야 하는 경우도 더 늘어날 테고, 누구에게도 고용되지는 않지만 자기가 속한 공동체를 위해 특정한 돌봄 활동을 맡아야 하는 경우도 부지기수로 생길 것이다. 지금껏 이 책이 주장한 원칙대로, 이 모든 이들은 자신을 대변할 만한 자발적 결사체들로 결집해야 한다. 현재 예상할 수 있는 가장 낯익은 조직인 돌봄 노동자들의 노동조합(기존 공공서비스노동조합의 확장이든, 완전히 새로운 형태의 노동조합이든)을 떠올려 보자. 이 노동조합도 당연히 조합원들이 정당한 보상과 대우를 받게 하려고 갖은 노력을 다할 것이며, 가능하면 제조업이나 건설업 노동조합이 하듯이 노동자의 직업 역량을 발전시키는 숙련 형성·평가 시스템을 구축하려 할 것이다. 하지만 돌봄 영역에서 이러한 노력은 다른 기존 산업 부문들과는 달리 어려운 물음과 마주하게 될 것이다. 기업의 이윤 획득으로 이어지기도 힘들고 생산성을 측정하기도 어려운 돌봄 노동에 어울리는 보상과 대우는 과연 무엇이냐는 물음이 그것이다. 이것은 실은 더 어렵고 근본적인 문제와 직결된다. 그것은 인간의 역량과 활동들 가운데 사회의 존중과 인정을 받아야 할 것(혹은 더 많이 받아야 할 것)은 무엇이냐는 문제, 아니 인간의 역량과 활동들에 이렇게 가격과 평점, 등수를 매기는 것 자체가

능력주의, 가장 한국적인 계급 지도

맞느냐는 문제이다. 돌봄 영역에 새롭게 편입되는 노동일수록[12] 이 문제를 첨예하게 부각시키곤 한다.

중요한 것은 답이 아니라 물음 자체다. 그람시가 강조했듯이, 인간이란 (정해져 있는 답이 아니라) "인간은 무엇이 될 수 있는가"라는 물음, 그것이기 때문이다.[13] 그런데도 자본주의와 결합된 모든 경직된 이데올로기들은 인간을 이미 누군가로 좁게 규정해 놓는다. 서로 경쟁하는 존재이고, 항상 이익과 손실을 따지는 경제인이며, 경제적 기여에 따라 거대한 피라미드의 각 층에 배치될 수 있는 대상이다. 능력주의의 가장 뻔뻔한 점이 여기에 있다. 능력주의 안에는 인간이 무엇인지에 대한 답이 이미 나와 있다. 능력주의 안에서 인간은 살과 피를 지닌 인공지능이다. 인공지능이 인간의 창조물인 게 아니라, 오히려 이것이 인간이 도달해야 할 궁극 목표가 된다. 이 목표에 얼마나 근접했는지에 따라 부와 권력이 배분되며, 누구든 빠짐없이 이 경주에 동참하는 것이 곧 자유이자 평등(한국식 표현으로는 '공정')이 된다.

한데 돌봄 노동자들의 조직은 끊임없이 이런 고정관념

12 최근 들어 '돌봄'이라 분류되는 활동이 포괄하는 범위가 계속 확장되고 있다. 가령 팬데믹 같은 상황에서 수행되는 배달 노동 역시 충분히 돌봄 활동의 하나로 볼 수 있다.

13 "우리가 '인간이란 무엇인가' 하는 질문을 던질 때 참으로 뜻하는 바는 인간은 무엇이 될 수 있는가를 묻는 것이라 하겠다." 안토니오 그람시 지음, 이상훈 옮김, 『그람시의 옥중수고 2』, 거름, 1993[1999], 196쪽.

에 의문을 던지고 이를 부정하거나 공격, 전복하지 않을 수 없다. 누구나 삶에서 마주치지 않을 수 없는 힘겹고 고된 순간들을 떠올려 보자. 갑자기 질병의 덫에 빠지거나, 홍수나 태풍, 지진, 해일 같은 재앙이 덮치거나, 전에 없이 길어진 노년의 시간을 고독으로 채워야 할 때들 말이다. 이런 때 자기만 잘났다는 오만에 빠진 지능은 늘 실패하고 좌절하게 마련이다. 그런 순간마다 삶이 이어지도록 껴안고 부축하며 등을 두드려 주는 것은 이와는 전혀 다른 종류의 역량들, 돌봄의 역량들이다. '돌봄'으로 번역되는 영어 단어 care는 "보살핌, 관심, 걱정, 슬픔, 애통, 곤경"을 뜻하는 고대 영어 caru에서 나왔다.[14] 하나같이 인간이 결코 떨칠 수 없는 본래의 연약함에서 비롯된 감정이자 행동, 상황이다. 능력주의적 경쟁이 각자의 잘남을 인정받으려 함인 데 반해 돌봄이란 이렇게 우리 모두의 못남을 보살피려 함이다. 그렇기에 돌봄은 아름답지만은 않다. "생명체의 요구와 취약함을 전적으로 돌본다는 것, 그래서 생명의 연약함과 직면하는 것"은 "어렵고 지치는 일이 될" 수밖에 없다.[15] 그래도 우리는 이 어려운 일을 떠안아야 하며, 그 최전선에 돌봄 노동자들이 있다. 그러니 돌봄 활동의 역량들이란 고작 자본을 소유하고 지능을 대표하는 자들이 감히 규정하고 평가할 대상일 수 없다.

14   더 케어 컬렉티브, 앞의 책, 57쪽.

15   위의 책, 57쪽.

이렇게 돌봄 영역에서 활동하는 이들의 능력 다원주의는 다른 어떤 노동자의 능력 다원주의보다 더 강력하고 예리하게 능력주의의 핵심을 향해 돌진한다. "보살핌, 관심, 걱정, 슬픔, 애통, 곤경"이 주조를 이루는 직업 활동과 일상생활에 필요한 역량들이란 영이 열거한 저 "친절함과 용기, 상상력과 감수성, 공감과 아량"처럼 능력merit과 능력 아닌 것의 경계에 선 역량들일 수밖에 없기 때문이다. 돌봄 노동자들의 직업 '능력'은 현존 자본주의에서는 '반反능력'이자 '탈脫능력'이다. 이들은 이 경계 지대에서 던지는 참으로 아프고 난처한 물음을 통해 사회가 능력주의의 단잠에서 깨어나도록 흔들 수 있다.

능력주의를 넘어서는 근본 가치, 자유

앞의 두 전략은 서로 다른 점도 있지만 같은 점도 있다. 어쨌든 둘 다 직업 생활과 그에 필요한 역량에 바탕을 둔 대중의 연합들을 전제한다. 어쩌면 능력주의에 맞선 해법으로 교육제도 개혁만이 아니라 이런 대중조직들의 역할을 강조한다는 점이 이 책이 전개하는 논의의 가장 중요한 특징이라고 할 수 있겠다. 그러나 다시 한번 단서를 하나 달고 싶다. 직업 정체성에 바탕을 둔 결사체들의 발전과 활약을 부각한다고 해도 능력주의에 맞서는 종합 전략에는 여전히 빈 구석이 있다는 것이다. 한데 우리가 해야 할 일은 이 빈 구석을 무엇인가로 채우는 게 아니다. 오히려 이는 저 무한한 우주라는 배후지와 연결되는 창문이자 통로가 되어야 한다.

무한한 우주라니? 우주선을 타고 제2의 지구를 찾아 떠나자는 제프 베이조스나 일론 머스크를 따르자는 말인가? 아니다. '자유'를 말하고자 함이다. 자유라니, 너무 진부하게 들릴지도 모르겠다. 혹은 자유란 시장지상주의자들이나 떠받드는 가치이니, 능력주의를 해소하기보다는 조장하자는 것이냐고 반문할 수도 있겠다. 그러나 자유란 본래 이런 연상들과는 거리가 멀어도 한참 멀다. 우리의 논의에서 자유는 앞에서 논한 어떠한 전략으로도 다 채울 수 없는 궁극의 간극과 직결된다. 각자의 이상과 적성, 흥미에 딱 들어맞는 직업 생활이라 하더라도 이는 개인의 최종적인 정체성이 될 수는 없다. 따라서 이런 직업 생활에 바탕을 둔 조직에 속한다 하더라도 이는 최후의 안식처는 될 수 없다. 아무리 원대한 이상으로 가득 차고 내부에 민주주의가 흘러넘치는 조직일지라도 이 점만은 어쩔 수 없다. 모든 인간의 삶은 항상 그것보다는 더 크다.

여기에 자유가 있다! 다시 말하지만, 인간이란 끊임없이 "인간이 무엇이 될 수 있는가" 묻는 존재다. 평생의 소명이라 자부하는 직업이나 서슴없이 형제자매 공동체라 부르는 조직조차 넘어 다른 누군가가 될 수 있는지 끊임없이 찾아 헤매며, 미지의 누군가가 되어 가려 한다. 이것이 모든 인간의 숙명인 '좋은 삶'

능력주의, 가장 한국적인 계급 지도

의 끝없는 추구다. 이제까지 거의 모든 사회는 이런 추구를 북돋기보다는 억누르며 사회 구성원들에게 '좋은 삶'의 표준형을 강요했다. 자본주의도 그랬고, 현실사회주의도 그랬다. 그리고 오늘날 능력주의와 한 몸이 된 관리자본주의는 '지능 + 노력'의 경주에 매달리고 이에 승리한 삶만이 '좋은 삶'이라고 주입한다. 그러나 진실한 자유의 감각과 정서, 이성과 의지로 충만한 이에게는 이런 세뇌가 성공할 수 없다. 그런 이들에게 자유란 스스로 '좋은 삶'을 찾아 나가는 모험을 결코 포기하지 않으려는 모든 이들이 서로에게 인정받고 지지받는 상태 말고 다른 무엇일 수 없기 때문이다.

이 자유를 느끼고 알며 실천하는 것이야말로 능력주의에 맞서는 최고의 항체抗體다. 교육 시스템을 통해서든, 직장 생활을 통해서든 능력주의는 이런 자유의 싹이 절대 고개를 들지 못하게 가로막아야만 성립할 수 있기 때문이다. 자유의 기억이 없거나 이를 잊은 이들만이 능력주의의 바깥이 있다는 사실을 받아들이지 않을 수 있다. 달리 말하면, 조금이라도 자유의 냄새를 맡거나 이를 갈망하게 된 이들은 이미 한쪽 발이 능력주의의 바깥으로 뻗어 있는 셈이다. 그런 이라면 어떻게든 능력주의가 강요하는 '좋은 삶'과는 다른 삶을 살아 나가기 시작한다. 국가기구나 기업의 관료 기구 어딘가에 속해 일하더라도 자기 삶 전체를 그 기계의 톱니바퀴로 헌납하지는 않는다. 일터 안에서는 동료들과 함께 자유의 훈풍을 불러들일 진지들을 구축하고,[16] 어렵게 확보한 자유 시간에는 자신만의 또 다른 진지들을 일군다. 이제는 이러한 자유의 생활양식을 퍼뜨리는 것이 사회운동의 과제가 되어야 한다. 이 새로운 생활양식이 노동계급과 지식 중간계급의 상당 부분으로 확산될 때에 능력주의는 드디어 토대부터 허물어지기 시작할 것이다.

노동계급과 지식 중간계급의 동맹은 가능할까?

능력주의를 누그러뜨리고 넘어설 대안들을 어설프게나마 짚어 봤지만, 사실 이 가운데에 실행하기 쉬운 대안은 하나도 없다. 어려움의 크기는 상상 이상이다. 능력주의의 극복 자체가 현대사회에서 과연 가능한 일인지 의심이 들 정도다. 아무래도 능력주의는 자본주의의 발전 과정에서 불거진 일종의 과잉이나 일탈만은 아닌 성싶기 때문이다. 능력주의는 발전된 자본주의가 수반하는 기본 경향인 것만 같다. 요즘 많이 쓰는 표현에 따르면, 현대 자본주의의 '기본값'이라고나 할까.

제2차 산업혁명 이후 자본주의의 역사가 능력주의적 상황을 낳고 이를 강화해 온 과정이었음은 이미 살펴봤다. 하지

---

16   그래서 콜은 길드 사회주의의 비전과 내용을 정리한 저작 『길드 사회주의』를 '자유의 요구'라는 제목이 붙은 장으로 시작한다.

만 능력주의의 미래를 전망하려면, 이 과정을 몇몇 이론가의 논의를 빌려 재정리할 필요가 있다. 가령 『자본론』의 초고로 쓰인 글 가운데 하나인 『정치경제학 비판 요강』에서 마르크스가 전개한 논의가 있다. 이를 읽는 현대의 독자들은 이 19세기 사상가가 마치 점쟁이처럼 먼 미래의 자동화 추세를 예언한다고 놀라워하곤 한다. 마르크스가 일단 자동화 추세에 관해 어느 정도 예견할 수 있었던 것은 18세기 말부터 자기 시대까지 산업혁명을 이끈 역사의 논리를 날카롭게 집어냈기 때문이었다. 제1차 산업혁명부터 모든 산업혁명의 핵심은 기계, 더 발전된 기계의 도입이었고(기계를 움직일 동력, 즉 에너지 문제도 그만큼 중요하지만, 우리 논의에서는 생략하겠다), 기계의 요체란 "노동자를 대신해서 숙련과 힘을 가지는"[17] 데 있었다. 산업혁명이 거듭될수록 기계 사용은 고도화되고 이에 따라 이제껏 생산 과정에서 노동자가 체화하던 "지식과 숙련"이 노동자가 아니라 "고정 자본"(기계)에 "축적"되는 양상이 나타났다.[18] "노동자의 직접적인 숙련성"에 의존하던 생산이 "과학의 기술적 응용"이라는 성격을 띠게 된 것이다.[19] 간단히 말해, 자본주의가 발전하면 할수록 점

---

17   카를 마르크스 지음, 김호균 옮김, 『정치경제학 비판 요강 II』, 백의, 2000, 370쪽.

18   위의 책, 372쪽.

19   위의 책, 373쪽.

점 더 정교하고 복잡한 인간 능력이 기계로 이전되어 갔다. 만약 이 과정이 극한에까지 이른다면, 마침내 인간의 지적 능력까지 기계 장치로 이전되고 말 것이다. 마르크스는 이런 궁극 상태를 가리키는 듯한 언급을 암호처럼 남겨 놓았다. "일반적인 사회적 지식이" "직접적인 생산력으로 되었고" "일반적 지성general intellect의 통제 아래 놓였다"는 문구가 그것이다.

많은 이들이 마르크스가 유독 독일어가 아닌 영어로 남긴 이 '일반 지성'이란 말에서 제3차 산업혁명(정보화) 이후에 도래한 디지털 네트워크를 연상한다. 그리고 여기에서 한 발자국만 더 나아가면, 인공지능을 통해 모든 것이 자동화되는 단계가 닥칠 것이라고 전망한다. 마르크스의 논리를 그대로 좇는다면, 이는 곧 인간의 모든 능력이 남김없이 기계 장치로 옮겨진 단계를 뜻한다. 마르크스는 젊은 시절에 인간의 본성이 인간 바깥의 사물에 투영돼 오히려 인간을 지배하기에 이르는 상태를 '소외'라며 비판한 바 있다. 그렇다면 마르크스가 예감한 인류 발전의 종착점은 총체적이고 극단적인 소외라고도 할 수 있을 것이다. 하지만 마르크스의 사상 안에서는 이것이 결코 디스토피아의 근거가 되지는 않는다. 마르크스 사상의 기본 구도는 청년기나 말년이나 일관되게 해방을 향한 일대 반전反轉에 있었기 때문이다.

소외의 절정에서 노년 마르크스가 뽑아 낸 반전의 단서

능력주의, 가장 한국적인 계급 지도

는 자유 시간의 전면적 확대 가능성이었다. 자본 축적의 의도하지 않은 결과에 따라 어느 시점에 이르면 기계가 생산하고 인간은 다만 이를 감독하게 된다. 이 상태에서 오로지 이윤을 획득하기만을 바라는 자본 소유자의 지배라는 낡은 요소만 제거한다면, 모든 인간에게 돌아올 것은 짧은 감독 노동시간과 긴 자유시간이라는 축복이다. 인간의 완전한 소외일 수도 있는 상황이 오히려 보편적 자유의 토대로 반전되는 것이다. 이것이 마르크스가 평생을 바친 연구의 마지막 결론임은 누구도 부정할 수 없으며, 오늘날도 그 연장선에서 "완전히 자동화된 화려한 공산주의"[20]를 향해 나아가자는 이들이 있다.

　능력주의에 관한 논의의 결말로 향해 가는 대목에서 이런 이야기들을 꺼내는 것이 느닷없다 싶을지 모른다. 사실 현재 인류가 도달한 상황에 마르크스의 전망을 그대로 적용할 수 있는지에 관해서는 논의가 더 필요하다. 아무래도 '완전' 자동화가 꼭 바람직하냐를 따지기 전에 아직은 과학소설의 영역인 것 같다. 노동조합이 노동자 숙련 형성에 적극 개입하자는 앞의 논의도 실은 인간 사회가 머지않은 미래에 그 정도로 자동화할 수는 없다는 판단에 바탕을 둔 것이다. 그럼에도 마르크스의 주장을 굳이 소개한 것은 그의 놀라운 예견에 우리의 관심사이기도

20　아론 바스타니 지음, 김민수·윤종은 옮김, 『완전히 자동화된 화려한 공산주의: 21세기 공산주의 선언』, 황소걸음, 2020.

한 결정적 요소 한 가지가 빠져 있음을 지적하기 위해서다. 이 요소를 더한다면, 마르크스의 전망에서는 낙관주의의 비중이 그만큼 줄어들게 된다. 반면에 해방을 향한 반전은 더 어려워진다. 그 요소란 바로 "과학의 기술적 응용"을 담당하는 독자적 사회 집단이다. 마르크스의 논의에는 두 개의 주요 집단만이 출연한다. 자본가계급과 노동계급. 기계를 도입하고 그 사용을 더욱 고도화함으로써 의도하지 않게 자유 시간 확대의 가능성을 여는 배역은 오롯이 자본에 할당된다. 그러나 역사 속에서 자본가계급에게는 이 역할을 맡길 제3의 집단이 필요했고, 실제로 이들을 대량으로 창출했다. 다름 아니라 이제껏 우리가 '지식 중간계급'이라 부른 집단이다. 마르크스는 산업혁명이 거듭되면서 이 제3항의 위상과 역할이 지금만큼 커질 줄은 미처 예상하지 못했다. 그래서 『정치경제학 비판 요강』에 전개된 그의 미래 전망은 너무 단순화되어 버렸다.

그러나 지식 중간계급은 그렇게 간과돼도 좋은 요소가 결코 아니었다. 산업혁명이 진전될수록 고정자본이 거대하게 축적됐을 뿐만 아니라 그 관리를 담당하는 집단이 급성장했다. 그들은 단순히 좁은 의미의 기계를 관리하는 엔지니어나 과학자들만은 아니었다. 20세기 미국 사상가 루이스 멈포드는 공장에서 증기력이나 전기력으로 움직이는 기계는 실은 더 큰 기계, 거대기계megamachine의 일부일 뿐이라 간파했다. 기계를 사용한 대량생산이 이를 소화할 만한 대량소비와 만나려면 공장 바깥의 사회조차 마치 기계처럼 작동해야만 하며, 그리하여 사회 전체가 무시무시한 생산성을 재료로 무시무시한 권력을 만들어 내는 거대한 기계가 되고 만다. 즉, 기계 사용의 고도화는 항상 거대기계의 등장과 성장을 수반한다.[21] 지식 중간계급은 이런 거대기계의 핵심 기능들, 멈포드가 5개의 P로 정리한 기능들(정치politics, 권력power, 생산성productivity, 이윤profit, 선전publicity)을 담당하는 요원들이다.[22] 거대기계의 진화와 함께 그들은 더욱 중요한 존재가 될 뿐만 아니라 숫자 또한 늘어난다. 이로써 대중은 거대하게 양분된다. 마르크스가 전망한 전반적 소외는 현실에서 이러한 대중의 분열로 변형되어 나타난다. 한쪽에서는 마르크스의 분석 속 노동자와 마찬가지로 자신들의 기능과 능력을 기계에 빼앗기는 이들이 늘어나지만, 다른 쪽에서는 거대기계의 작동에 필요한 지적 능력을 갖추고 거대기계의 곳곳에 배치돼 상대적 특권을 누리는(혹은 누리고자 하는) 이들 또한 늘어난다. 대중 내부의 이런 구조적 분열 탓에 전반적

21   루이스 멈포드 지음, 유명기 옮김, 『기계의 신화 1: 기술과 인류의 발달』, 아카넷, 2013; 루이스 멈포드 지음, 김종달 옮김, 『기계의 신화 2: 권력의 펜타곤』, 경북대학교출판부, 2012. 아직 '거대기계' 개념이 등장하지는 않지만 다음 저작도 참고할 만하다. 루이스 멈포드 지음, 문종만 옮김, 『기술과 문명』, 책세상, 2013.

22   『기계의 신화』에서 멈포드는 거대기계의 뚜렷한 사례인 펜타곤(오각형이라는 뜻이면서 동시에 미국 국방부를 의미하는)에 빗대 p자로 시작하는 이 5개의 기능을 '권력의 펜타곤'이라 칭했다.

소외를 보편적 자유의 실현으로 반전시킬 가능성은 제약되고, 그 기회는 끊임없이 유예된다. 지식 중간계급을 노동계급과 만나게 하려는 힘은 슬프게도 너무나 빈번히, 지식 중간계급을 자본가계급에 더 단단히 결박시키려는 힘에 압도되곤 한다.

지식 중간계급을 자본가계급에 단단히 결박시키는 힘은 여러 가지가 있지만, 그 가운데 가장 중요한 힘 한 가지는 이미 분명해졌다. 비록 논란 많은 작명이기는 하지만, 마이클 영은 그 힘에 이름을 지어 주었다. '능력주의.' 이것은 지식 중간계급이 점점 더 중요해지고 인구 또한 늘어나는 사회에서 이 계급을 중심으로 사회 전반에 퍼지기 쉬운 정서이자 상식, 인간관이자 세계관이다. 즉, 발전된 자본주의 사회의 상수다. 이탈리아의 자율주의 사상가·운동가 프랑코 '비포' 베라르디는 인지 노동이 중요해지면서 경제 권력이 이들의 사회적 연대를 파괴하기 위해, 이들 노동자들이 '우수함', 혹은 '능력주의' 이데올로기에 복종하게 만들려 했다고 진단했다. 불행히도 이 시도는, 적어도 지금까지는, 실패를 맛본 적이 없다.[23]

능력주의 극복의 최전선, 한국 사회
그럼에도 '비포' 베라르디는 능력주의의 온상 격인 그 집

---

23 프랑코 '비포' 베라르디 지음, 이신철 옮김, 『미래 가능성: 무능력의 시대와 가능성의 지평』, 에코리브르, 2021, 236쪽.

단, 즉 지식 중간계급 내부에서 변혁의 가능성을 찾는다. 지식 중간계급 안에서 거대기계의 부속품 신세에 회의하고 자유와 연대를 추구하는 이들이 생겨날 것이고, 그때에만 현존 자본주의를 넘어서는 새 질서가 등장할 수 있다고 한다. 앞으로 과제는 "공통의 의식을 구축하고 신경 노동자들[코그니타리아트] 사이에 가능한 사회적 연대 의식을 확산시키는 것"이며 "수백만 명의 기술자·예술가·과학자들의 윤리적 각성은 우리가 그 윤곽을 이미 어렴풋이나마 보고 있는 놀라운 퇴보를 막을 수 있는 유일한 기회"라는 것이다.[24]

나 역시 이러한 기대와 전망이 실현되길 진심으로 바란다. 또한 어떤 경로가 됐든 앞으로 지식 중간계급의 상당 부분이 적극 동참하지 않는 사회 변혁은 있을 수 없다고 단언한다. 이미 관리자본주의 국면에 진입하고 그 구조가 깊이 뿌리내린 사회에서는 지식 중간계급의 중요한 부분이 함께 하지 않고는 어떤 변화도 성사시킬 수 없으며, 단 며칠도 사회를 지탱할 수 없을 것이기 때문이다. 가령 기후 급변에 맞서 탄소 배출 제로 사회로 전환하려면, 마치 코로나19 팬데믹 기간에 그랬던 것처럼, 국가가 전면에 나서서 시장을 대체하거나 보완할 계획을 세우고 실행하는 기능을 강화해야 한다. 이런 기능은 어느 날 갑자기 법령을 마련하고 예산을 배정한다고 하여 실행될 수 있는 게 아니다.

24 위의 책, 265쪽.

당장 그것을 맡아 할 능력을 갖춘 요원들이 필요한데, 그들은 십중팔구 현재 지식 중간계급에 속한 이들일 것이다. 따라서 지식 중간계급이 중요한 역할을 전혀 하지 않고 오직 거대기계의 외곽에 있는 이들의 힘으로만 이뤄지는 미래 혁명 같은 것은 상상도 할 수 없다. 현대사회가 바뀌려면, 어떻게든 지식 중간계급 안에서 이의 제기와 반항, 변신의 조짐이 일어나야 한다.

그렇다면 지식 중간계급 내부의 각성과 변화는 과연 어떻게 시작될 수 있을까? 이 책에서 지금껏 논의한 내용이 이 물음에 답하는 데 일정한 도움을 줄 수 있을 것이다. 앞에서 다룬, 능력주의를 이완하고 해체하는 방안들은 지식 중간계급 '안'에서 시작되기보다는 그 '바깥'에서 시작돼 지식 중간계급의 변화를 자극하는 전략들이다. 물론 지식 중간계급 가운데 정보통신 산업 같은 현대 자본주의의 주요 영역에 종사하며 독점에 맞서 자유를 추구하는 이들, 자본주의 경기 부침 속에서 사회를 경쟁 사다리로 보길 거부하고 나선 젊은 세대, 남성에 비해 여전히 열악한 구조적 불평등을 더는 묵묵히 참지 못하는 여성 등등이 송곳처럼 기존 질서에 균열을 내며 일어날 수 있다. 하지만 이런 움직임은 지식 중간계급의 문화적 자장 바깥에서 전혀 다른 문화를 추구하는 흐름들이 대두할 때 훨씬 더 강력하고 활기 넘치게 전개될 것이며, 이 두 물길이 만날 경우에 기존 질서는 돌이킬 수 없는 충격에 빠질 것이다. 지능의 독재가 당연시되는 영역 바깥에서 다원적 능력 사회를 지향하거나 더 근본적인 자유를 지향하는 조직들이 발전하여 지식 중간계급 내부의 반성과 조우하고 이를 환대하며 마침내는 서로 합류해야 한다. 즉, 우리가 주목해야 할 것은 지식 중간계급의 하위 계층과 노동계급이 만나는 광범한 점이지대에서 벌어지는 활발한 소통과 교류, 상호 영향과 종합이다. 이를 통해 노동계급과 지식 중간계급의 굳건한 동맹이 구축되어야 한다. 그때에만 우리는 이 지긋지긋한 궐위기interregnum[25]를 끝내고 인류사의 새로운 지평을 향해 나아갈 수 있을 것이다.

이 대목에서 '공정' 논란으로 드러난 한국 사회 상황이 지구자본주의의 가장 첨예한 문제와 직결됨을 다시 한번 확인하게 된다. 지금 한국 사회에서 지식 중간계급과 노동계급의 상호 작용은 지식 중간계급 쪽의 능력주의 추종과 노동계급 쪽의 무력함을 적나라하게 드러내고 있을 뿐이다. 지식 중간계급과 노동계급의 동맹이 능력주의를 넘어선 사회를 열기는커녕 둘의 긴장과 충돌, 크나큰 세력 격차가 능력주의의 지배력을 지속적으로 강화하는 요인이 되고 있다. 지식 중간계급과 노동계급의 관계에 관한 한, 한국 사회는 전 세계에서 가장 중요한 실험실이 되어 있는 것이다. 이런 곳에서 지식 중간계급과 노동계급의 동

---

25 이제껏 전 세계의 유일 진리 노릇을 했던 신자유주의의 권위는 땅에 떨어졌으나 이를 넘어설 대안은 좀처럼 강력하게 등장하지 않는 과도기, 즉 현시대를 일컫는 말이다.

맹을 통한 사회 전환을 모색하기란 너무도 어려운 일이다. 그러나 이곳에서 이런 일이 마침내 성사된다면, 인간 사회 어느 곳이든 능력주의와 같은 현재의 질곡을 넘어 나아갈 수 있을 것이다.

　　이 난제에 도전하는 과정에서 이 책의 시론적 분석은 논의의 출발점을 잡는 데 조금이나마 도움이 될 수 있을 것이다. 능력주의 현상을 둘러싼 계급 간 역학을 살펴보면서 우리는, 북유럽 사회민주주의 모델을 들이대며 합리적 대안을 받아들이라고 설득하거나 "자본주의에 시달리는 모든 이들이여, 일어나라!"라고 선동하는 것만으로는 한국 사회를 바꾸지 못하는 이유에 좀 더 다가갈 수 있었다. 지금 이곳에서는 우선 노동계급 일부의 경제적-조합적 실천과 지식 중간계급 전반의 능력주의 추종이 서로 얽혀 있는 복잡한 실타래부터 풀어 나가야(아니면, 끊어 내야) 한다. '공정' 논란에서 시작된 우리의 모든 탐색과 논의에 의미가 있다면, 바로 이 진실을 확인한 데 있을 것이다.

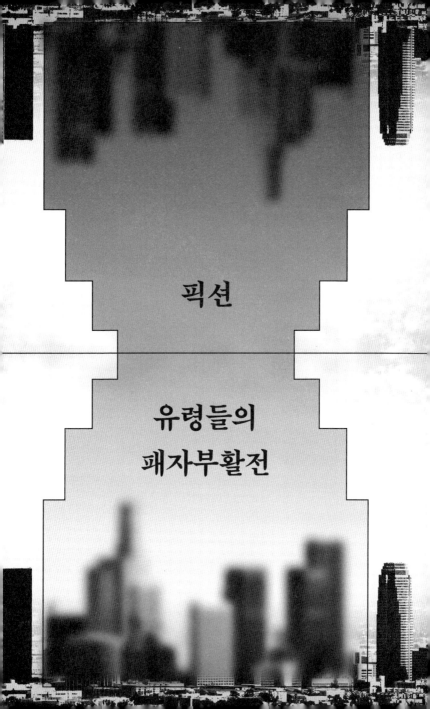

픽션

유령들의
패자부활전

1

"안토니오 네그리는 말합니다. 근대에 이르러서도 이동의 자유가 모두에게 보장된 것이 아니라고. 특히 국가와 국가를 넘나드는 비용은 아주 비싸고 그래서 평범한 개인이 경계를 벗어나기 어렵게 해 그를 고립시키고 초국가적 코뮌을 불가능케 한다고……."

차오름은 W 대학의 강원도 분교에서 국어국문학 박사과정의 마지막 학기를 이수하는 중이다. 그는 S 대학에서 열린 근대문화사상사 세미나에 참여했다. 강원도의 W 대학에서 서울의 S 대학까지 가는 데는 꼬박 세 시간 반이 걸렸다. 버스나 기차를 타도 되었겠으나 W 대학에서 터미널이나 기차역까지 버스를 타고 나가는 데만 30분이 넘게 걸릴 것이었고, 거기서 서울시외

버스터미널이나 서울역에 도착하는 데 두어 시간, 다시 지하철로 갈아타고 대학 정문에 이르러 대학원 연구동까지 가는 데만 1시간 가까이 걸릴 것이었다. 결국 선배 경수의 차를 타고 움직이기로 했다. 어차피 그 지역에서의 이동이란 자차로만 가능할 뿐이었다. 시내에서 W 대학으로 들어가는 버스는 1시간에 한 번 다녔고 그나마도 한 번도 제시간에 맞춰 오는 일이 없었다. 버스를 놓쳐 콜택시를 타기를 몇 번 반복하던 오름도 결국 다른 선배들처럼 중고차를 구매했다.

오름과 그의 두 학번 선배 진욱이 서울의 S 대학에서 매주 수요일 저녁마다 열리는 이 세미나에 참석하게 된 건 박사수료생 8학기째인 경수의 제안 때문이었다. 그는 서울의 연구자들과 교류하고 친분을 쌓는 것이 중요하다고 말했다. 그래야 학계의 연구 동향도 알 수 있고 학술회의 발표나 토론 참여 기회, 논문 투고와 심사까지 여러 도움을 받을 수 있다는 것이었다. 자신이 S 대학의 세미나 좌장에게 함께하겠다고 말해 두었고 아끼는 후배 두엇과 같이 가겠다고 약속했다는 말까지 덧붙였다. 그 아끼는 후배 두엇이 누구인지는 굳이 묻지 않아도 될 만했다. 같은 세부전공의 후배라 봐야 진욱과 오름 두 사람이 전부였기 때문이다. 처음 제안을 받았을 때 오름도 진욱도 서로의 눈치를 보았다. 참석이 어렵다고 말해 주기를 바랐던 것이다. 이번 학기 처음으로 강의를 맡은 오름은 수업 준비에 바빴고 강의 3년 차인 진욱은 학원에서 풀타임 국어 강사로 일하고 있었다. 분위기를 감지한 경수가 말했다.

"내가 너희 생각해서 바쁜 와중에 이 좋은 기회를 마련한 건데 뭐 싫은 모양이네. 에이, 참. 너희들 공부할 생각이 있기는 한 거냐?"

진욱이 손을 내저으며 답했다.

"아니 선배, 너무 좋은 말씀이라 저희가 같이해도 되나 고민하고 있는 거죠. 당연히 가야죠. 감사합니다."

그래서 오름도 눈빛을 반짝이는 연기를 급히 곁들이며 당연히 함께하겠다고 답하고 말았던 것이다.

세 사람은 W 대학에서 경수의 차를 타고 함께 출발했다. 운전은 진욱이 맡았고 오름은 조수석에, 경수는 뒷좌석 오른편에 앉았다. 영동고속도로를 타고 톨게이트를 지날 때만 해도 괜찮았다. 그러나 시내에 들어서고부터는 이동하는 시간보다 서 있는 시간이 길었다. 강원도에서 나고 자란 진욱은 왜 1킬로미터를 움직이는 데 10분이 넘게 걸리느냐고, 차라는 것은 1분에 1킬로미터씩은 가는 게 당연하지 않느냐고 불만이었고, 본가가 서울인 오름은 이게 당연하지 않은가 싶었다. 그만큼 진욱은 교통체증이라는 것을 겪어본 일이 별로 없었다. 그런 그들과 관계없이 경수는 무심한 표정으로 발제해야 할 책을 읽어 나갔다.

경수는 책을 제대로 읽지 않은 듯했다. 『제국』이라는 두꺼운 책의 페이지를 이리저리 넘겨 대는 그의 모습을 본 오름이 혹시 책을 읽지 않으셨느냐고 조심스레 묻자 그는 이 정도는 읽지 않아도 충분히 다 논리로 죽여 놓을 수 있다며 피식 웃음을 지어 보였다. 진욱이 역시 우리 경수 형님, 하고 운전하다 말고 뒤를 돌아보며 엄지를 치켜올렸고, 오름도 아아, 역시, 하고는 고개를 끄덕였다.

그러나 경수는 세미나 내내 별로 말이 없었다. 아니, 단 한 마디도 하지 않았다고 하는 게 맞겠다. 다 죽여 놓으신다더니 왜 혼자 죽으셨나요, 하는 심정이 된 오름이 그를 흘낏 쳐다보았으나 그는 무언가 기분이 나쁘다는 표정으로 발제지를 응시할 뿐이었다. 곧 사색을 마치고 날카로운 질문을 던질 것처럼 보이기도 했으나, 대학의 자체 세미나에서도 별로 그런 모습을 본 일이 없는 오름은 기대를 접었다. 결국 나라도 무언가 한마디 해야 하는 게 아닌가, 하는 의무감이 그를 감쌌다. 아무래도 세미나가 끝나고 나면 경수가 "너희들 내가 이 귀한 자리까지 데려왔는데 한마디도 안 하고 있으면 내 얼굴이 뭐가 되냐. 많이 참았다는 거 알아 두고 다음엔 공부들 좀 해서 와라." 하고 말할 것이 분명했다. 그러나 오름도 무슨 말을 해야 할지 알 수 없었다. 다만 발제자의 그 '근대 이동론', 그러니까 근대의 국가들이 개인의 이동권을 침해하는 것으로 일국주의를 강화하고 있다는 그 말에, 세 시간이 넘게 걸려 세미나를 하러 온 자신들의 처지가 겹칠

　　　　　　유령들의 패자부활전

뿐이었다.

"저어, 이 이동권의 제한과 국가주의라는 것은 지금 대한민국에서도 일어나는 일입니다. 저희는 강원도 W 지역에서 출발해 오는 데만 3시간이 넘게 걸렸습니다. 돌아가는 시간은 아마도 이동하는, 아니 퇴근하는 서울 사람들 덕분에 4시간이 넘게 걸릴 거고요. 유류비와 고속도로 통행비를 서로 나눈다고 해도 1인당 3만 원씩은 내야 하는데 자기 차를 가져온 경수 형은 안 낼 테니 5만 원이고. 아아, 게다가 그러한 짓을 저희는 이제 매주 해야 합니다."

오름은 이렇게 말하고픈 마음을 가라앉혔다. 어차피 안토니오 네그리도 자차를 타고 세미나에 참석하는 지방대학교의 연구자는 아니었을 듯하다. 그는 세미나가 끝날 때까지 입을 다물고 있기로 한다.

세미나가 끝났을 때 좌장이라는 직책을 맡은, 그러니까 세미나의 장이 말했다.

"다음 세미나는 다음 주 수요일 7시 반에 하겠습니다. 발제자는 병극 선생님이 맡아 주시고요. 아, 그리고 오늘 먼 발걸음 해 주신 연구자들이 계시죠. 같이 뒤풀이라도 간단히 하고 가시면 좋겠네요."

9시가 넘은 시간이었다. 지금 출발한다고 해도 W 지역에 도착하면 자정이 넘을 것이었다. 오름과 진욱이 동시에 경수의 얼굴을 바라본다. 세미나의 종료와 함께 거짓말처럼 얼굴이 풀어진 경수가 웃으며 답한다.

"저희는 돌아가서 내일 수업 준비를 해야 해서요. 다음에 여유가 될 때 함께하겠습니다."

세미나가 끝나고 돌아가는 길에 경수가 말했다.

"하아, 진욱이 하고 오름 너희들 정말…… 내가 이 귀한 자리까지 데려왔는데 말이다. 너희가 이 근대사상사에 안토니오 네그리가 얼마나 중요한 사람인지 알고 있으면 공부를 좀 해서 왔어야 한다. 『다중』이라는 책만 읽어 왔어도 얼마나 할 말이 많았고 발제자의 허점이 보였을지 알고들은 있는지. 에이, 참."

그는 S 대학교 박사과정생의 발제가 몹시 형편없었으며, 그래서 말을 보태기가 부끄러웠으며, 진욱과 오름이 그것을 간파하고 한마디 하지 않아 몹시 실망했다고 말했다. 진욱은 운전을 하며 우리가 부족했노라고, 그러한 후배여서 미안하다고 말했고 오름도 다음부터 잘하겠다는 뜻을 전달했다. 경수의 분노가 잦아들고 그럭저럭 훈훈한 분위기가 되었을 무렵 오름이 말했다.

"저어, 근데 선배, 아까 다 죽여버리시겠다고 해서 뭔가 보여 주실 줄 알았어요."

그런 그에게 경수가 답했다.

"내가 언제. 그러니까 너는 그런 마음가짐이 문제인 거야.

배우겠다는 마음으로 들어가야지 그런 태도로 어떻게 좋은 연구자가 될 수 있겠냐. 그거, 참."

오름은 자신이 잘못 들은 것 같다고 말하며 조수석에서 몸을 돌려 사과했고, 그러면서 운전 중인 진욱을 곁눈질로 살짝 바라보았다. 진욱은 묵묵히 앞을 바라볼 뿐이었다. 3시간 반이 걸려 강원도 W 대학의 강의동에 도착한 그들은 차에서 내렸다. 경수는 자신의 차로 가서 시동을 걸었으나 오름과 진욱은 그럴 수 없었다. 다음 날 있을 수업 준비를 해야 했다. 오름은 강의를 맡은 첫 학기였기에 준비해야 할 게 많았다.

진욱이 담배를 꺼내 물고 강의동 앞 벤치로 걸어가고, 오름은 그의 뒤를 따른다. 밤하늘의 별빛이 선명하다. 진욱이 담배 연기를 허공에 훅 내뱉는다. 담배를 피우지 않는 오름은 벤치에 앉아 그런 그와 별빛과 저 멀리 서울로 이어진 고속화도로를 바라본다. 별 하나에 세미나 하나, 별 하나에 대학원 수업 하나, 별 하나에 강의 하나, 별 하나에 아아 어머니 아니, 안토니오 네그리 씨. 담배 연기에 자욱해진 시야 앞으로 흐려진 불빛이 반짝인다. 둘은 한참 동안 말이 없다가 짧은 대화를 주고받는다.

"형, 우리 다음 주에 이거 또 가요?"

"하, 모르겠다. 저 양반이 가자고 하니까 일단 가야지."

"오늘 여기에서 3시에 출발해서 새벽 1시에 돌아왔잖아요. 왕복 기름값으로 경수 형한테 3만 원씩 냈고요. 안토니오 네그리가 말한 게 맞는 게 하나도 없네. 국가와 국가의 이동이 아니라 서울과 강원도의 이동도 이렇게 힘든데 무슨 근대 이후의 이동권이야. 아니 뭐 서울이 제국이라고 하면 말은 되지. 우리가 이렇게까지 거기에 가는데."

"그러게. 안토니오 네그리 걔는 어디 사냐. 걔도 서울에만 계속 살았던 거 아니냐. 아 나도 서울 살고 싶다."

두 사람은 서로를 바라보며 한참 웃는다. 이렇게 잠시나마 헛소리를 할 만한 사람이 있어서 오름도 진욱도 숨을 쉰다. 이 시간에는 불쑥 나타날 교수나 경수와 같은 침입자도 없다. 진욱은 담배 두 대를 연달아 태운다. 그런 그를 보며 오름이 늘 하던 한마디를 건넨다.

"형, 그러다 박사 되기 전에 폐암으로 죽어요."

진욱은 싱긋 웃고는, 야 그럼 안 되지 죽어도 박사는 따고 죽어야지, 라면서 담배꽁초를 휴지통에 튕겨 넣고는 일어난다. 굳이 서울로 가지 않아도 교수가 되면 그곳이 그들의 제국이 되리라는 것을 그들도 알고 있다. 그러나 거기까지 가는 길이란 편도 3시간 30분이나 3만 원의 교통비로는 어림도 없는 것이다. 몇 년이 걸릴지, 어느 만큼의 비용이 더 필요할지 짐작도 되지 않는다. 오름도 진욱도 다만 이렇게 모교에서 강의하며 다음을 꿈꿀 수 있는 삶이 지속되기를 바랄 뿐이다.

두 사람은 함께 합동연구실 출입구를 향해 걷는다. 거기로 가는 길은 채 1분이 걸리지 않는다.

2

　오전 8시 53분, 차 한 대가 대학의 강의동 정문 앞 주차장을 빠르게 지난다. 그 차는 강의동의 뒤편의 구석 자리를 찾아 몇 번 앞뒤로 오가더니 자리를 잡는다. 대학원생이나 시간강사들이 주로 주차하는 곳이다. 거기에서 오름이 내린다. 교재와 출석부를 챙긴 그는 문이 부서져도 괜찮다는 듯 하얀 국산 소형차의 문을 세게 닫고는 건물의 쪽문을 향해 뛰기 시작한다. 1교시 수업까지 5분이 남았고 강의실은 4층에 있다.

　엘리베이터 앞은 이미 4층으로 가려는 학부생들로 가득하다. 적어도 세 번은 차례를 기다려야 할 것이다. 오름은 그들과 함께 엘리베이터 안에 있는 상상만으로도 아득해진다. 몰래 계단으로 가려는데 그를 발견한 누군가가 "교수님 안녕하세요!" 하고 큰 소리로 인사한다. 그 순간 모두가 고개를 돌려 오름을 향해 안녕하세요, 안녕하세요, 안녕하세요, 하고 외친다. 그는 적당히 답하고는 계단을 오른다. 급기야 "교수님, 저희 지각 아니죠?" 하는 수강생의 목소리가 들려온다. 그는 "나보다 늦게 오는 사람은 다 지각!" 하고 외칠까 하다가, 너무 가벼워 보일 것 같아서, 게다가 선배 강사가 보기라도 하면 분명히 문제 삼을 것 같아 굳이 내뱉지 않고 계단을 뛰어오른다. 어, 어, 하던 그의 수강생 몇이 그를 따라 계단을 뛴다. 그는 2층 즈음에 이르러 뒤를 돌아보고 "괜찮아, 걸어와. 출석 끝날 때까지만 들어와" 하고 소리친다.

오름은 자신의 첫 강의 학기에 대학국어 과목 두 개를 맡았다. 1학년 학부생에게 글쓰기를 가르치는 3학점의 필수 교양과목이었다. 거의 모든 대학에 대학국어, 글쓰기, 글과 삶 등의 이름으로 존재하는 과목으로, 국어국문학과에서 강의를 배정했다. 월요일 1교시 4층 강의실 40명, 금요일 5교시 4층 강의실 40명. 애초에 막내인 그에게 배정될 게 분명한 시간표였다. 불만이나 억울함은 없었다. 강의를 하게 된 데 감사할 뿐이었다. 같은 박사과정 마지막 학기인 그의 동기는 강의를 배정받지 못한 상태였다. 선배들은 오름에게 연구 성과가 좋았고 평소 행실이 나쁘지 않았기 때문이라고 격려했다. 그러나 고작 소논문을 두어 달 일찍 발표했다는 게 임용에 영향을 미쳤을 리는 없었고 행실이라는 것도 모호한 정성적 평가일 뿐이다. 사실 오름은 자신이 본교 출신의 남성이기에 그렇게 되었다는 것을 어렴풋이 알고 있었다. 다른 지방대학교 출신의 여성이었던 동기는 학과 내 모든 일에서 거의 배제되고 있었다.

강의실 앞에 도착한 그는 숨을 한 번 고르고는 402호 강의실의 문을 연다. 먼저 도착한 수강생들 절반 정도가 그에게 어서 출석을 부르라는 무언의 눈짓을 보낸다. 자신의 성실함을 어서 보상해 달라는 요구일 것이다. 오름은 출석부를 펼치고 학번 순으로 정렬된 이름을 불러 나가기 시작한다. 그는 학기 초에 출석을 두 번 부르겠다는 원칙을 전달해 두었다. 그러면 9시 5분까지 온 학생들은 그럭저럭 정상 출석이 된다. 오늘은 세 명이 지각으로 벌점 1점을 받았다. 아슬아슬하게 들어온 열 명 남짓은 안도의 한숨을 내쉬었고 나머지는 조금 더 빨리 출석을 부르지 않은 데 대한 불만을 은근히 내비친다.

오늘은 파토스에 대한 강의를 할 차례다. 오름은 전날 강의 준비를 2시간 넘게 해야 했다. 파토스가 뭔지 그도 배운 일이 없었던 것이다. 그가 학부생이던 10년 전에는 대학국어 교재에 에토스, 로고스, 파토스라는 설득의 3요소 이론이 없었으나 2년 전 나온 개정판에는 추가되어 있었다.

"그러니까 파토스라는 건, 읽는 사람의 감정에 관여하는 글쓰기의 기술이라고 할 수 있습니다. 사실을 제시하고 논증해 나가는 이성적인 논리인 로고스가 아니라, 독자가 마음으로 공감하고 이입할 수 있게 만드는 것입니다. 예를 들면, 이 예문을 같이 봅시다."

3시간 강의였으나 오름은 30분 일찍 끝내는 것으로 학생들과 합의해 두었다. 그것만으로도 그는 꽤 인기와 평판이 좋은 시간강사였다. 학생들에게는 다음과 같은 이유를 댔다. 자신은 젊고 말이 빠른 편이어서 나이가 많은 다른 교수들보다 훨씬 더 많이 진도를 나갈 수 있다고. 그래서 30분 일찍 수업이 끝나더라도 배우는 양은 더 많을 것이라고. 학생들은 수긍했다. 실제로 그는 발음이 정확하고 말이 빠른 편이었다. 덕분에 그의 수업을 들은 학생들은 점심을 먹기 위해 학생식당에 줄을 서지 않아도 되었다.

강의가 끝나고 대학국어 교재와 출석부를 챙기는 그에게 학생 몇 명이 다가왔다. 강의가 끝났으나 모르는 것을 물어본다는 핑계로 한 번 더 눈도장을 받겠다, 나에게 A+ 학점을 꼭 줘야 한다, 하고 온몸으로 말하는 그들이었다. 몇 명은 오늘 강의가 너무 좋았다며 진심 어린 빈말을 했고, 몇 명은 모르는 게 있다며 빤히 아는 것을 물어보았고, 마지막으로 남은 B는 다음과 같이 말했다.

"교수님, 제가 소속변경 때문에 꼭 좀 여쭈어볼 게 있는데 잠시 시간 괜찮으실까요. 사실 논문을 한 편 썼습니다."

소속변경이라니, 논문이라니. 오름은 아무래도 오늘 점심을 먹지 못하게 될 것 같아 슬퍼지고 말았다. 어차피 아침을 챙겨 먹는 삶은 아니었으나 세 시간 가까이 말을 한 뒤라 빈속이 더욱 선명했다. 함께 점심을 먹자고 하면 B는 아마 기뻐할 것이다. 그러나 오름이 밥을 사야 할 게 분명하다. 일반식보다 500원이 비싼 3300원짜리 학생식당 특식을 먹는 것도 오름에게는 사치

유령들의 패자부활전

다. 게다가 특정 학생과 밥을 먹는 일이 다른 학생들에게 납득될
리도 없다. 누가 누구와 밥을 먹었다더라, 하는 소문은 편애라든
가 불공정이라는 수식이 붙어 빠르게 퍼져 나간다. 그런 오해를
피하고자 학교 바깥 시내로 가서 밥을 먹을 수도 있겠으나 점심
값은 만 원을 넘게 될 것이다. 오름은 결국 점심 식사를 포기하
기로 한다. 그러나 내색하지 않고 그에게 묻는다.

"아니, 논문을 썼다고요?"

"네, 한국대학생언론인협회에서 개최하는 대학생 논문 경
진 대회가 있는데, 거기에 제출해 보려고 합니다."

B가 내민 논문은 A4용지 10쪽 분량으로, "대학생으로서 바
라보는 대학 언론의 실태 고찰과 개선점 제안"이란 거창한 제목
을 단 것이었다. 오름은 한국대학생언론인협회라는 단체를 들
어본 일도, 대학생을 대상으로 한 논문 경진 대회가 있다는 사실
을 알게된 것도 처음이었다. 그는 강의실 빈 의자에 앉아 진지한
표정으로 논문을 읽어 나간다. 그런 그를 바라보던 B가 페이지
가 절반 이상 넘어간 것을 보고 조심스럽게 묻는다.

"어떤가요? 교수님이 알려 주신 리포트 쓰는 방법을 참고해
서 썼어요."

"아, 아아… 잘 썼네요."

사실 논문이라는 이름을 붙이기는 민망한 1학년 리포트 수
준의 글쓰기이기는 했으나, '잘'이라는 모호한 부사는 이럴 때

쓰라고 있는 것이었다. 게다가 자신이 알려준 방법을 참고해서 썼다는데 굳이 무어라 할 것인가. 그는 1장에서 '대학 언론'이라는 용어 정의를 새롭게 할 것을, 2장에서 타 대학 언론의 사례를 추가할 것을, 3장에서 대학 언론이 학교 구성원의 이슈에 집중해야 한다는 대안을 강조할 것을 각각 제안하고는 다음과 같이 물었다.

"그런데, 그 소속변경이라는 거 저도 들어보기는 했는데, 많이 어렵다고 들었어요. 준비하시는 건가요?"

오름이 강의하는 대학은 서울에 본교가, 강원도에 분교가 있었다. 당연히 본교의 입학 점수가 많이 높았다. 아니, 단순히 많이 높다고만 표현하기에는 민망할 만큼 몇 등급의 차이가 있었다. 그러나 소속변경이 생긴 이후부터는 본교에 합격하지 못한 상위권 학생들이 분교로 오기 시작했다. 오름도 서울의 알 만한 대학에 붙은 학생들이 많이 입학하고 있다는 소문을 들었다. 그가 학부생이던 때도 부전공, 이중전공, 복수전공과 같은 제도를 활용해 본교에서 수업을 듣는 분교 학생들이 있었다. 졸업장의 분교 표시를 지울 수는 없다고 했으나 학점이 높은 학생들은 한 번쯤 꿈꾸는 일이었다. 그러나 소속변경은 그 소속을 완전히 본교로 바꾸어 주는, 그러니까 학벌 세탁의 기회를 열어준 것이라고 했다.

"네, 그런데 저 공부 잘했거든요. 서울에 J 대학 붙었는데 소속변경이 하고 싶어서 여기로 왔어요."

　오름은 B에게 "그러면 그냥 J 대학을 가지 그랬어요" 하고 말할 뻔했다. J 대학이라니, 본교와도 큰 점수 차이가 나지 않을 만한 명문대다. 아니 애초에 서울에 있는 대학이야 다 명문이라 할 만하지 않은가. 어쩌면 B는 내신 등급을 위해 일반고등학교로 전학 가는 특목고 학생들처럼 전략적인 선택을 했을 것이다. 내가 이곳을 평정하는 생태계 교란종이 되겠다, J 대학 붙은 내가 왔으니 나 말고 누가 소속변경에 성공할 것인가. 그러나 그러한 믿음으로 분교에 진학한 최상위권 학생들이 분반마다 몇 명씩은 있었다. 오름은 그에게 해 주고픈 말이 많아졌으나 간신히 참고 "아아, 그러면 소속변경도 잘할 수 있겠네요. 이 경진 대회에서도 좋은 결과가 있으면 좋겠어요. 아, 논문에서 다루는 대상 범위가 너무 넓으니 특정 지역의 대학 언론을 중심으로 살펴본다고 한정해 봐도 괜찮겠네요." 하고 말하고는 문장의 표현이나 인용 부호 몇 군데를 교정 본 논문을 건네주었다.

　B는 그 이후에도 수업이 끝나고 나면 그를 찾아왔다. 논문을 다시 봐 달라거나, 소속변경을 위해 해야 할 일이 있으면 알려 달라거나, 쓸데없는 것을 묻거나 했다. 그러는 동안 그는 강의실에서 누구와도 섞이지 못하고 부유하는 것처럼 보였다. 그에게 말을 거는 사람도, 그의 곁에 앉으려는 사람도, 그가 있다는 사실을 알아채려는 사람도 없는 듯했다. 하긴, 오름이 보기

에도 좀 과하다 싶은 그의 행동이 같은 학부생들의 눈에 보이지 않을 리가 없었다. 대부분이 그를 노골적으로 경시했다.

언젠가 B가 없는 쉬는 시간에 학부생 한 명이 오름에게 다가왔다. 자신들끼리 무언가 보며 웃다가 그와 눈이 마주친 참이었다. 이것 좀 보셔야 한다며 내민 핸드폰 화면에는 B의 페이스북 프로필이 있었다. "W 대학교 재학 중"이라는 한 줄의 소개는 그가 본교생인지 분교생인지 알 수 없게 했다. 그러나 그건 비난받을 만한 일이 아니었다. 굳이 본교와 분교를 나누어 자신을 드러내는 학생들이 더 적었다. 오름도 학부생 시절 SNS 프로필을 그렇게 해 두지 않았던가. 학교 선택란에서 분교를 선택할 수도 있었으나 그렇게 하지 않았었다. 그게 무슨 문제가 되느냐는 표정으로 핸드폰 화면을 바라보는 그에게 학부생이 말했다.

"여기 프로필 사진 좀 보세요."

손가락이 가리킨 프로필 사진 속의 B는 서울 본교의 정문을 배경으로 환하게 웃고 있었다. 오름이 작은 탄식을 내뱉자 그에 힘입은 학부생이 말을 이었다.

"와, 진짜 너무하지 않나요. 같이 공부하는 게 너무 부끄러워요. 빨리 서울로 가든가. 근데 서울 가는 꼴은 저희가 또 못 보겠고요."

모여 있던 학생들 사이에서 와아, 하는 웃음이 터져 나왔고, 저거 완전히 또라이예요, 하는 누군가의 목소리도 섞여 들렸다.

오름은 거기에 동조하지도, 완전히 멀어지지도 못한 채 그저 복잡한 표정이 되어 그들을 바라볼 뿐이었다. 거기엔 학부생 시절의 그가 있다. 어쩌면 이중전공을 잠시나마 꿈꾸었던 자신도 반쯤은 B의 모습이었을 것이다. 곧 B가 들어와 자신의 자리에 앉았다. 그를 비웃던 강의실의 분위기는 아직 채 가라앉지 않았고, 누군가는 그의 페이스북 프로필 사진을 여전히 켜 두고 있었다. B는 약간 상기된 표정으로 책상 한 켠에 올려둔 A4용지 뭉치를 꺼내 든다. 거기에는 "대학생으로서 바라보는 대학 언론의 실태 고찰과 개선점 제안 : 지방의 4년제 대학 언론을 중심으로"라는 제목이 굵은 글씨로 선명하다.

수업이 끝난 강의실에는 B만이 남았다. 이번에는 오름에게 눈도장을 찍기 위해 함께 남던 몇몇 학생들조차도 그를 흘겨보고는 다른 무리와 어울려 나가기 바쁘다. B는 순식간에 홀로 불공정한 인간의 표본이 되어 버린다. 오름은 그에게 많은 시간을 할애하고 싶지 않다. 논문을 빠르게 훑어보고, 잘했노라고 격려하고, 짧은 조언을 해 주고는 강의실 밖으로 나간다. 합동 연구실이 있는 2층으로 가기 위해 계단을 내려가는 오름의 뒤를 적당한 거리를 두고는 그가 따른다. 그러다가 2층 계단의 경계에서 교수님 감사합니다. 하고 인사한다. 돌아서서 고개를 가볍게 끄덕인 오름은 계단을 내려가는 그의 뒷모습을 본다. 그런 그의 모습이 그간 이 학교에서 보아온 여러 사람과 겹친다. 그러던 오름은 문득 누군가를 떠올린다.

오름의 한 학번 선배인 석환은 후배들에게 선망의 대상이었다. 그는 스승의 날을 제외한 학과 행사엔 잘 나타나지 않았으나 언제나 도서관에 있었다. 올 A+을 몇 학기나 받았고 학과에서 한 명만 받을 수 있는 전액 장학금의 수혜자였다. 그러던 그는 3학년 2학기가 되고부터는 학교에서 보이지 않았다. 본교의 신문방송학과에서 복수전공을 하게 되었다고 했다. 그런 그가 언젠가 페이스북에 자신의 결혼 소식을 전했을 때, 오름도 축하한다고, 함께 창조관에서 수업을 듣던 시절이 떠오른다고 댓글을 남겼다. 그러자 꽤 늦은 시간이었는데도 그에게 곧 페이스북 메시지가 왔다.

"오름, 축하는 고마운데 댓글 좀 지워 줘라. 이유는 묻지 말고 지금 지워라."

오름은 댓글 수정하기 버튼을 눌러 축하한다는 말만 남겼다가 그마저도 지우고 말았다. 본교 캠퍼스에는 창조관이라는 이름을 가진 강의동이 없다. 누군가는 그 정보만으로 그가 분교 출신이라는 사실을 알아차릴지도 모른다. 그는 본교라는 사다리에 올라타서 그것을 기반으로 이후의 삶을 살아가려 한다. 자신의 과거와 작별하고 싶을 것이다.

어쩌면 B도 그렇게 생각하고 있을 것이었다. 소속변경에만 성공하면 잠시 몸담았던 실패의 공간과는 결별하겠다고. 여기

유령들의 패자부활전

에서 만난 그 어떤 인연도 기억지 않겠다고.

B는 W 대학 본교뿐 아니라 그 이상의 대학에 진학할 것을 기대받는 최상위권 학생이었다. 자율형 사립고등학교 출신이었고, 내신 성적도 높았고, 학생생활기록부 개인별 세부 능력 특기 사항의 정성적 지표도 모두 좋았다. 그렇게 되기 위해 그와 그의 부모가 쏟은 노력이 어떠했는지는 짐작할 만하다. 그러나 수시모집에서는 운이 없었고 정시모집까지 떠밀려 와 몇 번의 실패를 반복한 끝에 그는 결심했다. 자신의 시간을 보상받기 위해서는 W 대학에라도 가야 한다고. 그러기 위해 가장 확률이 높은 방법은 분교에 진학해 1년 뒤 소속변경을 통해 본교로 가는 것이라고. 그러나 그는 같은 마음으로 진학한 수십 명의 최상위권 학생들과 다시 경쟁해야 했다. 그에게 자신과 동류인 이들은 물리쳐야 할 경쟁자일 뿐이었고, 주변의 동기들은 자신과 곧 마주칠 일이 없어질 몇 등급 아래의 인간들이었다. 누구와도 친구가 될 수 없는 삶을 그는 앞으로도 몇 개월간 더 살 예정이다. B는 동기들이 자신을 경멸하고 있다는 것을 안다. 그러나 어떻게든 서울의 본교로 가고 나면, 그렇게 다른 세계로 진입하고 나면 과거의 노력과 지금의 노력을 모두 보상받고 그들과는 몰랐던 사람처럼 살아갈 수 있을 것이다. 그는 그 믿음만으로 한 시절을 버텨 내는 중이다.

오름은 서글펐다. 스무 살이던 시절, SNS 프로필에 굳이 본교와 분교를 지정하지 않은 것만으로도 어딘가 마음이 편치 않았다. 하물며 서울 본교의 정문에서 프로필 사진을 찍는 B의 마음은, 그리고 소속변경을 위해 겨우 버티고 있는 그의 몸은 얼마나 망가지고 있을 것인가.

1년 후, B는 서울로 갔다. 더 이상 분교에서 그의 모습을 볼 수 없게 되었다. 소속변경이 아니라 이중전공으로 갔다는 말도, 혹은 아예 자퇴하고 재수를 시작했다는 말도 들려왔다. 오름은 다만 그가 한국대학생언론인협회에서 주최한 논문 경진 대회에서 떨어졌다는 것만을 확실히 안다. 일부러 그 수상자 명단을 찾아보았기 때문이다. 오름은 소속변경에 성공한 그를, 아니면 어느 학원에서 재수를 하고 있는 그를 상상해 본다. 왠지 어느 편에서도 그는 별로 행복하지 않을 듯하다. 완벽한 소속변경이라는 것이 과연 가능한 걸까. 아니, 애초에 그러한 가능성이 사람을 행복하게 만들 수는 있는 걸까. 어쩌면 이것은 사람을 불행하게 만드는 패자부활전인지도 모른다. 오름은 이 분교의 학생들이 어느 거대한 미끄럼틀의 중간쯤에 있는 것을 상상한다. 오르기는 어렵고, 머물기 위해서도 분투해야 하고, 누군가의 허리를 잡고 함께 내려가기는 쉬운.

보이지 않는 건 B뿐이 아니었다. 여러 분반에서 그와 닮은 학생들이 모습을 감추었다. 소속변경에 성공한 이들은 말없이 떠났고 실패한 이들은 아무 일 없었다는 듯 돌아오거나 자퇴를

했다. 오름에게 B의 페이스북 프로필 사진을 들고 찾아왔던 그 학부생도 소속변경에 응시했다가 떨어졌으나 그건 별 이야깃거리가 되지 못했다.

3

오름은 첫 학기 강의를 무사히 마쳤다. 그러나 다음 학기에도 강의를 할 수 있을지는 알 수 없었다. 진욱은 그에게 개강을 3주 정도 앞두고 학과 사무실에서 전화가 오면 꼭 받으라고, 그것은 임용 전화이며 전화가 오지 않거나 전화를 받지 않으면 임용될 수 없을 것이라고 말했다. 그래서 그는 언제나 휴대폰을 곁에 두고 지냈다. 지역번호 033으로 시작하는 전화가 올 때마다 몸이 곤두섰다.

시간강사들은 학기가 끝나고 공개되는 강의평가 결과를 신경 써야 했다. 정교수들은 몇 점이 나오든 관계가 없으나 시간강사들은 하위 10퍼센트가 나오면 다음 학기부터 강의를 맡을 수 없었다. 상위 10퍼센트 안에 들면 최우수강사로 선정되고 80만원의 포상금도 받게 될 것이었다. 오름은 강의를 이어갈 수 있을 만큼의 평점이 나오기만을 간절히 바랐다. 그가 받은 강의 평점 결과는 4.87점이었다. 점수 옆에는 '최우수 강사'라는 표기가 선명했다. 그는 살아남았다는 안도와 그럭저럭 남들보다 잘 해

냈다는 기쁨에 젖었다. 사실 그 공지를 보자마자 침대로 달려가 베개에 고개를 파묻고 소리를 질러 댔다. 젊은 교수들은 아무것도 하지 않아도 추가 점수가 붙는다. 미숙에서 성숙으로 향하는 과정을 함께했다는 연대감이 학생들에게도 생기기 마련이었다. 첫 강의를 맡았던 오름의 경우도 마찬가지였다. 개강을 3주 앞두고 학과사무실에서도 전화가 왔다. "강의를 맡아 주십사 하고 전화드렸습니다"라는, 형식적으로라도 대단히 정중한 목소리였다. 그는 두 손으로 휴대폰을 잡고 일어서서 몇 번이나 감사하다고 말하며 제안을 수락했다.

두 번째 학기에도 오름은 국어국문학과 분반의 대학국어 강의를 맡았다. 자신과 10개 학번 정도가 차이 나는 과 후배들과 만나게 된 것이다. 강의 시간도 화요일 오전과 수요일 오전으로 나쁘지 않았다.

"저도 이 학교 국어국문학과 출신이에요. 후배들과 만나게 되어 기쁩니다."

첫 수업 시간, 오름의 그 한마디는 학생들과의 관계를 무척 느슨하면서도 단단하게 만들어 주었다. 단순한 교수와 학부생의 관계를 넘어 선배와 후배라는 선으로 이어지는 순간이었다. 다른 분반에서는 볼 수 없는 유대감이 그 공간에 있었다. 실습 과제의 개별 피드백을 해 주던 어느 날에는 한 여학생이 손을 들고 말했다. "오빠 이 문장 좀 봐 주세요. 아, 아니, 죄송합니다.

유령들의 패자부활전

교수님." 거의 모두가 크게 웃었고, 오름도 웃었고, 눈치를 보던 몇몇도 따라 웃고 말았다. 그렇다고 수업이 느슨한 것은 아니었다. 오름은 최선을 다해 후배들을 가르쳤고 그들의 의견을 묻고 경청했다.

오름이 분반의 반장을 뽑겠다고 했을 때, 모두가 김지훈이라는 학생을 바라보았다. 그와 동시에 김지훈도 손을 들고 "제가 하겠습니다"라고 말했다. 그는 국문과의 새내기 분반 대표라고 했다. 분반마다 그런 학생들이 한 명씩 있기 마련이었다. 오름은 수업이 끝나고 지훈과 만났다.

"반장 맡아 주어 고마워요. 과대는 어떻게 하게 됐어요?"

"아, 그게… 할 사람이 저밖에 없었어요."

"그렇구나. 사실 저도 과대 출신이에요. 저도 저 말고는 할 사람이 없었어요."

"아, 정말요."

10년 전, 오름이 국문 분반의 새내기가 되었을 때의 일이다. 문학입문 수업 1주 차가 끝났을 때 강의실에 학회장이 들어왔고 전달 사항이 있으니 모두에게 남으라고 말했다. 교수는 그런 그에게 "네가 이번 학회장이구나, 고생해"라며 팔을 툭툭 치고는 나갔다. 누군가가 다음 수업이 있다고 말하자 그는 말했다.

"괜찮아. 전공 교수님들께는 오늘 새내기들이 수업에 조금 늦을 수 있다고 말해 뒀으니까 앉아."

모두가 앉은 것을 확인한 그는 말을 이었다.

"너희 학번의 과대를 뽑을 거야. 오늘 여기에서 무조건 과대한 사람 나와야 해. 과대는 학생회 임원이 되고 교수님과 선배들 의견을 모두에게 전달하는 일을 할 거야. 좀 힘들지도 모르지만, 교수님들이 학점도 더 잘 주시고 선배들도 예뻐해 줄 테니까 아무 걱정 안 해도 돼. 자, 후보자가 되고 싶다 하는 사람 손 들어."

오름을 비롯한 40여 명의 새내기들 모두가 그저 눈치를 볼 뿐이었다. 어색한 침묵이 수십 초 흐르자 학회장은 말했다.

"아, 실망인데. 일단 선배들은 다 나가 있다가 10분 뒤에 들어올 테니까 너희끼리 과대 한 사람 꼭 뽑아 놔. 안 뽑혀 있으면 뽑힐 때까지 이 강의실에서 아무도 못 나가."

그가 나가자 새내기들끼리 두리번거리며 서로를 바라보았다. 다음 수업이 있다거나, 아르바이트가 있다거나, 아니면 이런 게 정말 싫다거나 하는 불만들이 작은 목소리로 들려왔다. 그렇게 10분이 다 되어갈 즈음 누군가가 일어났다. 그는 하고 싶은 사람은 아무도 없을 테니 잘할 만한 사람을 추천해 보자고 말했다. 그러자 주변의 몇몇이 그에게 말했다.

"네가 하면 되겠다."

"그래, 성균아 네가 해라. 잘할 것 같다."

성균이라고 불린 그는 그럴 줄 알았다면서, 자신도 한 명을 지목하겠다고 말했다. 그러면서 오름을 가리켰다.

"네가 제일 잘할 것 같다."

그 이후로는 성균과 오름의 출마의 변이 있었다. 성균은 말했다.

"제가 과대가 되면 이 과를 시원하게 망쳐 놓겠습니다. 하하하."

교탁 앞에 선 오름은 자신이 당했다는 것을 알았다. 그는 도저히 무언가를 망치겠다고 말할 만한 사람이 아니었다.

"하게 되면, 해 보겠습니다."

투표 결과는 만장일치였다. 오름은 그렇게 과대가 되었다.

오름은 대학국어 과목의 반장이자 국문 분반의 과대라고 하는 지훈과 자신의 과거가 겹쳐 보인다. 그러고 보니 평균의 키에, 얼굴이 하얗고, 적당히 잘생긴 것도, 못생긴 것도 같은 그 모습마저 그럭저럭 닮은 듯하다.

며칠 후 강의가 끝난 오름은 선배 진욱과 함께 학생식당에서 2300원짜리 백반을 먹고 일어난다. 진욱은 담배를 피우러 가겠다고 하고 오름은 산책을 좀 하겠다고 말한다. 그는 혼자서 대학 캠퍼스를 걷는다. 그가 좋아하는, 대개는 아무도 없는 산책길이다. 나무로 둘러싸인 저 길의 모퉁이를 돌아 나가면 무궁화공원이라고 부르는 한적한 공터가 나타날 것이다. 그러나 그날은 거기에 십수 명의 사람들이 모여 있다. 몇 명은 앞에서 무어라고 소리치는 듯하고 나머지는 고개를 푹 숙이고 열중쉬어 자세를 하고 있다. 그는 걸음을 멈추고 그 모습을 살핀다.

"야, 너희들, 선배들을 왜 실망시키는 거야."

"죄송합니다."

"너네 진짜 말 계속 나오잖아. 야, 과대 나와."

어느 학과에서 새내기들을 집합시킨 듯하다. 아직도 저런 것을 하나 싶어서 지켜보던 오름이 앞으로 뛰어나간 과대를 보고는 입이 벌어진다. 지훈이었던 것이다. 그를 불러낸 선배가 그에게 무어라 하는 듯하지만 잘 들리지는 않는다. 오름은 무척 혼란스럽다. 나서서 말려야 할지, 아니면 못 본 척하고 사라져야 할지 잘 알 수가 없다. 한동안 갈등하던 오름은 그가 자리로 다시 돌아가는 것을 보고는 가던 길을 멈추고 되돌아 나온다.

10년 전, 과대가 된 오름에게 가장 먼저 주어진 과제는 개강 총회에 모든 새내기들을 참석케 하는 것이었다. 40명 모두에게 연락했으나 7명이 오지 않겠다고 했다. 서울에서 통학을 하거나 인근에서 아르바이트를 하는 이들이었다. 그날 오름은 학생회 회의에서 크게 성토를 당했다. 동기 관리를 똑바로 못 한다는 이유에서였다. 위 학번에서도 결원이 몇 있었다. 학번 대표는 다음과 같은 이유를 댔다. "걔들, 이번 학기에 다 이중입니다." 그 말을 들은 예비역회 회장은 "아, 이중이냐. 그럼 어쩔 수 없지. 고 생했다"하고 답했다.

개강총회 날, 학교 앞 고깃집을 전세 내서 100여 명의 학과 학부생들이 모였다. 학회장, 예비역회 회장, 여학생회 회장의 순으로 먼저 인사를 하고, 각 학번의 대표와 복학생들이 이어 인사를 하고, 오름에게도 차례가 돌아왔다. 그는 자기소개를 다섯 번이나 하고서야 다시 자리에 앉을 수 있었다. 목소리가 우렁차지 않았다, 패기가 없다, 발음이 좋지 않았다 등의 이유였다. 그의 주변에 앉은 선배들이 계속 술을 권했다. 그는 별로 마셔보지 않은 술을 쉬지 않고 받아먹었다. 그런 그에게 모 선배가 다가와 말했다. "야, 과대야, 테이블마다 가서 따로 인사 드려야지 뭐해. 니 술잔 들고, 가서 선배들 다 잔 채워 드리고, 잘하겠다고 하고 한 잔씩 마셔." 테이블은 10개가 넘었고, 오름은 다섯 개쯤을 돌다가 더 일어나지 못하고 어느 한 곳에 눌러앉았다. 그런 그를 지켜보던 학생회 선배 윤이 그를 따로 불러냈다. 한 학번이 많은 여자 선배였다. 윤은 고깃집 밖에서 그의 손에 무언가를 쥐여 주었다. 숙취해소제였다. 그가 이것을 왜 자신에게 주느냐고 묻자 윤은 너에게 주려고 사 두었다고, 자신은 이미 하나 먹었다고 답했다. 오름이 마시는 모습을 지켜보던 윤은 "살아남아. 우리 이따가 보자."하고 그를 껴안듯 등을 두드려 주고는 먼저 들어갔다. 그는 윤의 뒷모습을 보며 고깃집 바깥 계단에 주저앉았다.

왠지 술이 깨는 것도, 아니면 더 취하는 것도 같았다.

다시 돌아와 테이블에 앉자마자 복학했다는 선배 지상이 일어나 외쳤다. "야, 마실 만큼들 마셨냐. 새내기 남자들 바깥으로 다 집합하는 데 5초 준다." 오름은 뛰어나갔으나 그렇게 빨리 움직이는 건 맨정신에도 불가능한 일이었다. 새내기 남학생들이 모두 나가서 일렬횡대로 섰다. 그 앞에 훈련소 조교처럼 선 지상은 다들 군기가 빠지고 형편이 없다며 우선 자기소개를 해보라고 했다. 가장 왼쪽에 선 남학생이 먼저 답했다.

"저는 W 대학교 인문과학부 국문분반 이석진입니다!"

그 자기소개는 지상을 만족시키지 못했다.

"야, 그걸 지금 자기소개라고 한 거야? 일단 목소리부터 작고, 지금 그게 맞아? 야 여기 과대 누구냐. 네가 해 봐."

오름은 뭐가 잘못된 건지 알 수가 없었으나 큰 목소리로 말했다.

"저는 W 대학교 인문과학부 국문분반 차오름입니다!"

지상은 한숨을 내뱉으며 말했다.

"야, 엎드려."

그러고는 자신이 시범을 보이겠다고 말했다.

"저는 W 대학교 인문과학부 국어국문학과 심 지상입니다!"

뭐가 다른지 알 수가 없어 모두가 눈치를 보는 가운데, 지상이 말했다.

"야, 성하고 이름하고 한 음절 쉬고 말해야 할 거 아냐. 이런 거 안 배웠어?"

오름은 자신이 취한 건지 그가 취한 건지 알 수 없었다. 지상이 다시 말을 이었다.

"내가 지금 자기소개를 했는데 이름 기억 못 하는 놈들 반드시 있을 거야. 야, 내 이름이 뭐라고?"

지목당한 이가 답했다.

"네, 심 지상 선배님입니다!"

지상이 다시 한번 한숨을 쉬며 말했다.

"엎드려."

그러고는 계속 차례차례 이름을 물었고 그때마다 하나둘 엎드리기 시작했다. 오름의 차례가 되었다.

"네. 지상 선배님이십니다!"

그의 답을 들은 지상은 그를 손가락을 가리키며 말했다.

"그렇지. 야, 역시 과대가 다르네. 너는 서 있어. 아니 들어가서 고기 먹어."

모두가 대체 뭐가 다른 것인가 하고 그를 바라보자 그는 설명을 이어 갔다.

"내가 이름을 물어봤지 성까지 물어봤냐. 지상 선배님이라고 해야지 성까지 말하는 새끼들은 뭐냐."

그때 모두가 보이지도 들리지도 않는 탄식을 내뱉었다. 하필 그 순간 목이 잠겨 성을 제대로 발음하지 못했던 오름이 그를 만족시킨 것이었다. 오름이 고깃집으로 들어가려 하자 나와서 그 모습을 보고 있던 윤이 오름에게 팔짱을 끼며 말했다.

"너 살아남았구나. 잘했어."

그 순간, 자신의 주량 이상으로 술을 마신 오름의 몸과 마음에 윤이 내려앉았다. 오름은 그의 어깨에 얼굴을 대고 답했다.

"네. 헤헤. 저 힘들었어요, 누나."

윤은 그런 그를 쓰다듬으며 말한다.

"잘했어. 너 오늘 기숙사 들어가지 마. 나랑 더 마셔야 돼."

오름은 잠시 술이 깨는 듯하다. 그러다가 무언가 생각났다는 듯, 이것만은 묻고 정신을 잃어야겠다는 듯 윤에게 묻는다.

"기숙사 안 들어가면 벌점 나오는데. 아 근데 누나 저 진짜 궁금한 게 있어요."

"뭔데."

"도대체 이중이 뭐예요. 그 사람들은 뭔데 개총에 안 와도 괜찮아요?"

"오름아. 그걸 지금 꼭 물어봐야 해?"

윤은 새벽이 되어 둘만 있게 되었을 때 이중의 정체에 대해 답해 주었다. 이중전공. 서울 본교에서 다른 전공을 하나 추가로 듣는 것이라고 했다. 학점관리를 잘한 사람들은 본교에만 있는 신문방송학과나 심리학과 같은 데 이중전공 신청을 할 수 있고, 그렇게 되면 분교에서 3학년 1학기까지 전공학점을 채우고 남은 3학기는 본교만 다니며 졸업하기도 한다는 것이었다. 대략 학점 평균이 4.2가 넘으면 가능하다고 했다. 그러면서 윤은 말했다. "아, 그 새끼들 진짜. 더럽게 재수 없어. 학과 일엔 아무 신경도 안 쓰고 공부만 해." 오름은 그건 꽤 괜찮은 삶이 아닌가 생각했으나, 그때는 그에게 동조하고 말았다.

오름은 합동연구실이 있는 연구동 앞에 도착한다. 벤치에 앉아 담배를 피우던 진욱이 그에게 손을 흔든다.

"이제 들어가려고 했는데 너 때문에 한 대 더 피워야겠다."

"아, 진짜 박사 되기 전에 죽는다고요. 그만 피워."

연구동 벤치에서는 학교의 거의 모든 곳이 한눈에 내려다보인다. 진욱의 옆에 앉은 오름은 무궁화공원이 있을 그즈음을 바라본다. 거기엔 아직도 지훈들이 있을 것이다. 그러나 거기까지 시선을 보내지 않아도 이미 10년 전 지훈의 모습을 한 자신이 캠퍼스의 여기저기를 걷고 있다. 만약 시간을 돌린다면 자신은 어떠한 선택을 할 것인가. 그는 우선 그 10년 전 문학입문 수업이 끝난 강의실에서 나와야겠다고, 적어도 과대가 되는 선택만은 하지 않아야겠다고 마음먹는다. 어쩌면 거기에서부터 자신의 삶이, 여럿과 함께 미끄러진 듯하다.

4

지훈은 당장 다음 주에 있을 상안치고개 행사를 준비해야 했다. 오늘의 집합은 예비역 학생회의 주도로 벌어졌다. 상안치고개 행사에 새내기 몇 명이 올 수 없다고 답한 직후였다. 단톡방에 "무궁화공원으로 5시에 새내기 남자들 전원 집합"이라는 메시지가 왔다. 오지 않으면 학회장 권한으로 모든 교내외 장학금 대상자에 추천될 수 없게 하겠다는 부연도 함께였다. 그래서 신입생 오리엔테이션 이후로 단 한 사람도 예외 없이 무궁화공원에 집합하게 된 것이다. 예비역 회장은 말했다.

"지금까지 이 상안치고개 행사에 국문과 남자가 불참한 일은 한 번도 없다. 수업은 빠져도 이건 빠지면 안 되지. 우리 과 남자들은 학번 불문하고 한 사람도 빠짐없이 다음 주 수요일 오후 5시에 해방광장에 모인다. 한 사람이라도 안 나오면 다시 전체 집합이다. 그리고 과대의 말은 법이다. 지훈이 말 다들 잘 들어라."

지훈은 돌아가는 길에 새내기 단톡방에 메시지를 보내고 개별 톡으로도 다시 한번 메시지를 보낸다. 요약하면 제발 와 달라는 것이었다. 우선 자신부터도 별로 가고 싶지 않았지만 할 일을 해야 했다.

당일 오후 5시가 가까워지자 광장에는 국문과 남학생들이 모여들었다. 학생회는 '통일국문'이라는 깃발을 들고 자리를 잡았고, 예비역들은 군복 상의를 입고 어디서 구했는지 모를 경광봉 같은 것을 손에 들었고, 새내기들은 옹기종기 눈치를 보며 모여 있었다. 수업이 늦게 끝난 사람들이 뛰어오는 것으로 5시까지 국문과의 거의 모든 남자들이 모였다. 그러나 몇 명이 역시 오지 않은 듯했다. 예비역회 회장이 학회장에게 말한다.

"야, 동현이하고 윤석이는 어디 갔어."

학회장이 그에게 답한다.

"아, 형. 걔들 이번에 본교 수업 들어요. 동현이는 소속변경이고 윤석이는 복수전공."

둘 사이에 어쩔 수 없다는 분위기가 형성된다. 그것은 면죄부이자, 이 대학의 어디에서든 쓰일 수 있는 자유 이용권 같은 것이다. "아, 그래, 둘 다 열심히 했네" 하고 말하는 예비역회 회장의 목소리엔 멸시와 호의가 동시에 담겨 있는 듯하다. 5시가 조금 넘자 그가 광장 조형물 앞에 서서 모두를 바라보며 말한다.

"우리는 2열 종대로 저기 보이는 상안치고개까지 뛰어간다. 왕복 15킬로미터 정도 될 텐데 단 한 사람의 낙오도 없이 잘 뛰었다가 다시 이 자리로 돌아온다. 자, 그럼 구보 전 체조 시작."

30여 명의 남자들이 학교 광장 깃발 아래에서 체조를 한다. 그러고는 2열 종대로 줄을 맞춘 다음, 교문 바깥으로 뛰기 시작한다. 예비역회 회장은 군복을 입은 채 스쿠터를 타고 앞장서고,

그 뒤를 깃돌이로 임명된 새내기 한 명이 과의 깃발을 휘날리며 따라서 뛰었다. 역시 군복을 입은 예비역 몇 명은 경광봉을 들고 대열의 옆에서 구령했고, 나머지는 그에 맞춰 뛴다. 지훈은 뛰는 동안 아는 사람을 만날까 두렵다. 하나, 둘, 하나, 둘, 하고 외치다가 교문을 나가기 전에 예비역회 회장이 말한다. "자, 구보 중에 군가한다. 군가는 멸공의 횃불." 멸공은 뭐고 횃불은 뭔가. 지훈을 포함한 새내기들이 주변을 바라보며 웅얼거렸으나 막 복학한 몇몇이 "아름다운 이 강산을 지키는 우리!" 하고 노래를 시작했다. 그들은 그렇게 교문 바깥으로 나가 인도도 없는 2차선 도로의 한구석을 따라 뛴다. 10여 분이 지났을 때 지훈은 이렇게 뛰는 것이 고등학교 체력 평가 이후 처음인 것을 알았다. 숨이 차고 힘들었으나 대열의 앞에 있으니 멈출 수도 없어서 관성적으로 뛰었다. 그의 옆에 한 학번 위 과대가 있었다.

"형, 헉헉, 이거 진짜 근데, 왜 하는 건가요?"

"하, 지훈아, 나도 진짜 궁금해서 예비역한테 물어봤는데 선배들도 잘 몰라. 근데 대학원생 선배가 그러더라. 20년 전인가 우리 과 선배들이 학교 밖에서 술 먹다가 물리학과 애들하고 시비가 붙었대. 근데 그때 걔들이 국문과 샌님들이 뭐 싸울 줄이나 아느냐고 비웃었다는 거야. 헉헉, 죽겠다. 그때 예비역 선배가 술 먹다 말고 일어나서 상안치까지 다 뛰어가서 우리의 남자다움을 증명하자고 했대. 아, 미친 새끼들. 그래서 그날 술 처먹고

유령들의 패자부활전

상안치에 다녀와서 이걸 우리 과 행사로 정례화했다고 하더라."

지훈은 그만 정신이 아득해지고 만다. 그런 하찮은 이유였던 것인가. 그는 신입생 오리엔테이션을 위해 처음 이 W 지역에 왔던 날을 떠올린다. 서울시외버스터미널에서 출발한 그가 내린 곳은 몹시 허름한 공용버스터미널이었다. 1980년대를 다룬 시대극에서나 볼 법한 낡은 시설이었고 노숙을 하고 있는 게 분명해 보이는 사람들도 있었다. 여기에는 인생을 서글프게 만드는 힘이 있었다. 지역과 지역을 수평으로 이동한 것이 아니라 수직으로 하강한 듯했다. 눈물이 날 것 같아 주변을 둘러보니 같은 대학 새내기로 보이는 몇몇은 이미 울고 있었다. 지훈은 그들과 함께 터미널 앞에서 학교로 가는 버스를 탔다. 거기에서 30분이 넘게 더 들어가는 동안 시내라고 할 만한 곳과는 점점 더 멀어졌다. 버스를 잘못 탄 게 아닌가 싶어 여기저기서 웅성거릴 즈음에서야 큰 호수를 낀 대학이 나타났다. 지훈은 상안치고개를 뛰어오르고 있으나 계속해서 내려가고 있는 기분이 된다. 어쩌면 그 터미널에 내린 순간부터 자신의 인생은 이렇게 예정되어 있었는지도 몰랐다. 어디까지 더 미끄러지게 될 것인가. 이 미끄럼틀에서 뭐라도 잡고 싶다.

덤프트럭 같은 것이 지나갈 때마다 예비역들이 경광봉을 내저었다. 누가 봐도 달리기와는 인연이 없어 보이는 몇몇이 도저히 못 뛰겠다고 하면 그들은 후발대를 만들어서 어떻게든 계속 뛰게 만들었다. 상안치에 도착해서 한 일은, PT라고 불리는 군대 체조와 예비역회 회장과 학회장의 싸움을 지켜보는 것이었다. 분위기가 험악해졌으나 지훈은 자신의 역할을 기다리고 있었다. 학생회 회의에서 이날 선배 두 사람이 싸울 예정이고 새내기들이 겁에 질려 울면 그때 예비역들이 이것이 쇼였다고 밝히고 모두가 박수를 치며 어울릴 것이라는 말을 들었다. 학회장이 예비역회 회장의 다리를 걸어 넘어뜨렸을 때, 지훈은 그들의 사이에 달려들었다. 그것을 신호로 복학생들이 주변을 둘러싸고는 박수를 쳤다.

몇몇은 울고 몇몇은 웃었다. 해가 지기 시작했다. 다시 학교로 돌아가야 할 시간이었다. 고개에서 내려가는 길은 별로 어렵지 않았다. 하강이란 이토록 쉬운 것이었다. 새내기들은 멍한 상태에서 가볍게 뛰어 누구도 이탈하지 않고 학교로 들어왔고, 그 대형을 유지하며 학생회관까지 뛰었다. 교내로 진입하자 유독 예비역들의 독려와 구령 소리가 커졌다. 다시 광장에 모인 그들은 서로 격려하며 예약된 호프집으로 갔다.

10년 전, 오름이 상안치고개에 갔을 때는 쇼가 아니라 정말로 싸움이 벌어졌다. 복학생들이 2학년 과대의 옷을 벗기고 주요 부위의 털을 태우는 심한 장난을 쳤고 참지 못한 그가 결국 욕을 하고 혼자 고개에서 내려갔던 것이다. 그러나 그 고개에서

학교로 돌아갈 방법이란 함께 뛰어가는 것 말고는 없어서, 예비역들이 그를 어르고 구슬려서 그는 다시 대열에 합류해서 학교까지 뛰었다.

학생회관 2층에 도착한 그들을 기다리고 있는 것은 말 그대로 주안상이었다. 하얀색 전지를 깔아놓은 자리 여기저기에 술과 안주가 마련되어 있었고, 여학생들이 휴대용 버너를 이용해 전을 부치고 있었다. 마중 나온 여학생회 회장이 다들 고생했다며 온 순서대로 앉으라고 말했다. 오름은 윤이 있는 자리 옆으로 가서 앉았다.

"누나, 이게 뭐예요?"

윤은 그런 그를 안아 주며 말했다.

"오름아 고생 많았지. 원래 남자들이 상안치 뛰고 오면 여자들이 술 하고 안주 준비했다가 같이 먹는 거야. 내 옆에 있어. 오늘도 꼭 살아남아서 다시 만나자."

예비역회 회장을 비롯해 복학생들 모두가 자신의 일은 끝났다는 듯 자리를 잡고 앉았고, 여학생회 회장이 일어나서 모두에게 잔을 채우라고 했다. 원래는 기름을 담는 게 맞지 않나 싶은 희고 불투명한 말통 몇 개에 막걸리가 가득 담겨 있었다. 모두가 잔을 채운 것을 본 여학생회 회장이 잔을 높이 들면서 말했다.

"국문과 남자가 된 걸 축하해. 통일!"

모두가 그를 따라 잔을 들면서 말했다.

"국문!"

긴장이 풀린 오름에게도 비로소 허기가 밀려왔다. 빈속에 정신없이 전과 술을 밀어 넣었다. 그런 그들을 보며 여학생회 회장이 말했다.

"아, 예전에는 우리가 겨울방학 동안 직접 술을 담가서 주기도 했는데 요즘엔 그런 게 없어. 나 혼자 그걸 하기도 그렇고. 미안해."

그 말을 들은 윤이 여학생회 회장을 자리로 데려온다. 그러고는 미안하다고, 후배들이 부족한 게 많아서 그렇다면서 그의 잔을 채워 주고 그 자리의 모두가 같이 건배를 하고 술을 마신다. 여학생회 회장의 하소연이 시작된다. 사생활이 없을 만큼 힘들지만 누구도 알아주지 않는다는. 그러다가 누구와 누구는 어디 가고 안 보이냐는 말에 윤이 걔들은 본교에 이중을 하러 갔다고 답한다. 여학생회 회장이 빈 술잔을 내려놓으며 말한다. "아, 걔들 너무 재수 없어." 그런 그들을 바라보는 오름은 복잡한 감정이 된다. 직접 담근 술을 마시지 못해서 아쉽다가, 여학생이 남학생에게 술을 담가 주어야 할 이유는 없지 않은가 싶어 의아하다가, 자신도 이중전공을 하면 이런 자리에 오지 않아도 되는 것인가 싶다가, 윤의 얼굴을 보고는 지금의 삶도 나쁘지 않은 게 아닌가 생각하면서 계속 취해 간다.

지훈과 오름이 강의실에서 만난다. 지훈의 면담 요청에 따른 것이었다. 오름은 학기 초에 언제든 자신과 면담을 할 수 있음을 안내해 두었다. 강의평가 문항에는 "교수자가 면담 시간과 장소를 공지했습니까?"라는 것이 있었다. 평가를 잘 받기 위해선 강의 말고도 해야 할 것이 많았다. 지훈이 먼저 말을 꺼낸다.

"교수님. 제가 대학국어 수업 반장 말고도 새내기 학번 대표를 맡고 있는데요. 잘하고 있는 건지 모르겠어요. 애들도 저한테 고마워하긴 하는데 왠지 계속 멀어지는 것 같고……. 그렇다고 걔들이 저를 도와주는 것도 아니고요. 그리고 저도 소속변경이나 이중전공 하고 싶은데 학생회에서 학과 행사 준비하다 보면 공부할 시간이 별로 없어요. 교수님도 과대를 하셨다고 들은 것 같아서. 제가 어떻게 하면 좋을까요?"

오름은 그런 그에게 해 줄 말이 별로 없다. 별 의미 없는 듣기 좋은 말을 해 줄 수도 있겠으나 그러고 싶지 않다. 그에게서 자신뿐 아니라 윤의 모습도 겹쳐 보이기 때문이다.

윤만큼 여학생회 활동을 열심히 한 사람은 없었다. 그가 차기 여학생회장이 될 것이라고 모두가 믿었다. 그러나 그가 연약한 사람이라는 것을 오름은 알았다. 그는 언제나 오름이 옆에 있기를 바랐다. 처음에는 오름도 연애가 주는 설렘과 자극에 빠져들었으나 윤이 학생회 일에 지쳐갈수록 그러면서 자신에게 집착할수록 둘의 관계가 서로에게 필요한 건강한 관계가 아님을 알았다. 그래서 언젠가 그에게 헤어지자고 말했던 것이다. 그때 윤은 말했다.

"내 인생은 여기에 오면서 끝난 거야. 이 구질구질한 터미널에 내려서 버스를 타고 들어오는 동안 나는 알았어. 수능을 망치면서 내 인생은 정말로 끝났다고. 엄마 아빠도 내가 이런 대학에 온 이후로 말도 걸지 않아. 선배 따라서 학생회에 들어가면서 내 인생은 한 번 더 끝났어. 이거 열심히 한다고 본교에 갈 수 있어? 아니면 여학생회장이 나중에 성공해서 끌어 주기라도 한대? 그냥 너나 나나 여기에서 다 끝난 거야. 그런 사람들끼리 같이 연애나 하면 되잖아."

그 말을 들은 오름은 윤의 자취방에서 나왔다. 그게 윤과의 마지막 기억이었다. 오름은 가만히 지훈의 얼굴을 본다. 거기에서 어서 나오라고 해야 할지 아니면 남아서 의미를 찾아보라고 해야 할지 잘 알 수가 없다. 그러다가 그는 윤과의 특별했던 기억 하나를 떠올린다. 그도 잊고 있던 장면이었다. 그 기억을 더듬으며 오름이 말한다.

"지훈 학생, 지금부터 소속변경이나 이중전공을 준비해서 본교로 가도, 학생회 일을 더 열심히 해서 학회장이 되어도, 아니면 다른 선택을 해도 다 괜찮아요. 그런데 어떤 선택을 하든 거기에서 즐거우면 좋겠어요. 그리고 어느 하나를 선택한다고 해서 그 선택 외의 다른 걸 포기해야만 하는 것은 아니에요. 그냥, 소속변경을 준비하는 학회장이 되었다든가, 학회장 선거에 나가는 이중전공자가 되었다든가 하는 선택은 어떻습니까."

10년 전, 연애의 어느 순간에 윤은 오름에게 말했다.

"오름아, 너 학생회 하기 싫으면 안 해도 돼. 조기졸업을 해서 대학원생이 되고 싶다고 했잖아. 그거 아마 학생회 하면서 하는 건 힘들 거야. 근데, 나는 네가 꼭 학회장이 되면 좋겠어. 조기졸업도 하고 대학원생도 하는 학회장, 이건 내가 알기론 우리 학교의 누구도 하지 못한 일이야. 네가 해 봐. 그래서 우리, 아니 나 무시하는 애들한테 우리도 잘못되지 않았다는 걸 보여줘. 꼭."

그때 오름은 그에게 안아달라고 말했다. 그만큼 사랑받고 있다고 느꼈기 때문이다. 그러나 지금에 와 돌아보면, 그때 윤은 윤 자신에게 말하고 있었다. 자기 삶을 증명하고픈 욕구는 누구에게나 있다. 그도 본교로의 소속변경이든 학생회 활동이든 연애든 그 무엇이든...... 그건 존중받을 만한 하나의 길이었음을 인정받고 싶었을 것이다. 사람은 그 과정을 통해 성장하기도 한다. 그러나 윤을 이해하고 오롯이 응원한 주변인은 없었다. 모두가 그의 길이 어딘가 잘못되었다고 말하고 있었다. 그렇게 그는 조금씩 자신의 인생이 끝났다고 믿게 되었는지도 모른다. "오름아, 너는 꼭 살아남아." 윤은 자주 말했다. 학생회 행사가 있을 때도, 술을 마실 때도, 오름을 껴안으며 그렇게 말했다. 그러나 가장 살아남고 싶었던 건 그가 아니었을까. 오름에게 했던 "우리도 잘못되지 않았다는 걸 보여줘"라는 말은, 어쩌면 단 한 번 내어 보인, 가장 깊은 데 남아 있는 그의 진심이었을 것이다. 헤어진 이후 오름은 군대에 갔고 윤은 여학생회장이 되었다. 오름이 전역했을 때 그는 졸업한 뒤였고 더는 서로의 소식을 듣지 못했다.

"교수님, 고맙습니다."

"네?"

지훈의 목소리에, 오름은 현실로 돌아온다. 건너편에는 언젠가 학기 초에 보았던, 보다 밝은 모습의 그가 있다. 그런 그가 말한다.

"면담은 이걸로 된 것 같아요. 저 나가 보겠습니다."

오름은 강의실 바깥으로 나가는 지훈을 바라본다. 지훈을 보는 오름의 얼굴에 그를 향하던 언젠가의 윤의 표정이 잠시 스친다.

5

오름은 두 번째 학기의 대학국어 강의에서 그다지 좋은 강의 평점을 받지 못했다. 4점대 초반은 하위 10퍼센트까지는 아니더라도 징계를 간신히 피한 낮은 점수였다. 그는 울고 싶은 심정이었다. 국문과 후배들의 분반을 맡아 교수로서도 선배로서도 그럭저럭 잘 해냈다고 믿었고 내심 두 학기 연속 최우수 강사가 될 것을 기대했기 때문이다. 무엇이 잘못된 것일까. 오름은 강의실에서의 자신을 돌아보았다. 교수법이 잘못되었을 수도 아니면 학생들을 대하는 태도가 달라졌을 수도 있다. 그러나 강의평가의 주관식 의견란에는 다른 이유가 분명히 적혀 있었다. 요약하면, 기말시험에 응시하지 못한 몇몇 학생들에게 대체 과제를 허락한 것이 잘못되었다는 내용이었다.

대학국어 기말시험 당일, 갑작스레 시험장이 바뀌었고 홈페이지의 공지 사항을 미처 확인하지 못한 십여 명의 학생들이 시험에 응시하지 못 하는 일이 있었다. 시험에 응시하지 않으면 D나 F를 받게 된다. 오름은 그들을 구제하고 싶었다. 불성실한 게 아니라 운이 없었던 학생들일 뿐이었다. 그는 그들에게 대체 과제를 제출할 것을 제안했다. 그러나 시험에 응시한 학생들은 그것을 불공정으로 받아들였다.

"제가 공지사항을 확인하고 변경된 시험장을 찾았을 때, 그들은 더 나은 학점을 받기 위해 시험공부를 하고 있었습니다. 그런 그들에게 대체 과제를 내주는 것은 공정하지 못합니다. 원칙대로 F 학점을 부여해야 합니다."

"기말고사 대체 과제라니. 정상적으로 시험에 응시한 학생들은 억울할 수밖에 없습니다. 너무 화가 납니다."

"이건 아니죠. 교무처와 학과사무실에 정식으로 항의하겠습니다."

"선배라고 해서 이렇게 공과 사를 구분하지 못하면 안 됩니다. 이 학교 출신들 말고 차라리 외부 강사를 데려오는 게 낫겠습니다."

"당일 오전에 갑자기 시험장 변경을 안내한 건 학교 측의 실수입니다. 이건 제가 손해배상을 요구해야 할 일입니다. 저는 피해자이고 대체 과제가 아니라 추가 점수를 받는 것이 공정하다고 생각합니다."

시험에 응시한 다수의 학생들은 오름이 불공정했다고 말했고 대체 과제를 받은 소수의 학생들은 오름의 판단이 공정했다거나 오히려 자신들이 추가 점수를 받아야 공정하다고 말하고 있었다. 결국 저마다 자신의 득실을 따져 보고 공정이라는 가치를 가져다 붙이는 셈이었다. 오름은 어느 편을 들어야 할지 잘 알 수가 없었다. 그러나 그만큼 모두가 점수에 민감하고 간절한 것을 알았다. 우선 자신이 A+ 학점을 받고 다른 수강생이 B나 C 학점을 받아야 조기졸업도 하고 소속변경도 하고 취직도 할 수 있었다.

오름은 자신이 하는 일의 무게를 새삼 실감한다. 타인을 평가한다는 건 그 숫자만큼의 정의와 부딪히는 일이다. 평가자가 느슨하거나 물러서는 안 된다. 공론을 통해 기준을 정하고 그것을 지켜 가야 한다. 그렇게 마련된 공정에서 벗어나면 선배가 아니라 그 어떤 교수라도 성토의 대상이 되고 만다.

새 학기 어느 날, 수업을 마친 오름은 학생들에게 공지사항을 전한다. 개인 사정으로 인해 다음 주는 휴강하겠다는 내용이다. 그러나 '저어…' 하고 입을 연 그는 말을 잇지 못한다. 뭐라고 말해야 할지 며칠을 고민했으나 도무지 모두를 납득시킬 자신이 없었다. 그의 선배가 교통사고로 2주 동안 휴강하고 처참한 강의평가를 받아든 것을 떠올려 보면, 개인 사정으로 인한 휴강이라는 것이 어떻게 받아들여질지 두려웠다. 아무래도 공정하지 못한 일인 듯했다. 얼마 전 엠티를 간다고 휴강을 요청해 온 학생들에게 그건 자신의 수업권을 포기하는 일이라고 말했던 것이 후회스럽다. 게다가 지난 학기 기말시험 대체 사건으로 낮은 평점을 받았으니 한 번 더 그런 일이 있으면 반드시 학과장 면담을 하게 될 것이었다. 어쩌면 다시는 강사로 임용되지 않을지도 모른다.

머뭇거리는 그를 40여 명의 학생들이 일제히 바라본다. 그는 이러한 말을 전하는 것이 몹시 미안하고 괴롭다는 표정을 지은 후, 개인 사정으로 다음 주는 휴강하겠다는 소식을 전한다. 그가 말을 채 끝내기도 전에 모두가 환호한다. 교수의 개인 사정으로 인한 휴강이라니. 사실 대학생에게는 그만큼 반가운 소식도 없었다. 이것은 누구에게 특혜나 손해가 발생하는 일이 아니었다. 그저 마음껏 즐기면 된다. 다만 오름이 그들의 눈치를 볼 뿐이다. 그 사정이 무엇인지 누구도 굳이 묻지 않았으나 그는 몇 번을 머뭇거리다가 다시 입을 연다.

"아, 저어… 사실 제가 이번 주 토요일에 결혼을 합니다."

휴강이라는 말을 들었을 때보다도 더욱 큰 환호가 터져 나온다. "꺄악" 하고 소리를 지르는 학생들도, "축하드립니다" 하고 박수를 치는 학생들도, '오' 하는 입 모양을 한 채 경직된 학생들도 있다. 자신들을 가르치는 교수가 젊다는 것도 10학번 남짓 차이가 나는 선배라는 것도 다들 알고 있었으나, 결혼한다는 말을 들으니 새삼 놀라운 것이었다. 게다가 토요일이라면 바로 내일이었다.

출석부와 교재를 챙기는 오름에게 학생 몇 명이 다가와 결혼식장이 어디인지 물었다. 그가 그들에게 오지 않으면 좋겠다고, 학점에도 절대 반영되지 않을 것이라고 답하자 분반의 반장이 정색하며 말한다. "진심으로 축하드리고 싶은데 그렇게 말씀하시면 저희도 속상합니다. 저희 교수님이시기 이전에 선배님이시잖아요." 그는 그런 그들에게 서울 월드컵 경기장 웨딩홀에서 1시에 한다고 말하고는 강의실에서 나온다. 그의 머릿속에 지난 학기 강의평가 주관식 답변 하나가 떠오른다. "선배라고 해서 이렇게 공과 사를 구분하지 못하면 안 됩니다…."

오름의 선배들은 함께 공부하는 사람과 결혼하는 일이 많았다. 그들은 어느 정도 괜찮아 보였다. 두 사람이 함께 강의를 하면 그럭저럭 먹고살 만해 보이기도 했던 것이다. 언젠가 오름은 연구실 후배와 결혼한 박사과정 수료생 선배에게 결혼 생활은 어떤지 물었다. 그때 그는 "아, 뭐… 서로를 이해할 수 있다는 거, 그거 말고는 별로. 근데 우리 이해해 줄 수 있는 사람이 얼마나 되겠냐. 그게 전부지. 너도 공부하는 사람 잘 만나서 결혼해라" 하고 답했다. 그때 오름은 그 말에 꽤 감화되고 말았다. 그는 언젠가 첫사랑이 어떻게 지내고 있는지 궁금해 이름을 검색해서 SNS 계정을 찾아냈었다. 그러나 공무원으로 재직 중이라는 그의 프로필을 본 순간 자신의 처지를 한 번 돌아보고는 다시는 그의 자취를 찾지 않았다. 공무원과 시간강사의 간극이라니. 그가 아득히 위에 있는 것처럼 느껴졌다. 그래, 결국 서로를 이해할 수 있는 건 동류밖에 없는 법이다.

그러나 오름은 대학에 적을 두지 않은 사람과 결혼하게 됐다. 언젠가 선배 진욱이 밖에서 술을 한 잔 먹자고 했고, 그 자리에 얼마 전까지 진욱과 같은 학원에서 일했다는 효정이 있었고, 몇 개월이 지나 정신을 차려보니 그와 결혼을 이야기하게 된 것이었다. 오름은 프로포즈를 하며 두 가지 제안을 했다. 첫 번째는 다음과 같았다.

"아시겠지만, 저는 대학에서 시간강사로 일하고 있어요. 누

나는 일을 하지 않으니까 우리는 제가 버는 돈으로 함께 살아야
해요. 그런데 저는 방학 중에는 강의가 없으니까 월급이 나오지
않고 다음 학기에 임용이 될지 안 될지도 알 수 없고 학자금 대
출도 아직 몇천만 원이 남아 있어요. 그래서 제가 누나에게 줄
수 있는 생활비는 한 달에 80만 원 정도인데 어쩌면 이것도 주
기 어려울지도 몰라요. 그래도 제가 그만큼은 어떻게든 벌어서
꼭 가져다 줄게요. 괜찮을까요?"

그에 대한 효정의 반응은 "그래. 네가 돈을 못 버는 건 알고
있었어. 생각보다 더 못 버는 것 같긴 하지만. 그래서, 두 번째는
뭐야?"였다. 머뭇거리던 오름은 그에 답했다.

"혼인신고를 안 하면 좋겠는데, 그것도 괜찮을까요?"

한 달 생활비가 80만 원이 될 것이란 말에 애써 웃어 보이던
효정도 그 말엔 얼굴을 찌푸리고 말았다.

"아니, 뭐, 어쩌자고. 결혼을 하지 말든가. 이유가 있어?"

"누나도 저도 건강보험이 지금은 아버지 밑에 들어가 있잖
아요. 혼인신고를 하면 이제 우리가 한 세대가 되어서 그걸 따로
내야 된대요. 그런데 대학에서는 시간강사에게 건강보험 보장
을 안 해줘요. 누나는 일을 하지 않고 있고요. 그러면 지역 가입
자가 되어야 하고 알아보니까 한 달에 10만 원을 넘게 내야 해
요. 그런데 혼인신고 안 하면 내지 않아도 되는 돈이에요."

"......"

결국 두 사람은 혼인신고를 하지 않고 결혼을 준비하게 됐다. 한 달 생활비 80만 원에서 10만 원이 넘는 돈이 건강보험비로 나가야 하는 건 납득하기 어려운 일이기는 했다. 내내 석연치 않았던 오름이 선배들에게 무언가 좀 잘못된 게 아니냐고, 하소연 비슷한 것을 하자 그 자리에 있던 이들 모두가 웃으며 말했다. 자신들도 혼인신고를 못 했거나 못 했었고 이유는 건강보험 때문이었노라고.

결혼을 준비하는 동안, 오름은 몇 번이나 스스로 '나 괜찮은 건가' 하고 물었다. 대출을 받기 위해 재직증명서를 떼러 갔다가 정규직 교수가 아니면 발급이 되지 않는다는 말에 경력증명서를 가지고 돌아와야 했을 때도, 은행 직원이 이런 서류는 처음 보니 제대로 된 것을 가져오라며 곤란한 웃음을 지었을 때도 그랬다. 자신이 노동자로 사회인으로 잘 살아가고 있는 게 맞는 건가, 하고 자문했으나 답을 할 수가 없었다. 무엇보다 자신의 노동을 사회적으로 증명할 수 없다는 사실이 슬펐다.

결혼식에는 분반의 반장과 학생 서너 명이 왔다.

"교수님, 너무 축하드려요!"

높은 톤의 목소리가 주변의 사람들을 흐뭇하게 만들었다. 대학생들이 찾아와 선생님도 강사님도 아닌 교수님이라는 이름으로 젊은 그를 호칭해 주는 건 수십만 원의 축의금보다 값진 일이었고, 만약 오름이 그들을 하객 알바로 동원했더라도 몇 배의 시급을 쳐 줘야 할 만큼 자리의 격을 높이는 일이었다. 그간 적당한 덕담을 찾지 못하던 효정의 부모도 자신들이 교육자 집안과 맺어지게 되어 기쁘다고 말했다. 그는 학생들에게 절대로 축의금을 내지 말라고 했으나 누군가가 50만 원의 축의금을 하고 간 것을 알게 되었다.

몇 번의 계절이 바뀌었다. 오름은 이제 4년 차 시간강사가 되었다. 아내에게는 약속한 월 80만 원의 생활비를 어떻게든 가져다주었고 혼인신고는 여전히 하지 않은 채였다. 결혼을 한 것도 아니고 안 한 것도 아닌 상태가 지속되었다. 그러나 아이가 태어나고는 더는 미룰 수가 없게 되었다. 출생신고를 하려면 혼인신고부터 해야 했다. 아이가 태어난 날, 오름은 병원에서 아내와 아이의 얼굴을 보며 생각했다. 이제 남편이 되고 아빠가 되어야 한다고. 한 달에 80만 원으로 아이를 키우기에는 염치가 없었다. 그는 50만 원이라도 더 벌어야겠다고, 건강보험을 보장받을 만한 일을 찾아봐야겠다고 마음먹었다. 강의를 준비하는 시간과 연구하는 시간을 줄이면 어떻게든 될 것이었다.

그때까지 해 본 일이라고는 대학에서 연구하고 가르치는 게 전부였다. 지방의 중소도시에서 그가 할 수 있는 일이란 애초에 별로 없었다. 어쩌면 대학만이 그에게 허락된 유일한 노동 공간인지도 몰랐다. 산부인과에서 나온 그는 근처 번화가를 두리번거리면서 계속 걸었으나 일할 만한 데를 찾지 못했다. 그러던 중 버스정류장에 붙은 구인 공고 하나가 보였다.

"한 달에 50만 원 이상 보장, 4대 보험 보장, 월수금일 아침부터 점심까지 근무."

문구를 읽어 나가던 오름은 그것이 자신을 위해 준비된 일인 것을 알았다. 그 학기에는 월수금 오전 강의가 없었고, 그가 찾던 50만 원과 4대 보험이라는 숫자가 선명했다. 구인 공고를 붙인 곳은 지역에 하나 있는 맥도널드였다. 그는 이력서를 들고 매장을 찾았다. 박사수료생이라고 하면 안 될 것 같아서 석사과정생으로 학력을 두 단계 낮춰 두었다. 그러나 점장은 탐탁지 않다는 표정을 하고는 말했다.

"저와 동갑이시네요. 우리 매장이 생긴 이래 최고학력자이신데, 이런 일을 잘하실 수 있을까 걱정되네요."

점장은 키가 작지만 단단하고 강한 선을 가진 여성이었다. 그의 앞에서 오름은 슬퍼지고 만다. 왠지 자신이 일할 수 있는 곳은 없는 듯하다. 점장은 다시 말을 이었다.

"혹시 3개월만 좀 일해 줄 수 있을까요. 이게 일이 좀 힘들거든요."

오름은 그에 답한다. 거기에는 그가 의도하지 않은 절박함이나 간절함 같은 것이 묻어 있었다.

"저어, 저는 3개월보다 조금 더 오래 일하고 싶습니다."

점장은 그 말에 갑자기 태도가 바뀌어 반색하며 답한다.

"아, 오름 님, 합격, 합격이에요. 내일 아침 7시까지 매장으로 나오세요."

아이가 태어난 다음 날 아침, 6시 50분에 맥도널드로 나간 그는 점장이 왜 그렇게 기뻐했는지 곧 알게 되었다. 꽤 몸이 고된 일이었던 것이다. 매장의 주차장에 곧 큰 탑차가 들어왔다. 월, 수, 금요일 아침마다 전국의 모든 매장에 들어간다고 했다. 거기에는 그 도시 사람들이 이틀 동안 소비할 햄버거 재료들이 실려 있다. 오름이 할 일이란 차에 실린 모든 물품을 검수하고, 하차시키고, 건자재실로 옮긴 후 유통기한별로 정리하고, 그날 필요한 물건을 채워 넣고, 폐기할 것들을 폐기하는 것이었다. 일을 알려 주던 매니저는 그에게 말했다.

"야, 이거 일주일만 지나면 아무도 안 나와. 절반은 연락이 안 되고 절반은 입원비 달라고 연락 오더라. 너는 언제까지 나올 거야?"

오름은 냉동 감자 박스를 밀차에 싣고 있던 참이었다. 그가 뭐라고 답할 틈도 없이 매니저가 다시 말했다.

"니가 그만두면 내가 계속 땜빵해야 돼. 제발 3개월만 해 주라. 그럼 연락이 안 돼도 아무도 뭐라고 안 할 거야. 부탁할게."

그날부터 오름은 아침에는 맥도널드에서 햄버거 재료를 나르고, 점심에는 강의실에서 대학국어를 강의하고, 저녁에는 합동연구실에서 논문을 쓰고, 밤에는 집에서 아이를 업고 재웠다. 처음 몇 주 동안은 강의실에 설 때마다 다리가 후들거렸다. 100개가 넘는 박스를 옮기고는 바로 출근해야 했던 것이다. 출석을 부른 그는 한동안 몸을 절반쯤 가려 주는 교탁 앞에만 서 있었다. 30분 정도가 지나면 몸이 좀 괜찮아지는 것 같아 그때부터 움직일 수 있었다. 한편, 그의 강의 평점은 조금씩 오르는 중이었다. 이전까지 그는 주로 앞에 앉은 학생들에게 줄곧 눈길을 주었다. 학점을 잘 받기 위해 모여 앉은, 그러니까 소속변경이라든가 장학금이라든가 취업을 위해서라든가 하는 이유로 앞자리를 채운 그들이었다. 무슨 말을 하든 호의적인 눈빛과 밝은 대답과 힘찬 고갯짓으로 답해 왔다. 오름도 그들이 조금 더 나은 인간이라는 태도를 은연중에 보였을 것이다. 그러나 맥도널드에서 퇴근한 오름의 눈길은 그들뿐만이 아닌 강의실에 앉은 모두를 향해 동시에 닿았다. 의도한 건 아니었다. 다만 누구나 자신의 자리에서 삶을 영위하기 위해 분투하고 있을 것이라는 확신이 그에게 생기고 있었다. 이전에는 볼 수 없던, 인간에 대한 사랑과 믿음이 담긴 부드러운 눈빛이었다.

변화를 알아차린 건 가장 뒤에 앉은 학생들이었다. 그건 다른 강의실에서는 느낄 수 없는, 어느 기준이나 수치로는 설명되지 않는 종류의 공정함이었다.

6

맥도널드에서 일을 시작한 지 두 달쯤 되었을 때, 오름은 매장에서 자신이 가르치는 학부생들을 보았다. 퇴근하려 막 계단을 내려가던 참이었다. 1층으로 가려면 그들이 앉아 있는 테이블을 지나야 했다. 누군가는 크루복을 입은 그가 자신을 가르치는 교수라는 사실을 알아볼 수도 있을 테고, 그러면 맥도널드에서 아르바이트하는 그를 보았다는 소문이 곧 퍼질 것이었다. 일을 그만두게 될지도 몰랐다. 오름은 몸을 돌려 다시 건자재실로 올라갔다.

냉동고 앞 포장지 박스에 걸터앉은 오름은 초조해졌다. 대학국어 수업까지는 1시간이 남아 있었다. 이제 10분 내로 퇴근하지 않으면 제시간에 도착할 수 없을 것이다. 어서 1층으로 내려가 점장실 옆에 있는 출퇴근 입력기에 지문을 찍어야 한다. 그러나 그들에게 들키지 않고 갈 만한 방법이 떠오르지 않았다. 정리가 끝난 건자재실에서 방황하는 오름을 본 다른 크루가 그에게 "형, 일 끝났는데 뭐해요. 안 가세요?" 하고 물었다. 물류 상하차 일을 도와주는 대학생 원재였다. 오름에게는 다행이라고 해야 할지, 그는 지역의 다른 대학에 다녔다. 오름은 그에게 도움을 받기로 했다.

"원재야, 나 좀 도와줘."

"오늘 일 다 끝나지 않으셨어요?"

"퇴근해야 되는데 2층에 만나면 안 되는 사람들이 와 있어서. 여기 엘리베이터에 내가 타면 내려가는 버튼 좀 눌러 줘."

"엥, 여기 사람이 타도 돼요? 죽는 거 아닌가."

건자재실에는 1층으로 통하는 작은 엘리베이터가 있었다. 1층으로 물류를 보낼 때만 사용되는 화물용 엘리베이터였다. 애초에 사람이 탈 수 없을 만큼 작고 안에서는 조작도 불가능하다. 바깥에서만 상승과 하강의 조작이 가능해서 물류를 먼저 보내 두고 사람은 계단으로 내려가 그것을 받아야 했다. 그러나 더는 기다릴 수 없게 된 오름은 물류 엘리베이터에 타기로 마음먹었다. 그런 그를 본 원재가 말했다.

"와, 제가 여기 2년 넘게 일했지만 여기 사람 타는 건 한 번도 못 봤는데. 괜찮을까요. 아 뭐 생각해 보면 감자 박스 6개씩 싣는 덴데 괜찮겠죠. 형이 100킬로가 넘진 않을 테니까. 일단 타 보세요. 버튼 누르고 1층으로 내려가서 문 열어 드릴게요."

오름은 허리를 숙이고 물류 엘리베이터로 들어갔다. 무릎을 감싸고 웅크리자 내부의 공간이 꽉 찼다. 그가 자리 잡은 것을 확인한 원재가 바깥에서 문을 내리며 말했다.

"형, 괜찮으시죠. 내려가는 버튼 누르고 얼른 1층 가서 문 열어 드릴게요!"

문이 닫히자 빛이 들어오지 않아 주변이 온통 검었다. 원재가 하강 버튼을 누르자 '쿵' 소리와 함께 공간이 흔들렸다. 그리고 서서히 내려갔다. 오름을 지탱하고 있는 발아래의 철판은 볼품없이 얇고 녹슬어 있었다. 이대로 추락하는 거 아닌가, 아마도 많이 다치겠지, 산재로 인정받을 수는 있나, 아니 수리 비용을 물어야겠지……. 오름은 두려웠다. 바깥으로 나가고 싶지만 엘리베이터를 멈출 수도, 다시 올라가는 버튼을 누를 수도 없다. 아주 좁은 틀에 갇혀 그저 웅크린 채로 내려갈 뿐이다. 언제부턴가 엘리베이터가 움직이고 있는지 멈췄는지, 아니면 다시 올라가고 있는지 계속 내려가고 있는지조차 알 수가 없다. 어둠 속에서 그의 감각도 모두 멈춘 듯하다. 그는 눈을 감고 숨을 죽이고 가만히 있었다. 엘리베이터는 멈추었지만 자신은 계속 하강하고, 아니 추락하고 있는 듯하다. 여기에서 더 내려갈 데가 있을까. 그는 이제 그만 열림 버튼을 누르고 내리고 싶다. 그러나 할 수 있는 일이란 바깥에서 문을 열어줄 누군가를 기다리는 것뿐이다. 그는 엘리베이터에 탄 것을 후회한다. 그때 다시 한번 '쿵' 소리와 함께 그를 둘러싼 공간이 흔들리고 서서히 빛이 들어온다. 원재가 열림 버튼을 누른 것이다.

"와, 이게 되네. 형 이거 점장님한테는 비밀로 할게요. 알면 난리 난다 진짜."

원재는 계단을 내려오던 중 매니저를 만나 잠시 스케줄에 대한 이야기를 나눴고, 예상보다 조금 늦게 1층에 도착했다. 실제로는 1분 남짓이었을 뿐이지만 오름에게는 긴 시간이었다.

오름은 1시 정각에 강의실에 도착했다. 제대로 샤워도 못하고 몸을 물로만 대충 헹구고 나온 참이었다. 계단을 서너 개씩 뛰어올라 간신히 시간을 맞췄다. 강의실에는 매장에서 마주칠 뻔했던 그들이 앉아 있다. 오름은 그들에게 햄버거는 맛있게 먹었느냐, 그거 내가 상하차한 재료로 만든 거다, 하고 말하는 상상을 하다가 헛웃음을 짓는다.

그날 이후 그는 맥도널드에서 주변을 둘러보는 버릇이 생겼다. 작은 지방 소도시의 유일한 패스트푸드점이었고 학생뿐 아니라 자신을 아는 대학원생이나 교직원들이 올 수도 있는 일이었다. 사실 학생들이 자신을 알아본다고 해도 그저 "아아, 나 오전엔 여기에서 알바해. 근무 시간에 오면 햄버거 업그레이드 해 줄게. 놀러 와." 하고 말하면 그만일지도 모른다. 그러나 학생들에게 그런 모습을 보이고 싶지 않은 것이다. 부끄러움보다도 미안함 때문이었다. 학생들은 비싼 등록금을 내고 수업을 듣고 있다. 자신을 가르치는 교수가 건강보험도 보장받지 못해 아르바이트를 하고 있다는 현실과 마주하면, 어떤 마음이 될 것인가. 교수에 대한 존경이 사라지는 것이야 아무래도 괜찮다. 그러나 그런 사람에게 배우고 있다는 현실을 자각하고 나면 자신에 대한 혐오 말고 무엇이 남을 것인가. 어쩌면 그들도 버튼이 없는 물류 엘리베이터에 갇혀 추락하는 기분이 되고 말 것이다. 오름은 교수로서의 모습만 그들에게 남기겠다고, 아르바이트생으로서의 모습은 잘 숨기겠다고 다짐했다. 그것이 모두를 위한 선택일 것이다.

학교와 맥도널드를 왕복하는 동안 오름의 몸에는 매일 같은 질문이 새겨져 나갔다. 왜 대학이 아니라 맥도널드에서 자신의 가족을 사회적으로 보장해 주는 것인가, 왜 대학이 아니라 맥도널드에서 자신을 노동자로서 더 감각할 수 있는 것인가, 왜 지식을 만드는 공간이 햄버거를 만드는 공간보다도 사람을 사람답게 대하지 않는 것인가. 거기에 답을 할 수 없는 오름의 몸과 마음은 점점 작아졌다.

중간고사를 앞두고 대학국어를 담당하는 시간강사들은 학생들과 면담을 시작했다. 오름도 면담을 신청한 학생들 30여 명과 몇 시간씩 만났다. 어차피 교수평가를 잘 받기 위해 매 학기 하는 일이었다. 가을이 거의 끝나가던 10월 말, 오름은 경훈이라는 학생과 그 학기의 마지막 면담을 했다. 특이한 게 있다면 두 사람의 면담이 학교 뒷산에서 이루어졌다는 것이었다. 왜 그랬는지 그날 오름은 그에게 등산을 좋아하는지 물었고, 아버지와 함께 종종 등산하러 다녔다는 답을 듣고는 함께 학교 뒷산에나 가보자고, 그렇게 일어난 참이었다. 학교 뒷산으로 이어진 산책길엔 단풍이 끝물이었다. 오름도 학부생 시절 산책이나 하러 가자는 모 교수와 함께 와 본 이후 종종 찾는 길이었다.

오름은 그에게 고민이 없는지 물었고 경훈은 고민이 없는 게 고민이라고 했다. 공부를 해야 할지, 공무원 시험을 준비해야 할지, 놀아도 괜찮을지, 소속변경 같은 걸 준비해야 할지, 동아리나 학생회 활동이라도 해야 할지… 이런저런 고민을 하다가 결국 모두 놓아버렸다는 것이었다. 오름은 그런 그에게 딱히 해 줄 말이 없었다. 그렇군요, 아아, 그렇죠, 하고 열없이 답했다. 경훈은 계속 말을 이어 갔다.

"근데 뭐, 여기는 지방대니까요. 할 수 있는 게 별로 없어요. 어쩔 수 없잖아요. 제가 노력 안 해서 여기까지 온 건데. 벌 받는 거죠."

그의 입에서 '벌'이라는 단어가 나오자 오름은 몹시 슬퍼지고 말았다. 그래. 자신의 삶도 그의 삶도 결국 형벌을 받는 중인지도 모른다. 사유는 단 하나일 것이다. 남들보다 노력하지 않은 죄. 그에 더해 소속을 변경할 수 있는 사다리를 주었는데도 여전히 외면하고 있는 죄. 오름은 무어라 답하는 대신 애꿎은 단풍에 눈길을 준다. 그러나 경훈은 말을 멈출 생각이 없는 듯하다.

"그래도, 교수님은 강의할 때 참 행복해 보이세요. 아실지 모르겠지만 애들하고 교수님 이야기 많이 해요. 닮고 싶은 인생이라고요. 저도 졸업하고 이 학교에서 후배들을 가르치면서 살 수 있다면 괜찮을 것 같아요."

오름은 발걸음을 멈춘다. 함께 벌을 받고 있는 사람에게 행복해 보인다는 말을 하다니. 그는 자신이 그다지 행복하지 않다고 말해 주고 싶다. 그 길을 따라오지 말라고도 당부하고 싶다. 그런 마음을 아는지 모르는지 그의 곁에 선 경훈은 다시 말한다.

"우리 분반 애들 다 교수님 좋아해요. 행복해 보이니까요. 아, 수업도 괜찮고요."

두 사람은 잠시 서로를 바라본다. 오름은 그에게 행복한 표정을 지어 보이고 싶지만 그게 어떤 것인지 잘 알지 못한다. 경훈은 그런 그를 바라보며 웃는다. 오르막과 내리막의 갈림길에 선 오름은 이제 그만 내려갈까 더 올라갈까를 고민하다가, 조금만 더 올라가 보기로 한다. 한 발을 떼어 놓으면서 경훈에게 묻는다.

"혹시, 학교 앞 맥도널드에 가 본 일이 있나요?"

그날 밤, 아내와 아이가 잠든 후 오름은 오랜만에 술을 마신다. 그러다가 그는 산을 오르며 자신이 한 말을 생각한다.

"저는 학교 앞 맥도널드에서 아르바이트하고 있어요. 일주일에 4일은 거기에서 물류 상하차 일을 해요. 건강보험이 필요하거든요. 이 삶이 행복하다고 할 수 있을지 잘 모르겠네요. 저도 벌을 받는 것 같아요. 아, 친구들에게는 말하지 마세요."

두 사람은 처음 산길을 걷기 시작했을 때 교수와 학생이었고, 길을 오르면서는 선배와 후배가 되었고, 갈림길에 이르러서는 아르바이트생과 타인이 되려는 참이었다. 그러나 그때 경훈이 말한 것이다.

"그게 어때서요. 괜찮잖아요. 애들도 멋있다고 할 거예요."

경훈과 그 분반의 학생들은 오름의 마지막 제자가 되었다. 그 학기를 마지막으로 오름이 대학을 그만두었기 때문이다. 졸업한 것도, 학생들처럼 소속을 변경한 것도 아니었다. 마지막 강의를 하고 자신의 합동연구실 자리를 정리한 뒤 다음 날부터 대학에 나가지 않았다.

그동안 그는 강의실과 연구실은 대학에만 있다고, 지도교수도 대학에서만 만날 수 있다고 믿었다. 그러나 대학 바깥에서 일하는 1년 동안 그는 조금은 다른 사람이 되어 갔다. 햄버거 재료를 나르면서 지식을 쌓았다고 하면 그건 거짓말이겠다. 그러나 세계를 바라보는 지평이 이전과는 달라졌다. 분교, 본교, 지방대, 명문대…… 그러한 사회의 기준 너머를 보게 된 것이다.

'무엇이 나를 행복하게 할 것인가' 오름은 타인보다 자신을 의식하는 질문을 하기 시작했다.

그리고 경훈을 생각했다. 그에게 자신을 닮으라고 말할 수 없었지만, 언젠가 그렇게 말하기 위해 잘 살아가겠다고. 비좁은 엘리베이터에서 상승도 하강도 아닌 열림 버튼을 누르고 바깥으로 나가 자신의 길을 선택하겠다고. 그런 그가 한 첫 번째 선택은 대학에서 나오는 것이었다. 어떠한 삶이 기다리고 있을지는 그도 알 수가 없었다.

오름은 이제 자신의 탄 엘리베이터의 열림 버튼을 찾기 시작한다. 여전히 어둡지만, 어딘가엔 있을 것이다.

7

오름은 막막했다. 서른세 살이 될 때까지 해 본 일이라고는 대학에서 문학을 배우고 가르친 것과 1년 남짓 맥도널드에서 물류 상하차 일을 해 본 게 전부였다. 게다가 이제 대한민국의 어떤 대학에서도 일할 수 없게 된 것이 분명했다. 그렇게 갑작스럽게 공부를 중단하고 나온 그를 받아줄 대학은 아마 없을 것이다. 이제 두 살이 되어 뛰어다니는 아이를 보며, 그는 무엇이라도 해서 돈을 벌어야겠다고 마음먹었다.

오름은 맥도널드를 그만두기로 했다. 50만 원의 월급과 건강보험의 보장을 포기해야 했으나, 시간을 두고 새로운 일을 찾기로 한 것이다. 대학에서 한 마지막 강의의 월급이 나올 것이고 맥도널드에서도 약간의 퇴직금이 나올 테니 한 달 정도는 여유가 있을 것이었다. 아내는 그에게 그간 고생했으니 좀 쉬라고 말하면서도 "나도 일을 해야 하나. 다른 건 모르겠고 건강보험이 문제야" 하고 혼잣말을 했다. 오름은 "아냐. 아무 걱정하지 마"

264   유령들의 패자부활전

하고 답하려다가, "정 안 되면 맥도널드 매니저 시험이라도 볼게" 하고 덧붙이려다가, 모두 그만두었다.

그가 일을 시작할 때 점장은 3개월만 열심히 일해 달라고 말했다. 그만큼 물류 상하차 일은 힘든 것이었다. 1년 3개월이 지난 시점이었으니 굳이 그만두겠다고 말하지 않아도 괜찮았겠으나 일과 사람의 관계란 그리 간단치는 않은 법이다. 그는 점장을 찾아가 다음 달부터 나올 수 없게 되었으니 새로 사람을 구해 달라고 말했다.

"네에? 오름 님이 나가면 우리 매장 망해요. 아시잖아요."

점장은 거의 비명에 가까운 목소리로 그를 잡았다. 오름이 나타나기 전까지 이 일은 누군가가 하다가 한 달도 안 되어 그만두기를 반복했고 그 자리를 매니저들이 돌아가면서 채워 나가곤 했다. 매장의 7년 역사에서 3개월 이상 일한 사람이라고는 그가 유일했다. 모든 매니저들이 오름에게 고마워했고 뭐라도 더 챙겨 주려 했다. 그가 매장에서 얼마나 중요한 사람인지는 점장이 잘 알고 있었다. 점장은 그에게 시급을 올려 주겠다고 제안했다. 오름은 지금도 매장에서 가장 많은 시급을 받고 있었다. 물류 상하차는 원래 최저시급보다 몇백 원을 더 받는 일이었고, 6개월이 넘어갈 즈음에 점장이 몇백 원을 추가로 더 올려 주었고, 최저시급이 인상되었을 때 다시 얼마를 더 올려 주었다. 오름은 잠시 마음이 흔들렸으나 이내 가다듬었다. 그래, 지금 그만

두지 않으면 안 된다. 그는 자연스럽게 그만둘 만한 핑계를 찾기 시작했다. 뭐라고 해야 점장을 납득시킬 수 있을 것인가. 그래도 서로 어른답게, 아니 사회인답게 헤어지고 싶었다. 고민하는 티를 내지 않으려 애쓰던 그는 말했다.

"저어… 제가 가족들하고 다 같이 다른 지역으로 이사를 갑니다."

이사를 한다고 하면 더 붙잡기는 어려울 것이다. 점장은 고개를 끄덕이며 어디로 가냐고 물었다. 오름은 최대한 먼 지역으로 이사 간다고 말하기로 했다. 누군가가 멀지 않은 지역으로 이사했을 때 점장이 그에게 택시비를 주며 출근하게 했던 일이 떠오른 것이다. 고민하던 그는 그만 다음과 같이 덧붙이고 말았다.

"제주도요."

그 말을 들은 점장은 잠시 묘한 표정이 되었다. 예상하지 못한 답이었던 것이다. 오름은 자신이 말을 하고도 이것은 좀 아닌 듯하여 역시 그와 비슷한 표정을 지어 보였다.

"제주도 어디로 가시나요. 제주시에는 맥도널드 지점이 세 개가 있고 거기 점장들은 다 제 친구들이에요. 제가 소개서를 써드릴 수 있어요. 그리고 제주도가 아니어도 괜찮아요. 오름 님은 대한민국 어디로 이사를 가든 다음 날 아침부터 그 동네 맥도널드에서 일할 수 있을 거예요. 맥도널드는 어디에든 있으니까요. 제가 그렇게 해 드릴게요."

오름은 고마움과 미안함이 뒤섞인 얼굴로 점장을 바라보았다. 같이 일한 사람에게 이런 말을 들을 수 있다는 건 행복한 일이다.

다음 근무일에 오름은 호출을 받고 점장실로 갔다. 점장은 오름에게 서류 두 장을 내밀었다. 한 장은 퇴직금을 받기 위한 서류였고 다른 한 장은 앞으로 2년 동안 건강보험을 보장해 주겠다는 서류였다. 퇴직금이 나올 것이라는 사실은 알고 있었으나 건강보험을 보장해 주겠다는 건 의외였다. 서명하지 않을 이유가 없었다. 오름은 서명을 하다가 문득 점장에게 물었다.

"저어, 그런데 저에게 왜 이렇게 잘해 주시나요."

점장은 조심스럽게 묻는 오름에게 의아하다는 듯 답했다.

"이건 그냥, 법에 다 있는 거예요. 제가 드리는 것도 아니에요. 그냥 받으시면 돼요."

법에 다 있는 것이라는 그 한마디가 오름의 가슴을 파고든다. 그래, 점장이나 맥도널드가 그에게 특별히 호의를 베푸는 것은 아니다. 그저 최저기준의 법을 지키는 것뿐이다. 여기에서 일하는 크루도 매니저도 점장도 모두가 노동자로서 최소한의 사회적 안전망을 보장받는다. 그렇게 하지 않는 대학이 잘못된 것이다. 오름은 비정규직 시간강사라는 이유로 퇴직금도 건강보험도 고용보험도 보장받지 못했다. 그러면서 지방대에서 공부하고 있으니 그러한 처지를 감내해야 한다는 주변의 시선과 그로 인해 찾아오는 자기혐오와 마주해야 했다.

"맥도널드에서 2년 동안 우리 건강보험 보장해 준대."

오름은 집으로 돌아와 아내에게 말한다.

아내가 반색하며 답한다.

"뭐야, 걔들 왜 이렇게 고마운 건데. 정말 아낌없이 다 주네. 자기 한 달 동안 정말 푹 쉬어. 아무것도 하지 말고."

오름은 그런 그에게 응, 그래, 정말 고맙지, 하고 열없이 답하고 만다. 사실 오름은 고맙다기보다는 혼란스럽다. 무언가 잘못되었다. 오름은 자신이 해 온 공부가 단 한 번도 제대로 노동이 된 일이 없다는 것을 깨닫는다. 어린 시절부터 공부는 더 높은 데로 가기 위한 사다리였다. 노동도 다른 무엇도 아닌, 그저 열심히, 잘해야만 하는 것이었다. 거기에는 숭고함과 공정성이라는 누구도 범접할 수 없는 환상이 겹겹이 쌓여서, 노동의 가치를 말하는 사다리 아래 지식노동자들의 접근을 가로막는다.

오름은 자신이 공부를 계속하려고 한 이유가 어디에 있었는지를 되짚어 본다. 재미있어서였을까, 아니면 교수가 되고 싶어서였을까. 그 출발은 잘 기억나지 않는다. 그러나 언젠가부터 시간강사에서 정규직 교수로의 소속변경을 꿈꾸며 공부하고 있었던 것만은 분명하다. 그 욕망은 어디에서 왔을까. 욕망을 가진 순간부터 다른 출구를 상상할 수 없게 된 듯했다.

8

지역의 생활전문지와 구인 구직 사이트를 보던 오름은 자신이 할 수 있는 일이 별로 없다는 것을 깨달았다. 맥도널드로 돌아가는 게 가장 나은 선택처럼도 보였다. 며칠을 고민하던 그는 대리운전 업체에 전화를 건다. 당장 일을 시작해야 했고 자신이 가지고 있는 자격증이란 1종 보통 운전면허뿐이었다.

"저어, 대리운전을 좀 시작하고 싶은데 어떻게 해야 하나요?"

"지금은 기사 모집 기간이 아니에요. 그래도 일단 사무실로 와서 면접을 한 번 보실 수는 있을 것 같아요. 아, 그런데 내비 없이 지역 운전은 당연히 가능하신 거죠? 어디 아파트 가자고 하면 갈 수 있어야 해요. 초기 비용으로 충전금 20만 원 필요하고요. 유니폼하고 첫 달 보험금 비용도 가져오세요."

오름은 당황스러웠다. 그는 그때까지 대리운전은 누구나 할 수 있는 일이라고 믿었다. 언제나 기사를 구하고 있을 테고 업체에서도 자신을 반길 것이라고. 그의 기대는 금세 무너졌다. 오름은 내비게이션이 없으면 동네 아파트는커녕 어디에도 갈 수가 없는 사람이었다. 10년 넘게 집과 학교만을 왕복해 왔다. 게다가 그에게는 지금 20만 원이 없었다. 유니폼을 왜 구매해야 하는지, 보험금은 무엇이고 충전금이라는 것은 왜 넣어야 하는지도 이해가 가지 않았다. 내비게이션을 보며 운전하겠다고 하자, 동네 운전하는데 누가 내비를 보느냐는 짜증 섞인 목소리가 들려왔다. 그리고 곧 전화가 끊어졌다.

오름은 울고 싶었다. 다정하지는 않더라도 쌀쌀맞을 이유는 없지 않은가. 맥도널드를 그만둔 지도 일주일이 넘게 지났다. 하고 싶은 일은커녕 할 수 있는 일도 찾지 못한 스스로가 답답하다. 대학에서 받은 학위는 맥도널드에서 일할 때도 그랬듯 대학 바깥에서는 별로 쓸 데가 없는 듯하다. 외로움과 막막함이 억울함과 함께 찾아온다.

그는 강의실, 도서관, 연구실, 연구소, 학과 사무실 등 많은 공간에 머무르며 여러 가지 일을 했다. 강의실에서는 강의를 하고, 도서관에서는 자료를 찾고, 연구실에서는 논문을 쓰고, 연구소에서는 이런저런 잡일을 하고, 학과 사무실에서는 조교로 일했다. 자신이 교수가 된 것도 같기도, 정규직 연구자가 된 것 같기도 했다. 방학이 되고 학부생과 교수들이 모두 빠져나가고 나면 마치 학교의 주인이 된 것 같은 기분이 들었다. 그곳에서의 삶이 영원할 것처럼 느껴지는 시절들이 계속 교차했다. 그러나 그 환상은 학교 바깥에서 자신을 증명할 수 없다는 사실을 깨달은 순간부터 조금씩 깨어져 나갔다. 서른이 넘은 한 개인이 자신의 존재를 규정할 수 없다는 건 슬프고 당혹스러운 일이었다.

이번에는 인터넷에서 지역의 이름을 빼고 '대리운전'이라는 단어만을 검색해 본다. 며칠 사이에 뉴스 수십 개가 올라와

유령들의 패자부활전

있다.

"카카오 대리운전 시장 진출, 사흘 뒤 첫 기사 면접 시작."

카카오가 대리운전 시장에 진출한다는 뉴스였다. 대기업의 골목상권 진출에 대한 기존 업체들이 반발이 있으나 사흘 뒤에 전국적으로 첫 기사 면접을 시작한다고 했다. 뉴스를 본 오름의 가슴은 다시 뛰기 시작한다. 어떤 기시감이 들었던 것이다. 자신의 인생은 몇 년 전 길을 걷다가 맥도널드 구인 공고를 본 데서부터 다른 방향으로 나아가기 시작했다. 그것은 분명히 우연이었으나 오름의 인생에 돌이킬 수 없는 중요한 계기가 되었다.

대리운전 기사 면접시험을 보러 간다고 하자 그의 아내는 안 된다고 말했다. 아내는 그동안 오름이 무엇을 하든 지켜봐 왔다. 맥도널드에 일하러 간다고 할 때도, 대학에서 나온다고 했을 때도, 전업 작가가 된다고 했을 때도 별다른 말이 없었다. 그러나 이번에는 정확하게 안 된다고 말했다.

"안 돼. 그런 일까지 하지 마. 밤에 일하니까 위험하고, 운전까지 하니까 더 위험하고, 옆엔 술 취한 사람이 있으니까 더 더 위험하고, 제때 잠을 못 자니까 가족들과 시차도 달라질 거고. 차라리 나도 나가서 일할 테니 다른 일을 찾아. 애는 우리 엄마한테 봐 달라고 부탁해 볼게."

오름이 처음 보는 듯한, 정말로 걱정이 된다는 표정이었다. 그래 어쩌면 대리운전이란 '그런 일'의 대표인지도 모른다. 장래 희망이 대리운전 기사라고 하는 사람을 본 일이 없다. 이건 어쩌면 현대판 막장 노동이 아닌가. 밀려나고 밀려난 사람들이 마지막에 가서 선택하는, 운전면허만 있다면 누구든 할 수 있는 진입 장벽이 낮은 노동. 대학원에서 10년 넘게 공부해서 박사학위 과정을 수료한 사람이 할 만한 일이라고는 누구도 상상하지 않을 것이다. 그게 내 가족의 일이라면 더욱 그렇다. 대리운전하는 남편, 대리운전하는 아빠. 과연 괜찮은 것인가. 오름은 복잡한 마음으로 아내에게 말했다.

"면접 보러 다녀올게."

면접장은 W 지역 외곽의 공기업 건물 7층에 있었다. 다양한 연령의 남자들이 여기저기에 보였다. 오름은 운전면허를 보여주고 프로필 사진을 찍은 뒤 세 명의 면접관 앞에 앉았다. 대리운전 경력자라기보다는 대기업의 임원처럼 생긴 사람들이었다. 왜 대리운전을 하려는지 물어서 오름은 돈을 더 벌기 위해 투잡을 하려 한다고 거짓으로 답했고, 운전 경력을 묻는 데는 5년 넘게 무사고라고 답했다. 그저 형식적인 절차일 테니 거슬리지 않는 무난한 답변이면 될 것이었다. 그러나 손님과 시비가 붙으면 어떻게 할 것이냐는 질문에는 고민을 해야 했다. 경찰서에 간다고 해야 할까, 운전을 중단한다고 해야 할까, 아니면 같이 싸운다고 해야 할까. 그는 운전을 중단하고 경찰서로 간다는 답을 마련해 두었으나, 다른 면접자들이 손님과 원만히 해결하겠다고 답해서 자신도 그렇게 하려고 한다고 말했다. 면접관들은 그렇게 하면 되겠다면서 웃으며 고개를 끄덕였다.

일주일 후, 대리 기사 시험에 합격했다는 문자가 왔다. 어플리케이션의 마이페이지에는 "카카오 1기 대리운전기사"라는 프로필이 선명했다. 회사의 유니폼을 잠시 빌려 입고 찍은 사진 속의 그는 웃고 있었다.

⑨

오름은 행복더힐로 차를 모는 중이다. 대리운전을 하지 않았다면 평생 가볼 일이 없었을 고가의 브랜드 아파트다. 뒷좌석에 앉은 차주는 어딘가에 전화를 하는 중이다.

"그래 자기야, 잘 자."

강남의 어느 오피스텔에서 출발한 50대 남성이었다. 술에는 많이 취하지 않은 듯하다. 전화를 끊은 그는 곧 오름에게 호기심을 보인다.

"아저씨, 내 궁금한 게 있는데… 젊기도 하고 이런 일 할 사람처럼 안 보이는데 왜 하는 거예요?"

오름이 하루에 한 번씩은 듣는 말이다. '아저씨'라는 호칭도 '이런 일 할 사람처럼 안 보인다'는 말도 익숙하다. 그럴 때면 그는 대학에서 국문학 박사과정을 수료했다거나 시간강사를 했다거나 하며 자신의 이야기를 했고, 차주들은 과연 그럴 줄 알았다고, 목소리가 배운 사람 같았다며 치켜세웠다. 오름은 멋쩍게 웃으면서도 내심 기뻤다. 그는 여느 때처럼 행복더힐로 가는 차주에게 대답했다. 대학원에서 국문학 박사과정을 수료하고 학생들을 가르쳤다고. 얼마 전부터 공부를 그만두고 일하고 있다고.

그러자 차주가 와, 하는 탄성과 함께 오름에게 말한다.

"선생님처럼 배운 사람이 운전하는 차를 탄 게 오늘 최고의 영광입니다. 문학박사라니요. 우리나라가 참 잘못된 사회죠. 교수님 같은 사람들이 이렇게 운전이나 해야 한다니. 대학 강단에 계셔야 할 분이 이렇게 참. 내 술만 안 마셨으면 당장이라도 상석에 모시고 제가 운전해야 하는 건데 말입니다. 하하."

그의 목소리에는 오름을 향한 호감이 가득 담겨 있다. 오름은 흘깃 룸미러에 비친 뒷좌석을 바라본다. 거기에는 어느새 몸을 조수석 앞으로 한껏 당겨온, 잔뜩 흥이 오른 차주가 보인다. 그는 계속해서 말을 잇는다.

"내 대학 다닐 때 팔뚝질만 주로 하긴 했지만, 아, 학생운동요, 그래도 내 문학 작품도 꽤 찾아 읽었습니다. 왜 그 누구냐 도스토옙스키하고 고리키 뭐 그런 작가들 있잖습니까. 독일 사람인가 러시아 사람인가. 교수님께서야 당연히 읽으셨겠죠. 저는 그 젊은 베르테르의 슬픔을 참 재미있게 읽었습니다."

오름은 『젊은 베르테르의 슬픔』을 읽지 않았다고 말할까

하다가 그의 기대를 저버리기 싫고 한껏 올라간 자신의 위상을 지키기 위해서 자신도 재미있게 읽었다고 답하고 만다. 만약 그가 소설의 줄거리를 묻거나 비평 같은 것을 해 달라고 하면 무척 곤란해질 것이다. 그런 오름의 걱정과는 별개로 그는 여전히 혼자서 말이 많다.

"문학박사님 앞에서 뭐 하는 건지. 제 무식이 들통날 텐데 하하. 아, 교수님 혹시 애들 국어 과외 같은 것도 하십니까? 우리 애가 고2인데 지금 국어 과외 선생이 영 마음에 안 들어서요. 아무래도 교수님이 대학생 놈들보단 낫겠죠. 그래도 이름 들어본 대학에는 보내야겠는데 과외를 좀 부탁드려도 되겠습니까? 대리운전하시는 것보단 훨씬 나을 겁니다. 아, 그런데 혹시 교수님께서는 어느 대학에 출강을 나가셨나요?"

어느 대학에서 강의했느냐는 그의 말에 오름은 다리에 힘이 빠지고 만다. 다시 학생들 앞의 교수라도 된 듯 고양되었던 몸이 차게 식는다. 명문대가 아니면 그가 실망할 게 분명하다. 오름은 거짓말이라도 해야 할까 고민하다가 사실대로 답하기로 한다.

"아, 그, W 대학 강원도 분교에서 강의했습니다."

W 대학의 분교라는 말을 들은 그는 의아하다는 듯 다시 묻는다.

"거기 출신이신 건 아니죠?"

그 목소리에는 아까까지의 호감이나 다정함 같은 것은 없다. 오름은 다시 답한다.

"맞습니다. 거기에서 공부했어요."

오름의 말을 들은 그는 아, 그러시구나, 하고 짧게 내뱉고는 더는 말이 없다. 혀를 차는 소리가 들려오는 것도 같다. 오름의 몸과 마음은 먼지가 되어 흩어진다. 룸미러를 보지 않았지만, 그는 이미 뒷좌석에 몸을 깊이 파묻은 듯하다. 두 사람이 탄 차는 한남대교를 건넌다.

"그래, 여보. 나 거의 다 왔어. 5분이면 들어가. 아, 아니야."

행복더힐의 지하 주차장에 주차한 오름은 당장이라도 어디론가 사라지고 싶다. 그러나 이 브랜드 아파트 주차장에서는 차주가 비밀번호나 지문을 입력해 주지 않으면 외부인은 지상으로 나갈 수가 없다. 유일한 탈출 방법은 차가 다니는 나선형 진출입로를 다시 걸어 올라가는 것뿐이다. 운전석에서 내린 오름은 차주가 짐을 챙기는 것을 지켜보다가 그의 뒤를 따른다. 차주는 올라가는 엘리베이터 안에서 오름에게 만 원짜리 한 장을 내민다. 대리운전비는 포인트로 입금될 테니까 말하자면 팁인 것이다. 수고했다고 말하는 그는 오름의 눈을 바라보지 않는다. 오름도 그의 얼굴을 바라보지 않고 감사하다고 답하고는 1층에 도착하자마자 내린다. 엘리베이터는 그런 오름을 뒤로 하고 행복의 언덕이라는 그 이름에 걸맞게 빠르게 올라간다.

오름은 관성적으로 번화가를 향해 걷는다. 휴대 전화 화면의 대리운전 콜을 보고는 있으나 눈에 잘 들어오지 않는다. 차주가 아니라 자신에게 화가 나는 것이다. 어느 대학을 나왔느냐는 질문보다도 대학에서의 시간을 그에게 보상받고자 했던 자신의 얄팍함이 더욱 견디기 어렵다. 이제 누구에게든 자신을 내어 보일 수 있을 줄 알았다. 그러나 자동차라는 그 작은 공간 안에서도 문학박사라느니 누구를 가르쳤다느니 하는 말을 꺼낸 자신이, 내심 이런 일 하지 않을 것 같은 사람으로 비추어지길 바란 자신이 몹시 혐오스럽다.

그에게 다음 콜이 들어온다. 여의도의 모 오피스텔로 가는 콜이다. 그는 바쁘게 출발지로 걷는다. 차주는 그보다 몇 살 어려 보이는 젊은 남자다.

"어, 왔어?"

"네, 여의도 가는 손님이시죠."

정장을 잘 차려입은 그는 오름에게 차 키를 내민다. B라는 이니셜 양옆으로 날개가 선명한, 벤틀리다. 운전석의 문을 열자 왼편으로 브랜드 로고가 은은한 조명과 함께 땅에 펼쳐진다. 아, 이런 차들은 업체에서 고가 외제 차라는 안내라도 한 줄 해 놓아야 한다. 사고라도 나면 감당할 수 없을 것이다. 오름은 대리운전 회사를 원망하면서 시동을 건다.

차주는 아무래도 많이 취한 듯하다. 몸을 잘 가누지 못하는 것처럼 보인다. 그가 오름에게 묻는다.

"야, 너는 몇 살이니?"

오름이 답한다.

"저, 서른셋입니다."

그러자 그는 잠시 침묵하다가 혼잣말을 한다.

"어, 나보다 네 살 형이네. 그렇구나."

오름은 초면에 '야'라거나 '너'라고 하는 사람들을 만나면 불안하다. 문제가 생길 확률이 현저히 증가한다. 오름이 나이가 많다는 것을 알고도 그의 반말은 계속된다. 자신을 사업하는 사람이라고 밝힌 그는 오름에게 다시 묻는다.

"아저씨, 돈 별로 없지?"

오름은 다시 답한다.

"네, 별로 없죠."

그는 들을 것도 없는 대답이라는 듯 끄덕거리고는 자신의 이야기를 시작한다.

"돈 벌어야지, 돈. 내가 돈 버는 눈을 알려줄 테니까 들어봐. 주식이나 코인해야 된다고 다들 말이 많지. 그래 나도 그걸로 몇 년 동안 벌었지만 이제 그건 다 끝났어. 그럼 어떻게 돈을 벌어야 하느냐. 아저씨, 지금 운전 중인 이 도로 누구 거 같아. 국가,

그렇지 국가. 저기 한강 다리는, 아니 저 한강은 누구 거야. 모르긴 왜 몰라. 다 지분 가진 놈들이 있지. 이 세상엔 우리가 살 수 없는 게 너무 많아. 근데 나는 그걸 나도 아저씨도 다 살 수 있어야 한다고 생각해. 그러니까 코인처럼 말이야. 저기 보이는 63빌딩도 저기 마포대교도 내가 만 원만 가지고도 그만큼만 떼어서 살 수 있어야 하고 돈이 필요하면 당장이라도 내다 팔 수 있어야 한다는 거야. 대리 기사도 이 도로의 지분을 0.000001퍼센트라도 가질 수 있는 나라, 멋지잖아. 아, 멋져 안 멋져."

오름은 그의 말을 절반 정도 이해할 수 있을 뿐이다. 가상화폐를 잘게 쪼개서 구매할 수 있다고는 들었다. 그러니까 만 원만 가지고도 1개에 천만 원이 넘는 비트코인을 1000분의 1만큼 소유할 수 있다는 것이다. 그러나 부동산이라는 건 건물주가 있고 집문서라는 것이 있어야 하는 게 아닌가. 도로나 교량 등에 이르면 어떻게 되는 것인가. 예를 들어 유료 고속도로의 지분을 누구나 사고팔 수 있게 된다면 분기마다 통행료를 정산받을 수 있는 건가. 딱히 대꾸할 말을 찾지 못한 오름이 "아아, 멋지네요…" 하고 답하자, 그는 크게 웃는다.

"그래 너 같은 사람도 건물주가 되어야겠지, 진짜 건물을 다 가지는 게 아니더라도 말이야. 그리고 그 건물을 가지게 해 준 나는 진짜 건물을 가져야겠지. 나는 말이야, 건물을 사는 사람이 아니라 시스템을 만드는 사람이 될 거야. 이 세상은 그게 돈이 된다고."

　오름은 마치 새로운 인류를 보는 듯한 기분이다. 젊은 세대의 꿈과 희망이 건물주라는 건 알고 있었으나, 차주는 세계의 주인이 되려는 듯하다. 그에 따르면 오름 같은 사람이 가짜 건물을 사면 그는 사람들에게 그러한 가상 소유물을 제공한 값으로 진짜 건물을 사겠다는 것이었다. 그 발상이 너무나 참신해서 모욕적일 것도 없고 그저 경이로울 뿐이었다. 이대로 운전하다 보면 그가 만들어둔 '이세계'에 떨어질 것만 같다. 그런 세계가 만들어진다면 자신은 괜찮을 것인가.

　두 사람이 탄 벤틀리는 곧 오피스텔 주차장으로 진입한다.

　"아저씨, 여기 주차장 출입구 좁은데 내려갈 수 있겠어? 지하 5층까지 잘 내려가면 내가 팁으로 10만 원 줄게. 근데 자신 없으면 내가 운전할 게 비켜."

　오름은 가상 세계가 아닌 현실로 돌아온다. 강남에서 여의도까지 오는 대리운전 비용은 3만 원이었다. 10만 원은 새벽까지 일해야 벌 수 있는 돈이다. 오름은 해 보겠다고 말하고는 앞을 본다. 그러나 정말로 좁다. 소형차, 아니 경차나 되어야 간신히 내려갈 수 있을 듯하다. 최대한 핸들을 오른쪽으로 꺾었다가 조금씩 내려가 보기로 한다. 그때 차의 여기저기에서 경보음이 울린다. 오름은 브레이크를 밟고 핸들을 잡은 채로 그의 얼굴을 쳐다본다.

"그럴 줄 알았어. 무섭지? 됐어. 내가 운전할게 여기 앉아."

"저어, 그러면 음주 운전인데⋯."

"여긴 내가 눈 감고도 운전해. 구경이나 해."

운전석에 올라탄 그는 후진을 한 번 하더니 시속 30킬로미터 이상의 속도로 나선형 주차창 입구를 내려가기 시작한다. 조수석에 앉은 오름은 놀이기구를 탄 것 같다. 세상에 없을 비싸고 위험한, 다시 타서는 안 될 무엇이 분명하다. 이 놀이기구는 지하 5층까지 내려가서야 운행을 멈춘다. 운전기사는 자신의 역할이 끝났다는 듯 오름에게 이제 아저씨가 주차해, 하고는 운전석에서 내린다. 정신을 차린 오름이 다시 운전석에 앉는다.

이제 시간은 자정이 다되었다. 대리운전 피크타임의 막바지다. 이 시간을 넘기면 콜은 현저히 줄어들고 어디에서든 시내로 복귀하기도 어렵다. 그러나 오름은 편의점으로 가서 생수를 한 병 계산하고 거기에 머문다. 아직도 알 수 없는 이세계에 머물러 있는 듯하다. 사방에서 경보음이 울리는 벤틀리를 타고 지하 5층까지 내려가는 동안에는 정말로 미지의 세계에 진입하는 것 같았다. 행복더힐에서와는 달리 내리고 싶은 마음도 머무르고 싶은 마음도 없었다. 이 세계의 끝이 어떻게 될지 궁금하기도 했다. 그는 저 멀리 보이는 국회의사당은 누구의 것인가, 하고 생각하다가 헛웃음을 지으며 물을 마신다.

오름은 신중하게 그날의 마지막 콜을 고른다. 여의도에서 고양으로 가는 콜을 수락한 그는 근처의 주상복합 오피스텔로 간다. 차주는 오름과 나이가 비슷해 보이는 남자다. 그는 시동을 걸자마자 깊은 잠에 빠져든다. 오름은 마음이 편안해진다. 이렇게 잠을 자는 사람이 가장 고맙다.

새벽 1시, 고양시의 모 아파트 단지에서 나온 오름은 가장 가까운 중심상가로 간다. 거기에 가면 찜질방에서 잠을 자거나 서울로 가는 복귀 콜을 받을 수 있을 것이다. 걷는 동안 그는 자신이 만난 두 사람을 떠올린다. 행복더힐로 향하는, 이세계로 자신을 이끌던 그들이 건넨 말들이 그를 에워싸고 있다. 타인의 운전석이라는 좁고 단단한 틀 안에서 내렸지만 여전히 어딘가에 갇힌 듯하다. 그러다 문득, 어둠 속에서 추락하던 어떤 날을 떠올린다. 학생들의 눈을 피해 퇴근해야 했던, 박스 세 개가 간신히 들어갈 만한 물류 승강기에 몸을 구겨 넣고는 누군가가 문을 열어줄 때까지 기다려야 했던 그날을. 그에게 타인의 운전석이란 그날 올라탔던 물류 승강기와 다르지 않다. 사방이 막힌 그틀 안에 웅크린 모습은 지방대학에서 시간강의를 하는, 맥도널드에서 물류 상하차 아르바이트를 하고 대리운전을 하는 자신뿐만이 아닐 것이다. 그가 만난 차주들도 마찬가지였다. 그들 역시 사회의 욕망이라는 단단한 틀 안에서 자유롭지 못하다. 자본을 축적해 중간계급 이상의 세계에 안착하기를 욕망할 뿐이다.

유령들의 패자부활전

우리는 스스로 승강기로 걸어 들어간다. 아니, 그 안에 들어가 웅크리고 있기를 강요받는다. 타인의 욕망으로 직조된 그 좁은 공간에는 어떤 버튼이 존재하지 않는다. 바깥에서 누군가가 상승 버튼을 눌러주기를, 그리고 잘 버텨냈으니 이제 그만 나오라며 열림 버튼을 눌러주기를 기다려야 한다. 운이 좋은 누군가는 조금 더 빨리 위로 도착하기도 하고 누군가는 추락한다. 조금 더 좋은 승강기를 타는 사람도 있고 처음부터 하강 버튼만 있는 승강기를 타는 사람도 있다. 그러나 아무도 몰랐지만 그 승강기 안에는 상승과 하강이 아닌, 다른 버튼이 애초부터 존재한다. 열림 버튼이다. 어두운 공간 안에서 잘 보이지 않고 그 버튼이 있다는 사실을 알려 주는 사람도 없다. 그러나 자신을 향한 질문을 시작하는 순간, 그리고 거기에 답하는 순간 버튼이 보이기 시작한다. 그것을 누르면 타인의 욕망으로 움직이던 하나의 세계가 멈춘다. 오름은 맥도널드에서 일하면서, 그리고 윤과 지훈, 경훈과의 대화 속에서 자신이 대학에서 무엇으로 존재하고 있는지 처음으로 묻게 되었고, 그때 희미하게 빛나는 열림 버튼을 발견했다. 그것을 누르고 대학이라는 승강기 안에서 나온 그를 기다리고 있던 건 누구도 아닌 자기 자신이었다.

오름은 찜질방에 거의 도착했다. 들어가면 대리운전 앱을 종료한 뒤 씻고, 생맥주를 한 잔 마시고, 좋은 자리를 찾아 누울 것이다. 그때 그의 앞에 택시 한 대가 와서 선다. 그가 택시로 다가가자 조수석의 창문이 열린다.

"대리 기사 맞죠. 타요."

오름은 답한다.

"맞습니다. 합정역까지 3천 원에 부탁드려도 될까요."

택시 기사가 다시 답한다.

"그럼요. 고생 많았어요. 어서 타요. 한 자리 남았어."

오름은 찜질방에 가는 대신 택시에 오른다. 거기엔 대리 기사 세 명이 이미 앉아 있다. 오름은 그들에게 인사하고 뒷좌석에 몸을 구겨 넣는다. 이것은 새벽에만 벌어지는 대리 기사와 택시 기사의 연대다. 경기도에서 빈 차로 들어가야 할 서울 택시들은 대리 기사들을 태우고 합정이나 강남으로 간다. 그런 편법을 모두가 눈감아 준다. 그래, 먹고 사는 사람들에게 그 정도는 뭐, 하는 것이다. 대리 기사들은 만나면 말이 많아진다. 얼마를 벌었다든가 자신이 어떤 사람이었다든가 하는 이야기를 주고받는다. 오름은 뒷좌석에 앉아 오가는 말을 듣는다. 택시 기사도 동참해 자신의 개인택시가 면허 비용만 1억을 넘게 주었다는 말을 보탠다. 자유로를 달리는 택시는 시속 150킬로미터를 유지하다가 구간단속 지점에 이르러 속도를 줄인다. 고양에서 합정으로 가는 데는 채 20분이 걸리지 않는다.

새벽 2시, 합정역에는 대리 기사와 택시 기사, 취한 사람들만이 남아 있다. 거리를 걸으며 오름은 자신을 에워싸고 있던 말

유령들의 패자부활전

들에서 벗어난다. 대학이라든가, 박사를 수료했다든가 하는 말과도 작별을 고한다. 대신 "대리 기사 맞죠, 고생 많았어요. 어서 타요." 그 한마디를 기억하기로 한다.

오름이 대리운전을 한 지도 1년이 지났다. 그는 저녁이면 집에서 나오며 아이에게 말한다.

"아빠 대리운전 다녀올게. 오늘 일찍 자고 내일 일찍 보자."

이제 세 살이 된 아이는 "아빠, 돈 많이 벌어와." 하고 손을 흔든다.

거리로 나온 오름은 콜이 나올 만한 번화가로 걷는다.

운전하는 오름에게 차주가 묻는다.

"그런데 이런 일 하는 거 가족들이 어떻게 생각해요?"

그는 웃으며 답한다.

"뭐 어때요, 괜찮잖아요. 저라면 멋있다고 생각할 거예요."

그는 이제 남들이 마련해 둔 승강기 안으로 들어가지 않는다. 그가 엘리베이터 바깥에서 기다리고 있던 자기 자신의 모습과 닮아 가고 있다는 것을, 이제는 그도 안다.

　"네가 겪는 모든 일은 네가 지방대학교 출신이기 때문이
야. 서울의 명문대에서 공부했다면 그런 일을 겪지 않았을 거야.
모든 건 노력하지 않은 너의 문제야."

　2015년에 "나는 지방대 시간강사다"라는 제목의 글을 처
음 인터넷 게시판에 올렸을 때 달린 댓글이다. 기억하기로는 그
게 그 글에 달린 첫 번째 댓글이었다.

　댓글을 보고 무척 슬퍼지고 말았다. 어쩌면 지방대학교
에 입학한 이후 삶이 잘 풀리지 않을 때마다 나도 같은 말을 읊
조렸던 것 같다. 나는 경쟁에서 밀려났고 내가 오른 사다리, 아
니 내가 탄 승강기는 계속 추락하고 있다. 결국 나의 삶이 보잘
것없는 까닭은 내가 수도권 대학에 진학하지 못했기 때문이고
그러니까 어쩔 수 없다고, 이미 결론 내리고 있었던 것이다. 이

처럼 지방대학은 구성원들의 자기혐오가 일상화된 공간이다. 시간강사로 일하며 강의실에서 만난 많은 학생들도 마찬가지였다. 그들은 편입이나 소속변경을 위해 힘쓰기도, 자신의 인생이 끝났다고 여기고 좌절하기도 했다. 그러던 중 아까 그 댓글 아래 달린 다른 댓글을 보았다.

"나는 네가 말하는 서울 명문대에서 공부하는 시간강사야. 그런데 나도 글쓴이와 월급이 비슷하고 건강보험 보장도 안 돼."

대학원에서 겪는 일들을 지방대와 명문대 사이에 놓인 사다리를 오르지 못해 일어나는 일이라고만 믿어 왔다. 그러나 어쩌면 대한민국에서 인문학을 공부하고자 하는 모든 사람 앞에 더 크고 아득한 사다리가 있었는지도 모른다.

소설의 주인공 차오름은 교수가 되는 것을 인생의 목표로 삼는다. 일부 자전적인 요소가 있기는 하나 그의 모습은 대학의 안과 밖에서 내가 만났던 여러 사람들의 총체이기도 하다. 제국으로 가겠다는 신분 상승의 꿈을 꾸면서 능력주의가 지배하는 현실과 체제에 순응한다. 사실 교수라는 길은 내가 올라탈 수 있는 계급계층 이동의 마지막 승강기였다. 그러는 동안 내가 누구인지, 어떠한 삶을 살아가고 있는지 자문해 본 일이 없다. 나라는 존재의 자각 없이 타인과 사회의 욕망을 나의 욕망이라 믿고 그것을 대신 수행해 나갈 뿐이었다. 그러나 나와 주변을 돌아 보고 거기에 답을 하는 계기를 맞으며 나에게는 전에 없던 새로 운 감정이 솟아났다. '자유로움', 그리고 '다정함'이다. 이 감정 들은 장석준 작가가 말한 능력주의 세계관의 탈출구와도 닿아 있다.

> 역량을 지닌 대중이 자발적으로 결성한 연합들이 발전 해 있는 상황을 상상해 보자. "지능과 교육, 직업과 권력"에 따라 평가하려 드는, 우리에게 이미 익숙한 조직들뿐만 아 니라 참으로 다양한 직업 역량들, 더 나아가 "친절함과 용 기, 상상력과 감수성, 공감과 아량"을 중심으로 뭉친 조직 들이 버티고 있는 사회를 말이다. … 인간에게는 소유인과 지능인으로 환원될 수 없는, 참으로 다양한 역량과 덕성이 있다.

> 논픽션 ◆ 「능력주의, 가장 한국적인 계급 지도」 173~174쪽

스스로 자유로워진 개인은 조금 더 다정한 방식으로 타 인을 상상하게 된다. 그들은 승강기에서 상승과 하강만을 반복 하며 경쟁하는 존재가 아니다. 어딘가에 반드시 있을 열림 버튼 을 찾고 바깥으로 나와 온전한 자신과 만나고 그에 가까워진 이 들이다. 나는 대학 바깥에서 비로소 여러 사람들과 만났다. 그들

을 통해 사다리 바깥의, 소유인과 지능인으로만 요약되지 않는 다른 삶의 가능성들을 확인했다. 승강기 바깥으로 나올 때마다 나를 기다리고 있는 것은 그들이기도 했다.

능력주의 세계관과 경쟁, 그리고 이를 '공정'이라고 믿는 구조는 한국 사회에서 쉽사리 사라지기 어려울 것이다. 오히려 더욱 심화될지도 모른다. 그러나 '열림 버튼'과 '다정함'의 역량을 잊지 않는다면 아득히 높은 사다리 아래에서 숨을 돌릴 수도, 균열을 내 볼 수도 있을 것이다. 사회의 구조를 벗어나 살아가긴 어렵지만, 그 안에서 우리는 타인을 향한 애정과 우정을 유지하며 살아갈 수 있는 존재다. 대학 바깥에서의 어느 경험 하나를 작은 희망의 불씨로 남겨두고 싶다. 몇 년 전, 강화여자고등학교 학생들이 투표를 통해 오래된 표지석 문구를 "흐르는 물은 앞을 다투지 않는다"로 바꾼 일이 있다. 그들은 입시의 장인 학교에서 서로 경쟁해야 한다는 사실을 누구보다도 잘 알고 있었을 것이다. 그러나 그들은 선언했다. 친구와 경쟁하고 싶지 않다고. 물은 그저 자신의 길을 따라 누구와 다투지도 않고 함께 흘러갈 뿐이다. 물을 닮고자 하는 이들의 경쟁은 이전과는 다를 것이다. 자신의 잘됨에 기여한 이들을 잊지 않는, 타인의 잘됨 또한 바라는, 보다 다정한 경쟁 사회는 분명히 가능하다.

참고 문헌

권내현, 『노비에서 양반으로, 그 머나먼 여정: 어느 노비 가계 2백 년의 기록』, 역사
　　비평사, 2014.

김석준, 『한국사회의 신중간계급』, 제주대학교 출판부, 1998.

김영모, 『한국 중산층 연구』. 중앙대학교 출판부, 1997.

김영모, 『韓國社會階層硏究』, 고헌, 2005[1982].

김정인, 『대학과 권력: 한국 대학 100년의 역사』, 휴머니스트, 2018.

김진섭, 『일제강점기 입학시험 풍경』, 지성사, 2021.

남기원, 『대학의 역사』, 위즈덤하우스, 2021.

N. 에버크롬비 · J. 어리, 김진영 · 김원동 옮김, 『현대 자본주의와 중간계급: 자
　　본 · 노동과 계급의 문제』, 한울, 1986[1983].

다니엘 벨, 김원동 · 박형신 옮김, 『탈산업사회의 도래』, 아카넷, 2006[1999].

대니얼 마코비츠, 서정아 옮김, 『엘리트 세습: 중산층 해체와 엘리트 파멸을 가속
　　하는 능력 위주 사회의 함정』, 세종, 2020[2020].

대학무상화 · 대학평준화 추진본부 연구위원회, 『대한민국 대학혁명』, 살림터,
　　2021.

데이비드 N. 스미스, 「미국의 대학과 노동계급」, 김종철 · 강순원 편역, 『미국의 대
　　학과 노동계급』, 창작과비평사, 1987[1974].

데이비드 굿하트 지음, 김경락 옮김, 『엘리트가 버린 사람들: 그들이 진보에 투표
　　하지 않는 이유』, 원더박스, 2019[2017]

디디에 에리봉, 이상길 옮김, 『랭스로 되돌아가다』, 문학과지성사, 2021[2009].

레이먼드 윌리엄스, 성은애 옮김, 『기나긴 혁명』, 문학동네, 2007[1961].

로버트 H. 프랭크, 정태영 옮김, 『실력과 노력으로 성공했다는 당신에게: 행운, 그리고 실력주의라는 신화』, 글항아리, 2018[2016].

로베르토 M. 웅거, 이재승 옮김, 『지식경제의 도래: 경제의 혁신과 사회적 포용을 위하여』, 다른백년, 2021[2019].

리처드 호가트, 이규탁 옮김, 『교양의 효용: 노동자계급의 삶과 문화에 관한 연구』, 오월의봄, 2016[1957].

마이클 샌델, 함규진 옮김, 『공정하다는 착각: 능력주의는 모두에게 같은 기회를 제공하는가』, 와이즈베리, 2020.

마이클 영, 유강은 옮김, 『능력주의: 2034년 평등하고 공정하고 정의로운 엘리트 계급의 세습 이야기』, 이매진, 2020[1994].

미야지마 히로시, 『양반: 우리가 몰랐던 양반의 실체를 찾아서』, 너머북스, 2014[1995].

박권일, 『한국의 능력주의: 한국인이 기꺼이 참거나 죽어도 못 참는 것에 대하여』, 이데아, 2021.

박상현, 『신자유주의와 현대 자본주의 국가의 변화: 세계헤게모니 국가 미국을 중심으로』, 백산서당, 2012.

박형준, 『현대노동과정론: 자동화에 대한 연구』, 백산서당, 1991.

볼프강 E. J. 베버, 김유경 옮김, 『유럽 대학의 역사』, 경북대학교 출판부, 2020[2002].

상황주의자 인터내셔널 · 스트라스부르대학교 총학생회, 민유기 옮김, 『비참한 대학 생활』, 책세상, 2016[1966].

S. 보울즈 · H. 진티스, 이규환 옮김, 『자본주의와 학교교육』, 사계절, 1986[1976].

서관모, 「한국 화이트칼라 노동자의 구성」, 서관모 · 심성보 외, 『현단계 한국 사무직 노동운동』, 태암, 1989.

서두원, 『한국 화이트칼라 노동운동: 민주화, 정치적 저항, 연대의 발전(1897-1995)』, 아연출판부, 2003.

셰이머스 라만 칸, 강예은 옮김, 『특권: 명문 사립 고등학교의 새로운 엘리트 만들기』, 후마니타스, 2019[2011].

스티븐 J. 맥나미 · 로버트 K밀러 주니어, 김현정 옮김, 『능력주의는 허구다: 21세기에 능력주의는 어떻게 오작동되고 있는가』, 사이, 2015[2009].

신광영 · 조돈문 · 조은, 『한국사회의 계급론적 이해』, 한울, 2003.

신행철 외, 『한국사회의 계급연구』, 아르케, 1999.

안토니오 그람시, 이상훈 옮김, 『옥중수고』, 거름, 1992[1971].

알렉산더 우드사이드, 민병희 옮김, 『잃어버린 근대성들: 중국, 베트남, 한국 그리고 세계사의 위험성』, 너머북스, 2012[2006].

앨빈 굴드너 지음, 박기채 옮김, 『지식인의 미래와 새로운 계급의 부상』, 풀빛, 1983[1979].

앨빈 토플러, 이규행 옮김, 『권력 이동』, 한국경제신문, 1990.

앨프리드 챈들러, 『보이는 손』, 김두얼 · 신해경 · 임효정 옮김, 지식을만드는지식, 2014[1977].

에릭 올린 라이트, 김왕배 · 박희 옮김, 『국가와 계급구조』, 화다, 1985[1978].

에릭 올린 라이트, 이민열 옮김, 『계급론』, 한울, 2005[1997].

에릭 홉스봄, 이용우 옮김, 『극단의 시대: 20세기 역사(하)』, 까치, 1997[1994].

옌뉘 안데르손, 장석준 옮김, 『도서관과 작업장: 스웨덴, 영국의 사회민주주의와 제3의 길』, 책세상, 2017[2010].

오언 존스, 이세영 · 안병률 옮김, 『차브: 영국식 잉여 유발 사건』, 북인더갭, 2014[2011].

오찬호, 『우리는 차별에 찬성합니다: 괴물이 된 이십대의 자화상』, 개마고원,

2013.

요시미 순야, 서재갑 옮김, 『대학이란 무엇인가: 대학이라는 '미디어'의 역사 그리고 재탄생』, 글항아리, 2014[2011].

윤종희, 『현대의 경계에서: 역사과학에서 조명한 세계사 강의』, 생각의힘, 2015.

윤종희·박상현 외, 『대중교육: 역사·이론·쟁점』, 공감, 2005.

이경숙, 『시험국민의 탄생』, 푸른역사, 2017.

I. 월러스타인, 배손근 옮김, 『역사적 체제로서의 자본주의: 세계체제의 정치경제학』, 나남, 1985[1983].

자크 비데·제라르 뒤메닐, 김덕민 옮김, 『대안마르크스주의: 새로운 세계를 위한 마르크스주의적 대안』, 그린비, 2014[2007].

장귀연, 「신자유주의 시대 한국의 계급구조」, 경상대학교 사회과학연구원 엮음, 『자본의 세계화와 한국사회의 계급구조 변화』, 한울, 2015.

장은주, 『공정의 배신: 능력주의에 갇힌 한국의 공정』, 피어나, 2021.

정현백, 「쇠퇴기의 독일 부르주아사회와 봉급생활자」, 노명식 외 지음, 『시민계급과 시민사회: 비교사적 접근』, 한울, 1993.

칼 마르크스, 강신준 옮김, 『자본 Ⅲ』, 길, 2010[1894].

칼 마르크스, 김호균 옮김, 『정치경제학 비판 요강 Ⅱ』, 백의, 2000[1939].

크리스 헤이즈, 『똑똑함의 숭배: 엘리트주의는 어떻게 사회를 실패로 이끄는가』, 한진영 옮김, 갈라파고스, 2017[2013].

크리스토프 샤를 외, 김정인 옮김, 『대학의 역사』, 한길사, 1999[1989].

토마 피케티, 『21세기 자본』, 장경덕 외 옮김, 글항아리, 2014[2013].

토마 피케티, 『자본과 이데올로기』, 안준범 옮김, 문학동네, 2020[2019].

폴 윌리스, 김찬호·김영훈 옮김, 『학교와 계급 재생산: 반학교문화, 일상, 저항』, 이매진, 2004[1978].

하다스 바이스, 문혜림 · 고민지 옮김, 『중산층은 없다: 사회이동이 우리를 어떻게 호도하는가』, 산지니, 2021 [2019].

허먼 슈워츠, 장석준 옮김, 『국가 대 시장: 지구 경제의 출현』, 책세상, 2015 [2010].

홍두승, 『한국의 중산층』, 서울대학교 출판부, 2005.

홍세화 외, 『능력주의와 불평등: 능력에 따른 차별은 공정하다는 믿음에 대하여』, 교육공동체벗, 2020.

황태연, 『과학기술혁명시대의 자본주의와 사회주의』, 중원문화, 1991.

Bloodworth, James, *The Myth of Meritocracy: Why Working-Class Kids Still Get Working-Class Jobs*, Biteback Publishing, 2016.

Cole, G. D. H., *Guild Socialism Re-stated*, Leonard Parsons, 1920.

Dench, Geoff (ed.), *The Rise and Rise of Meritocracy*, Blackwell Publishing, 2006.

Duménil, Gérard & Lévy, Dominique, *Managerial Capitalism: Ownership, Management & the Coming New Mode of Production*, Pluto Press, 2018.

Mills, C. Wright, *White Collar: The American Middle Classes*, Oxford University Press, 1951.

Poulantzas, Nicos, David Fernbach (trans.), *Classes in Contemporary Capitalism*, Verso, 1979 [1974].

Wooldridge, Adrian, *The Aristocracy of Talent: How Meritocracy Made the Modern World*, Penguin, 2021.

능력주의, 가장 한국적인 계급 지도
유령들의 패자부활전

1판 1쇄 인쇄 2022년 10월 19일
1판 1쇄 발행 2022년 10월 27일

지은이 장석준 · 김민섭
책임편집 김지하 | 표지 디자인 나침반, 진다솜
펴낸이 임병삼 | 펴낸곳 갈라파고스
등록 2002년 10월 29일 제2003-000147호
주소 03938 서울시 마포구 월드컵로 196 대명비첸시티오피스텔 801호
전화 02-3142-3797 | 전송 02-3142-2408
전자우편 books.galapagos@gmail.com

ISBN 979-11-87038-91-7 (03300)

갈라파고스   자연과 인간, 인간과 인간의 공존을 희망하며, 함께 읽으면 좋은 책들을 만듭니다

이 도서는 한국출판문화산업진흥원의 '2022년 중소출판사 출판콘텐츠 창작 지원 사업'의
일환으로, 국민체육진흥기금을 지원받아 제작되었습니다.